이치우 편저

## 머리말

　　JLPT(일본어능력시험)는 일본어를 모국어로 하지 않는 학습자들의 일본어 능력을 측정하고 인정하는 것을 목적으로 하는 시험으로 국제교류기금 및 일본국제교육지원협회가 1984년부터 실시하고 있습니다.

　　JLPT는 1984년 총 15개 국가의 21개 도시에서 응모자 7,998명(일본 국내 2,849명, 해외 5,149명)으로 제1회 시험이 개시되어, 2016년에는 866,294명(제1회 389,674명, 제2회 476,620명)이 응시하는 대규모 시험으로 발전하였습니다. 일본 정부가 공인하는 세계 유일의 일본어 시험인 만큼 JLPT의 결과는 일본의 대학, 전문학교, 국내 대학교의 일본어과 등의 특차 전형과 기업 인사 및 공무원 선발에서의 일본어 능력에 대한 평가 자료로도 활용되고 있습니다.

　　2010년부터 실시된 새로운 시험에서는 학습자들의 과제 수행을 위한 커뮤니케이션 능력을 측정하는 것을 목표로 하고 있으며, 4단계에서 5단계로 단계 조정을 하였습니다. 기존의 시험은 위의 급부터 1급-2급-3급-4급으로 되어 있습니다만, 새로운 시험에서는 N1-N2-N3-N4-N5로 바뀝니다. 여기서 「N」은 「NIHONGO(일본어)」, 「NEW(신)」의 첫 글자인 「N」을 가리킵니다.

　　1990년부터 2009년까지의 약 21회분과 2010년부터 2017년까지의 약 16회분의 JLPT(일본어 능력시험)의 분석을 토대로 이번에 『JLPT 콕콕 찍어주마 N3 문법』을 전면 개정하여 출간하게 되었습니다.

　　『JLPT 콕콕 찍어주마 N3 문법』은 2010년부터 새로 실시된 기출문제를 분석하여 Part1에서는 출제 1순위~3순위로 총 120개의 문법 기능어를 실었습니다. Part2에서는 한 문제 이상 꼭 나오는 경어, 사역·수동·가능·사역수동표현, 수수표현&조건표현, 간과해서는 안 될 조사, 글의 흐름을 읽게 하는 접속사·부사·기타로 나누어 편집하였습니다. 그리고 부록으로 「JLPT N3 문법 출제표」를 제시하였으며 학습자의 실력을 테스트할 수 있도록 4회분의 「파이널테스트」를 실었습니다. 또한 홈페이지에서 4회분의 「파이널테스트」를 추가로 제공하여 실전 연습에 더욱 충실할 수 있도록 하였습니다. 따라서 이 책만 충실히 공부한다면 JLPT N3 문법에 대한 고민은 더 이상 하지 않아도 되리라 확신합니다. 만일 N3 문법 실력이 부족하다면 『JLPT 콕콕찍어주마 N4·5 문법』과 함께 학습하기 바랍니다. 이 책으로 학습한 분들께 좋은 결과가 있기를 진심으로 기원합니다.

　　끝으로 자료 수집과 분석을 도와준 이한나 님, 감수를 해 주신 米倉安生 님, 이 책의 출판에 도움을 주신 (주)다락원의 정규도 사장님, 그리고 일본어 출판부 직원들에게 이 자리를 빌어 감사를 드립니다.

저자 이치우

# JLPT(일본어 능력시험)에 대하여

1. **목적 및 주최** │ JLPT (일본어 능력시험)는 원칙적으로 일본 국내외에서 일본어를 모국어로 하지 않는 사람을 대상으로 하며, 일본어를 공부하거나 사용하는 사람들의 일본어 능력을 측정하고 인정하는 것을 목적으로 한다. 일본 정부가 세계적으로 공인하는 유일한 일본어 시험으로 국제교류기금과 재단법인 일본국제교육지원협회가 주최한다.

2. **실시 횟수** │ 매년 7월 첫 번째 일요일과 12월 첫 번째 일요일 2회 실시한다. 하지만 주관 부서의 사정에 따라 변경될 수도 있으니 http://www.jlpt.or.kr/ 에서 확인하기 바란다.

3. **레벨** │ 시험은 N1, N2, N3, N4, N5로 나누어져 있어 수험자가 자신에게 맞는 레벨을 선택하면 된다. 각 레벨에 따라 N1~N2는 언어지식(문자·어휘/문법)·독해, 청해의 두 섹션으로, N3~N5는 언어지식(문자·어휘), 언어지식(문법)·독해, 청해의 세 섹션으로 나누어져 있다.

4. **시험결과 통지와 합격 여부** │ JLPT는 다음 예와 같이 각 과목의 ①구분 별 득점과 구분 별 득점을 합계한 ②총점을 통지하며. 이 두 가지 기준에 따라 합격여부를 판정한다. 즉, 총점이 합격점 이상이고, 각 구분별 득점(과목별 점수)이 기준점 이상이어야 합격이 된다.

〈일반 수험자 합격 기준점〉

2017. 7월 시험 기준

| 레벨 | 합격점/만점 | 기준점 | | |
|---|---|---|---|---|
| | | 언어지식 | 독해 | 청해 |
| **N3** | 95점 / 180점 | 19점 / 60점 | 19점 / 60점 | 19점 / 60점 |

\* 2017년 7월 시험에서는 총점으로는 95점, 기준점으로는 각각 19점이 모두 넘어야 합격이 되었다.
만약 한 과목이라도 19점을 넘기지 못하면 총점이 95점을 넘더라도 불합격이 된다. 이 점수는 매년 달라진다.

\* A씨의 성적표 (예)

| ① 구분 별 득점 | | | ② 총점 |
|---|---|---|---|
| 언어지식 | 독해 | 청해 | |
| 60 / 60 | 30 / 60 | 15 / 60 | 105 / 180 |

\* 총점은 105점으로 합격점은 충족하지만, 청해가 15점으로 기준점 19점을 넘기지 못했다. 따라서 A씨는 **불합격**이다.

\* B씨의 성적표 (예)

| ① 구분 별 득점 | | | ② 총점 |
|---|---|---|---|
| 언어지식 | 독해 | 청해 | |
| 40 / 60 | 30 / 60 | 35 / 60 | 105 / 180 |

\* 총점은 105점으로 합격점을 충족하며, 구분별 득점도 모두 19점 이상이므로 B씨는 **합격**이다.

**5. 시험 내용** | 각 레벨의 인정 기준을 【읽기】, 【듣기】라는 언어행동으로 나타낸다. 각 레벨에는 이 언어행동을 실현하기 위한 언어지식이 필요하다.

| 레벨 | 구성 (항목 / 시간) | | 인정 기준 |
|---|---|---|---|
| **N1** | 언어지식<br>(문자・어휘/문법)<br>독해 | 110분 | 폭넓은 장면에서 사용되는 일본어를 이해할 수 있다.<br>읽기 • 폭넓은 화제에 대해 쓰여진 신문의 논설, 논평 등 논리적으로 약간 복잡한 문장이나 추상도가 높은 문장 등을 읽고, 문장의 구성이나 내용을 이해할 수 있다.<br>• 다양한 화제의 내용에 깊이 있는 내용을 읽고, 이야기의 흐름이나 상세한 표현 의도를 이해할 수 있다.<br>듣기 • 폭넓은 장면에 있어 자연스러운 속도의 정리된 회화나 뉴스, 강의를 듣고 이야기의 흐름이나 내용, 등장인물의 관계나 내용의 논리구성 등을 상세하게 이해하거나 요지를 파악할 수 있다. |
| | 청해 | 65분 | |
| | 계 | 175분 | |
| **N2** | 언어지식<br>(문자・어휘/문법)<br>독해 | 105분 | 일상적인 장면에서 사용되는 일본어의 이해에 더해, 보다 폭넓은 장면에서 사용되는 일본어를 어느 정도 이해할 수 있다.<br>읽기 • 폭넓은 화제에 대해 쓰여진 신문이나 잡지의 기사・해설, 평이한 논평 등 요지가 명쾌한 문장을 읽고 문장의 내용을 이해할 수 있다.<br>• 일반적인 화제에 관한 내용을 읽고, 이야기의 흐름이나 표현 의도를 이해할 수 있다.<br>듣기 • 일상적인 장면에 더해 폭넓은 장면에서, 비교적 자연스러운 속도의 정리된 회화나 뉴스를 듣고 이야기의 흐름이나 내용, 등장인물의 관계를 이해하거나 요지를 파악할 수 있다. |
| | 청해 | 55분 | |
| | 계 | 160분 | |
| **N3** | 언어지식(문자・어휘) | 100분 | 일상적인 장면에서 사용되는 일본어를 어느 정도 이해할 수 있다.<br>읽기 • 일상적인 화제에 대해 쓰여진 구체적인 내용을 나타내는 문장을 읽고 이해할 수 있다.<br>• 신문의 표제어 등에서 정보의 개요를 캐치할 수 있다.<br>• 일상적인 장면에서 눈으로 보는 범위의 난이도가 약간 높은 문장은 대체표현이 주어지면 요지를 이해할 수 있다.<br>듣기 • 일상적인 장면에서 비교적 자연스러운 속도의 정리된 회화를 듣고 이야기의 구체적인 내용을 등장인물의 관계 등과 맞춰서 거의 이해할 수 있다. |
| | 언어지식(문법)・독해 | | |
| | 청해 | 45분 | |
| | 계 | 145분 | |
| **N4** | 언어지식(문자・어휘) | 80분 | 기본적인 일본어를 이해할 수 있다.<br>읽기 • 기본적인 어휘나 한자로 쓰여진, 일상생활 중에서도 우리 주변의 화제의 문장을 읽고 이해할 수 있다.<br>듣기 • 일상적인 장면에서 약간 천천히 이야기하는 대화라면 내용을 거의 이해할 수 있다. |
| | 언어지식(문법)・독해 | | |
| | 청해 | 40분 | |
| | 계 | 120분 | |
| **N5** | 언어지식(문자・어휘) | 60분 | 기본적인 일본어를 어느 정도 이해할 수 있다.<br>읽기 • 히라가나나 가타카나, 일상생활에서 사용되는 기본적인 한자로 쓰여진 정형적 어구나 글, 문장을 읽고 이해할 수 있다.<br>듣기 • 교실이나 신변적인 일상생활 중에서도 자주 접하는 장면으로, 천천히 이야기하는 짧은 대화라면 필요한 정보를 캐치할 수 있다. |
| | 언어지식(문법)・독해 | | |
| | 청해 | 35분 | |
| | 계 | 95분 | |

※ N3 - N5 의 경우, 1교시에 언어지식(문자・어휘)과 언어지식(문법)・독해가 연결실시됩니다.
※ N4 - N5 의 경우, 2020년 제2회 JLPT 시험부터 과목별 시간이 변경되었습니다.

**6. 성적표 교부** | 합격자에 한해 교부되는 급수별 「일본어 능력 인정서」와 함께 응시자 전원에게 합격・불합격의 결과를 알려주는 통지서, 인정 결과 및 성적에 관한 증명서를 교부한다.

# 이 책의
# 구성 및 특징

이 책은 JLPT(일본어 능력시험) N3 문법에 완벽하게 대응되도록 분석·정리하여 JLPT의 출제 경향을 한눈에 파악할 수 있도록 한 수험서이다. 2010년부터 지금까지 출제된 문법 기능어를 철저하게 분석하여 2회 이상 출제된 문법을 「출제 1순위 N3 문법 40」, 1회 이상 출제된 문법은 「출제 2순위 N3 문법 50」, 앞으로 출제될 가능성이 높은 문법을 「출제 3순위 N3 문법 30」으로 나누어 기능어의 설명과 함께 기출문장을 제시하였다. 또한 예문의 형태를 실제 문법 문제 스타일인 '문법형식, 문맥배열, 문장흐름'으로 나누어 제시하여 문제 스타일에 익숙해지도록 배려하였다.

### Part 1 합격으로 가는 N3 문법

JLPT(일본어 능력시험) N3 문법으로 제시된 120개 기능어를 중요도 순으로 「출제 1순위 N3 문법 40」「출제 2순위 N3 문법 50」, 「출제 3순위 N3 문법 30」으로 구성·편집하였다. 또한 실제 시험에 나온 문장을 출제 연도와 함께 제시하여 출제 경향을 한눈에 파악할 수 있도록 하였으며, 문법 설명과 출제 가능성이 높은 예문을 시험의 문제 유형 1·2·3으로 나누어 기능어가 가진 역할과 함께 문제 패턴을 충분히 이해할 수 있도록 제시해 놓았다. 한편, 10개 기능어 학습 후에는 각각 실전문제로 재점검할 수 있도록 구성하여 완벽한 시험 대비가 가능하도록 하였고, 각 실전문제에는 관련 기능어 번호를 부여하여 확인할 수 있도록 하였다. 예를 들어 기능어 번호가 「023·088」이라면 023의 기능어가 주된 핵심 문법이고 또한 088의 기능어가 키워드로 작용하고 있음을 나타낸다.

### Part 2 점수를 UP시키는 N3 문법

Part2에서는 문법 기능어 외에 시험에서 자주 출제되는 ①경어, ②사역·수동·가능·사역수동표현, ③수수표현&조건표현, ④조사, ⑤접속사·부사·기타로 총 5개 섹션으로 나누어, 설명과 함께 시험에서 출제된 기출문장과 출제 가능성이 높은 예문을 실어 놓았다. 주로 문제3 '문장의 문법' 문제에서 괄호 안에 들어가는 형태로 출제되고 있지만, 문법형식에서도 종종 출제되고 있으므로 간과해서는 안 될 분야이다.

### 부록

JLPT(일본어 능력시험) N3 문법 시험과 같은 형식의 파이널 테스트를 4회 수록하여 마무리 점검을 할 수 있도록 하였다. 정답이 실려 있으며, 해석은 홈페이지에서 다운받거나 QR코드를 통해 바로 확인할 수 있다. 또 「JLPT N3 문법 출제표」를 수록하여 시험에 임하기 전 복습·정리할 수 있으며, 히라가나 순으로 배열되어 있으므로 찾고 싶은 문법을 바로 찾을 수 있다.

# 차례

- 머리말 ... 03
- JLPT(일본어 능력시험)에 대하여 ... 04
- 이 책의 구성 및 특징 ... 06
- N3 문법 문제 유형 분석 ... 08
- 이 책의 학습 방법 ... 10

## PART 1 합격으로 가는 N3 문법

1. 출제1순위 **N3 문법 40** ... 13
   콕콕실전문제 1회~4회
2. 출제2순위 **N3 문법 50** ... 77
   콕콕실전문제 5회~9회
3. 출제3순위 **N3 문법 30** ... 155
   콕콕실전문제 10회~12회

## PART 2 점수를 UP시키는 N3 문법

1. N3 문법 **경어** ... 201
   콕콕실전문제 13회
2. N3 문법 **사역·수동·가능·사역수동표현** ... 221
   콕콕실전문제 14회
3. N3 문법 **수수표현&조건표현** ... 231
   콕콕실전문제 15회
4. N3 문법 **조사** ... 243
   콕콕실전문제 16회
5. N3 문법 **접속사·부사·기타** ... 257
   콕콕실전문제 17회~18회

### 부록

1. JLPT N3 파이널 테스트 1~4회 ... 282
2. JLPT N3 문법 출제표 ... 302
3. 콕콕 실전문제 및 파이널 테스트 정답 ... 314
4. 파이널 테스트 해답 용지 ... 319

# N3 문법
# 문제 유형 분석

JLPT(일본어 능력시험) N3 문법 문제는 「문장의 문법 1 (문법형식 판단)」, 「문장의 문법 2 (문맥배열)」, 「글의 문법 (문장흐름)」의 3가지 패턴으로 출제된다.

## 問題 1  문장의 문법1(문법형식)

( ) 안에 알맞은 표현을 넣어 문장을 완성하는 문제로, 기능어 외에 회화체 표현을 묻는 문제도 출제되고 있다. 문제 수는 13문제이며 변경될 경우도 있다. 어려운 기능어보다는 일반적이고 일상생활에서 자주 쓰는 표현, 경어, 조사 등을 묻는 문제가 출제되고 있다.

1  今度の試合に勝てる（　　）一生けんめいがんばります。(2011.7)
　　1 ために　　　　2 ように　　　　3 ことに　　　　4 みたいに

8  学生 「先生、ご相談したいことがあるのですが、授業の後、先生の研究室に
　　　　　（　　）よろしいでしょうか。」 (2011.7)
　　先生 「はい、いいですよ。」
　　1 来られても　　2 いらっしゃっても　　3 うかがっても　　4 行かれても

해석
1  이번 시합에 이길 수 있도록 열심히 분발하겠습니다.
8  학생　선생님, 상의드릴 일이 있는데요, 수업 후에 선생님의 연구실로 찾아뵈어도 될까요?
　　선생님　네, 좋아요.

## 問題 2  문장의 문법2(문맥배열)

문장을 바르게 그리고 뜻이 통하도록 배열하여 문장을 만드는 문제이다. 4개의 밑줄이 그어져 있고, 그 중 한 개의 밑줄에 ★ 표시가 되어 있다. 문장을 알맞게 배열하고 ★ 표시가 있는 부분에 해당하는 문장을 찾으면 된다. 문제 수는 5문제이며 변경될 경우도 있다.

15  あの美術館は曜日 ＿＿＿＿ ＿＿＿＿ ＿★＿＿ ＿＿＿＿ 窓口で確認した
　　ほうがいいよ。(2011.7)
　　1 閉まる時間　　2 違うから　　3 によって　　4 が

해석
15  (3 1 4 2 -によって 閉まる時間 が ★違うから)
　　그 미술관은 요일에 따라 닫는 시간이 다르기 때문에 창구에서 확인하는 것이 좋아.

## 問題 3 글의 문법(문장흐름)

 공란에 들어갈 가장 좋은 것을 고르는 문제로 5문제가 출제되며 변경될 경우도 있다. 문장의 흐름에 맞는 글인지 어떤지를 판단할 수 있는가를 묻는 데에 출제 목적이 있다. 공란에는 반드시 N3 기능어가 사용되지는 않으며, 문장의 흐름에 맞는 문법 요소나 어휘, 접속사, 부사 등이 많이 나온다.

(2011.7)

東京の電車

シュミット　ダニエル

　東京に来て、電車を使う人がとても多いのにびっくりしました。ラッシュアワーは、駅も電車も本当に混雑しています。最近は、人が多くて大変なのに、なぜみんなが電車を使おうとするのか不思議でした。しかし、東京に来て3か月たって、その理由が　19　。

　まず、東京には、10種類以上の電車が走っていて、電車の駅は600以上あります。たくさん駅があるから、どこへでも行くことができます。　20　、電車が遅れることも少ないし、あまり待たなくてもすぐに次の電車が来ます。実際に、わたしが使っている電車は、ラッシュアワーには3分に1本来ます。　21　なら、みんなが使いたくなる気持ちもわかります。

⋮

**19**
1 わかってくるはずです　　2 わかっていくそうです
3 わかってきました　　　　4 わかっていったようです

**20**
1 したがって　　2 つまり　　3 たとえば　　4 それから

**21**
1 ある電車　　　　　　　　2 そこの電車
3 こういう電車　　　　　　4 どちらかの電車

⋮

# 이 책의 학습 방법

# PART 1

❶ 우선 기능어의 뜻과 접속 형태를 확인한다.
❷ 어떤 경우에 쓰이는지 설명을 잘 읽고 자주 쓰는 형태도 함께 기억한다.
❸ 2010년 이후 출제된 기출문장을 보고 출제 경향을 파악한다.
❹ 다양한 예문을 통해 쓰임새 및 접속 등을 이해한다.
❺ 콕콕실전문제를 통해 기능어를 확인하고, 틀렸을 경우 설명과 쓰임새를 다시 한번 숙지한다.

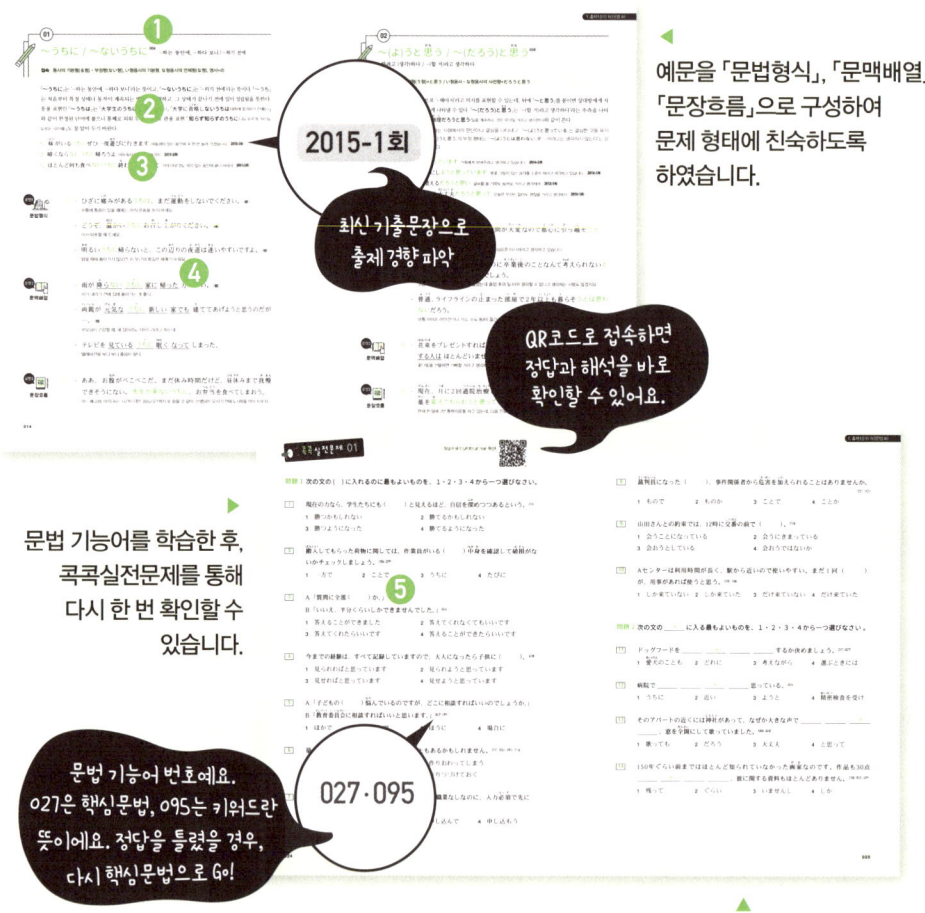

예문을 「문법형식」, 「문맥배열」, 「문장흐름」으로 구성하여 문제 형태에 친숙하도록 하였습니다.

2015-1회
최신 기출문장으로 출제 경향 파악

QR코드로 접속하면 정답과 해석을 바로 확인할 수 있어요.

문법 기능어를 학습한 후, 콕콕실전문제를 통해 다시 한 번 확인할 수 있습니다.

027·095
문법 기능어 번호예요. 027은 핵심문법, 095는 키워드란 뜻이에요. 정답을 틀렸을 경우, 다시 핵심문법으로 Go!

문제2 정답에서 3124 같은 숫자는 배열순서를 나타내요.

# PART 2

① Part2는 경어, 사역·수동·가능·사역수동표현, 수수표현&조건표현, 조사, 접속사·부사·기타로 5가지 섹션으로 구성되어 있다.
② 제시된 표현과 해석을 잘 보고 기출문장과 예문으로 그 쓰임새를 파악한다.
③ 시험에 출제된 문장을 보고 출제 경향을 파악한다.
④ 파이널 테스트 문제를 통해 시험 전 자기실력을 최종 점검한다.
⑤ 문법기능어를 찾거나 시험 전 문법을 정리할 때는 「문법 출제표」를 이용한다.

▶ 파이널 테스트로 자기 실력 최종 점검

기출 문장을 통해 쓰임새를 파악하세요~!

파이널 테스트는 총 4회분이 실려 있어요.

시험 전 문법을 빠르게 훑어볼 때 이용하세요~!

**학습자를 위해 준비했습니다!**

1. **파이널테스트 추가 제공**  다락원 홈페이지 학습자료실에서 N3 문법 파이널 테스트 4회분을 추가로 제공.
2. **정답 및 해석 바로 확인**  다락원 홈페이지 학습자료실에서 다운로드 또는 스마트폰으로 QR코드로 찍어서 바로 확인 가능.

# Part 1

합격으로 가는
## N3 문법

# N3 문법 40

2010년부터 새롭게 바뀐 일본어 능력시험 N3 기출문법을 분석하여 출제1순위 문법 40개를 선정하였다. 지금까지 여러 해에 걸쳐 실제 시험에 출제된 문법으로 구성되어 있으며, 반복적으로 출제되고 있는 만큼 꼭 숙지해야 할 문법 기능어일 것이다. 기능어 우측의 숫자는 부록 「JLPT N3 문법 출제표」의 번호를 나타낸다.

# ～うちに / ～ないうちに 〜하는 동안에, 〜하다 보니/〜하기 전에

**접속** 동사의 기본형(る형)・부정형(ない형), い형용사의 기본형, な형용사의 연체형(な형), 명사+の

「～うちに」는 '～하는 동안에, ～하다 보니'라는 뜻이고, 「～ないうちに」는 '～하기 전에'라는 뜻이다. 「～うち」는 처음부터 특정 상태나 동작이 계속되는 범위를 설정하고, 그 상태가 끝나기 전에 일이 성립됨을 뜻한다. 응용 표현인 「～うちは」는 「大学生のうちは(대학생일 때에는), 大学に合格しないうちは(대학에 합격하기 전에는)」와 같이 한정된 단어에 붙으니 통째로 외워 두자. 참고로 관용 표현 知らず知らずのうちに(나도 모르게, 자신도 모르는 사이에)도 잘 알아 두기 바란다.

☑ 妹がいる**うちに**ぜひ一度遊びに行きます 여동생이 있는 동안에 꼭 한 번 놀러 가겠습니다 **2015-1회**
☑ 暗くなら**ないうちに**帰ろうよ 어두워지기 전에 돌아가자 **2013-2회**
☑ ほとんど何も食べ**ないうちに**終わってしまって 거의 아무것도 먹지 않는 동안에 끝나 버려서 **2011-2회**

**유형1 문법형식**

- ひざに痛みがある**うちは**、まだ運動をしないでください。 **09**
  무릎에 통증이 있을 때에는, 아직 운동을 하지 마세요.

- どうぞ、温かい**うちに**お召し上がりください。 **08**
  어서 따뜻할 때 드세요.

- 明るい**うちに**帰らないと、この辺りの夜道は迷いやすいですよ。 **99**
  밝을 때에 돌아가지 않으면, 이 부근의 밤길은 헤매기 쉬워요.

**유형2 문맥배열**

- 雨が 降ら**ない** **うちに**★ 家に 帰った 方がいい。 **02**
  비가 내리기 전에 집에 돌아가는 게 좋다.

- 両親が 元気な **うちに**★ 新しい 家でも 建ててあげようと思うのだが…。 **92**
  부모님이 건강할 때, 새 집이라도 지어드리려고 하는데…….

- テレビを 見ている **うちに**★ 眠く なって しまった。
  텔레비전을 보다 보니 졸음이 왔다.

**유형3 문장흐름**

- ああ、お腹がぺこぺこだ。まだ休み時間だけど、昼休みまで我慢できそうにない。**先生が来ないうちに**、お弁当を食べてしまおう。
  아~ 배고파. 아직 쉬는 시간이지만, 점심시간까지 못 참을 것 같아. 선생님이 오시기 전에 도시락을 먹어 치우자.

## 02 ～(よ)うと思う / ～(だろう)と思う

~하려고 (생각)하다 / ~(할 거)라고 생각하다

**접속** 동사의 의지형(よう・う형)+と思う / い형용사・な형용사의 사전형+だろうと思う

1인칭에서는 의지형만으로 '~해야지'라고 의지를 표현할 수 있는데, 뒤에 「～と思う」를 붙이면 상대방에게 자신의 의지를 더욱 확실하게 나타낼 수 있다. 「～(だろう)と思う」는 '~(할 거)라고 생각하다'라는 추측을 나타내며, 仕事を続けるのは無理だろうと思う(일을 계속하는 것은 무리일 거라고 생각한다)와 같이 쓴다.

**참고** 「～(よ)うと思う」는 말하는 시점에서의 판단이나 결심을 나타내고, 「～(よ)うと思っている」는 결심한 것을 유지하고 있을 때 쓴다. 「～(よ)うと思う」의 부정 형태는 「～(よ)うとは思わない」로 '~하려고는 생각하지 않는다'는 강한 부정의 의지를 나타낸다.

- ☑ 家族に見せようと思っています 가족에게 보여주려고 생각하고 있습니다 **2014-2회**
- ☑ 桜の絵の箱を大切にしようと思っています 벚꽃 그림이 있는 상자를 소중히 하려고 생각하고 있습니다 **2014-1회**
- ☑ 字を書く機会も増えるだろうと思い 글씨를 쓸 기회도 늘어날 거라고 생각하여 **2012-1회**
- ☑ 今日はかさがなくても大丈夫だろうと思って 오늘은 우산이 없어도 괜찮을 거라고 생각해서 **2010-1회**

**유형1 문법형식**

- 毎日1時間半程度の通勤時間が大変なので都心に引っ越そうと思っています。
  매일 1시간 반 정도의 통근시간이 힘들어서 도심으로 이사하려고 생각하고 있습니다.

- 高校に入学したばかりなのに卒業後のことなんて考えられないと思っている人も多いことでしょう。
  고등학교에 입학한지 얼마 되지 않았는데 졸업 후의 일 따위 생각할 수 없다고 생각하는 사람도 많겠지요.

- 普通、ライフラインの止まった部屋で2年以上も暮らそうとは思わないだろう。
  보통 라이프 라인(전기나 가스, 수도 등)이 끊긴 방에서 2년 이상이나 살려고는 생각하지 않을 것이다.

**유형2 문맥배열**

- 花束をプレゼントすれば 喜ぶだろうと 思っても* 実際に それを する人は ほとんどいません。
  꽃다발을 선물하면 기뻐할 거라고 생각해도 실제로 그것을 (선물)하는 사람은 거의 없습니다.

**유형3 문장흐름**

- 現在、月に2回通院治療しているんですが、次回の診察時に睡眠薬を変えてもらおうと思っています。
  현재 한 달에 2번 통원치료를 하고 있는데, 다음 진료 때 수면약을 바꿔달라고 하려고 합니다.

## 03

# ～(よ)うとする 009 ~하려고 하다

**접속** 동사의 의지형(よう・う형)

「～(よ)うとする」는 '~하려고 하다'라는 뜻으로, 어떤 행동을 하기 직전의 상태를 나타낸다. 예를 들어 窓から見ようとしたが(창문으로 보려고 했으나), お風呂に入ろうとしたとき(목욕하려고 했을 때)와 같이 쓴다. 「～(よ)うとしている」는 '~하려고 하고 있다'라는 뜻으로 하려는 행동을 위해 애쓰는 모습을 나타낸다. 예를 들어 新しい単語をおぼえようとしている(새 단어를 외우려고 하고 있다)와 같이 쓴다.

**참고** 「～(よ)うとする」의 부정 형태는 「～(よ)うとしない」로 '~하려고 하지 않는다'라는 뜻이다. 이 표현은 타인의 행동이 기대나 예상에 어긋날 때 사용하기 때문에 1인칭에는 사용하지 않는다.

(×) 私はきらいな野菜は食べようとしない。
(○) 私はきらいな野菜は食べない。 나는 싫어하는 채소는 먹지 않는다.

- 昨日、天ぷらを作ろうとしたが 어제 튀김을 만들려고 했는데 **2015-1회**
- 娘も一生懸命頑張ろうとしているので 딸도 열심히 분발하려고 하고 있어서 **2014-1회**

**유형1 문법형식**

- 電話をかけようとしたとき、玄関のベルが鳴りました。
  전화를 걸려고 했을 때, 현관벨이 울렸습니다.

- 彼女は怒っている時は母親の言うこともどうしても聞こうとしない。
  그녀는 화가 나 있을 때에는 엄마가 하는 말도 도무지 들으려고 하지 않는다.

**유형2 문맥배열**

- 会場へ 向かおう として いる 皆さん、もう一度チケットがお手元にあるか、確認してくださいね。
  회장으로 향하려고 하는 여러분, 다시 한 번 티켓이 수중에 있는지 확인해 주세요.

- 妻は彼を 説得して たばこを やめさせようと したが だめだった。
  아내는 그를 설득해서 담배를 끊게 하려고 했지만 안 되었다.

**유형3 문장흐름**

- ところが私たちは、いまでも「日が昇る」「日が沈む」といういい方をやめようとしません。動いているのは太陽ではなく地球のほうなのに、「地球が動いて太陽が見えた(見えなくなった)」ということを表す簡潔な言葉はありません。
  하지만 우리들은 지금도 '해가 뜬다' '해가 진다'라는 표현을 그만두려고 하지 않습니다. 움직이고 있는 것은 태양이 아니라 지구 쪽인데, '지구가 움직여서 태양이 보였다(보이지 않게 되었다)'라는 것을 나타내는 간결한 표현은 없습니다.

## 04

# ～かもしれない 016 ~할지도 모른다

**접속** 동사의 기본형(る형)·과거형(た형)·부정형(ない형), 명사(+だった), い형용사, な형용사의 어간·과거형(だった형), の 등

「～かもしれない」는 '~할지도 모른다'라는 뜻이다. 50~60%정도의 가능성이 있다는 의미로 사용되며, 가능성을 기대하거나 두려워하는 경우에 쓴다. 예를 들어 雨が降るかもしれない(비가 올지도 모른다), 重い病気かもしれない(중병일지도 모른다)와 같이 쓴다. 또 단정을 피해서 말할 때도 많이 쓰는데, 예를 들어 私、今度のコンクールには出ないかもしれません(저, 이번 콩쿠르에는 나가지 않을지도 몰라요)와 같이 쓴다.

- ✓ そのため、多くの日本人が天気に関心を持つのかもしれません
  그 때문에 많은 일본인이 날씨에 관심을 갖는 것일지도 모릅니다  2016-2회
- ✓ 濃い味が好きな人にはいいかもしれないが  진한 맛을 좋아하는 사람에게는 좋을지도 모르지만  2016-1회
- ✓ トマトのすっぱさが苦手な私にも食べられるかもしれない
  토마토의 신맛을 싫어하는 나도 먹을 수 있을지도 모른다  2012-2회
- ✓ 今度はもうおどろかないかもしれません  이번에는 이제 놀라지 않을지도 모릅니다  2010-1회

**유형1 문법형식**

- 風邪を引くかもしれないから、コートを着たほうがいいよ。
  감기에 걸릴지도 모르니 코트를 입는 편이 좋아.

- それは本当かもしれないし、そうでないかもしれない。
  그것은 사실일지도 모르고, 그렇지 않을지도 모른다.

- もしかしたら私だけが理解できていないのかもしれない。
  어쩌면 나만 이해 못하고 있는 것인지도 모르겠다.

**유형2 문맥배열**

- 大した力 には ならない かも しれません けど応援します。
  큰 힘은 되지 않을지도 모르지만 응원하겠습니다.

- この雨は森の動植物にとっても 喜ばしい 雨だった かも しれません。
  이 비는 숲의 동식물에게도 기쁜 비였는지도 모릅니다.

**유형3 문장흐름**

- 紅茶を楽しもうと思った際に、カロリーを気にしている方は多いかもしれません。しかし紅茶は基本的にはゼロカロリーと言われていますが、それは本当なのでしょうか。
  홍차를 즐기려고 했을 때, 칼로리를 신경 쓰고 있는 분은 많을지도 모릅니다. 그러나 홍차는 기본적으로는 0칼로리라고들 하는데, 그것은 사실일까요?

## 05 ～こと / ～ということ<sup>021</sup> ①~일, ~것 ②~(에 관한) 일 / ~라는 것

**접속** 동사의 기본형(る형)・과거형(た형), 명사+の, な형용사의 연체형(な형)・기본형(だ형) 등

「～こと」는 '①~일, ~것'이라는 뜻의 형식명사로, 주로 추상적이고 개념적인 경우에 쓴다. 또한 '②~(에 관한) 일'이란 의미로 어떤 대상을 중심으로 하여 그에 관한 일체의 상태를 나타내기도 한다. 예를 들면 相手のことを考えながら(상대를(상대에 관한 것을) 생각하면서), ぼくのことは心配するな(내 일은 걱정 말게) 등이 있다. 「～ということ」는 '~라는 것'이라는 뜻으로, その駅がいちばん便利だということがわかった(그 역이 가장 편리하다는 것을 알았다)와 같이 쓴다.

**참고** 구체적이고 오감으로 다루어지는 대상에는 형식명사「の」를 쓴다.

- ☑ 贈る相手のことを考えながら選ぶ 선물하는 상대를 생각하면서 고른다 **2015-2회**
- ☑ 会議の資料のことをすっかり忘れていた 회의 자료에 관한 것을 완전히 잊고 있었다 **2014-2회**
- ☑ 今日がレポートのしめ切り日だったということをすっかり忘れていた
  오늘이 리포트 마감일이었다는 것을 완전히 잊고 있었다 **2012-1회**
- ☑ 将来のことで悩んでるらしいよ 장래에 관한 일로 고민하고 있는 것 같아 **2011-1회**
- ☑ 進学のこと、相談したかったんだけど 진학에 관해 의논하고 싶었는데 **2011-1회**

**문법형식**

- 部屋の電気がきえているということは、たぶんもう寝たのでしょう。
  방의 불이 꺼져 있다는 것은 아마도 벌써 잠들었다는 것이겠지요.

- この映画から何か大切なことを教わったような気がする。
  이 영화에서 뭔가 중요한 것을 배운 듯한 기분이 든다.

- 娘のことはぜんぜん心配していません。
  딸에 관한 것은 전혀 걱정하지 않습니다.

**문맥배열**

- かれは 来月 結婚する <u>という</u> ことを、まだだれにも知らせていない。
  그는 다음 달 결혼한다는 것을, 아직 아무에게도 알리지 않았다.

- 私が言いたいことは 相手の気持ちに なって行動すると 人と人との つながりも うまくいくということです。
  내가 말하고 싶은 것은 상대의 마음이 되어 행동하면 사람과 사람과의 관계도 잘해 나갈 수 있다는 것입니다.

**문장흐름**

- みなさんは「以心伝心」という四字熟語を知っていますか。「ことばによらず、心から心へ伝えること」という意味です。
  여러분은 '이심전심'이라는 4자성어를 알고 있습니까? '말에 의하지 않고 마음에서 마음으로 전하는 것'이라는 의미입니다.

## 06 ~ことができる <sup>024</sup> ~할 수(가) 있다

**접속** 동사의 기본형(る형)

「~ことができる」는 '~할 수(가) 있다'라는 뜻으로, 앞에 동사의 기본형(る형)이 와서 가능 표현을 만든다. 가능의 의미는 두 가지가 있는데, 日本語を話すことができる(일본어를 할 수 있다), 歩くことができる(걸을 수 있다)와 같이 기술적·신체적인 능력을 나타내는 의미가 있고, 道を渡ることができる(길을 건널 수 있다), 電話に出ることができる(전화를 받을 수 있다)와 같이 규칙이나 상황 등에 따라 행위의 실현이 가능한 것을 나타내는 의미가 있다. 또한 「~ことは(も)できる(~할 수는(도) 있다)」의 형태로도 사용되며, 부정형은 「~ことができない/~ことは(も)できない(~할 수가 없다/~할 수는(도) 없다)」의 형태가 된다.

- ✓ 自分に合う仕事を見つけることができるまで 자신에게 맞는 일을 찾을 수 있을 때까지 2016-1회
- ✓ 「あきらめなければ、できることもあるかもしれない」と考えることができたのです
  '포기하지 않으면 할 수 있는 일도 있을지도 모른다'고 생각할 수 있었던 것입니다 2015-1회
- ✓ 何を学ぶことができるのか知りたくて 무엇을 배울 수 있는지 알고 싶어서 2015-1회
- ✓ 前よりも親しくなることができたのです 전보다도 친해질 수 있었습니다 2011-2회

**유형1 문법형식**

- あの美術館へ行けば、日本の古い絵を見ることができます。 94
  저 미술관에 가면 일본의 옛 그림을 볼 수 있습니다.

- 図書館でこの町の歴史を調べることができます。
  도서관에서 이 마을의 역사를 조사할 수가 있습니다.

- この図書館では辞書を借りることはできません。
  이 도서관에서는 사전을 빌릴 수는 없습니다.

**유형2 문맥배열**

- あの人は、ゆっくりなら20キロメートルでも30キロメートル でも 泳ぐ ことが できる そうだよ。
  그 사람은 느릿이 한다면 20킬로미터든 30킬로미터든 수영할 수 있다고 하더라.

- パブはいわゆる酒場なんですが、軽食を 安く とる ことも できます。
  펍은 소위 술집이지만, 간단한 식사를 저렴하게 먹을 수도 있습니다.

**유형3 문장흐름**

- テーブルの上に置いたテキストに目を通すことはできても、1メートル先に立つ人の顔は、ぼんやりとしか見えない。
  테이블 위에 놓인 문서를 훑어볼 수는 있어도, 1미터 앞에 선 사람의 얼굴은 흐릿하게 밖에 보이지 않는다.

## 07 〜ことで 〜해서, 〜로 인해, 〜한 일로

**접속** 동사의 기본형(る형)·과거형(た형), 명사+である 등

「〜ことで」는 '〜해서, 〜로 인해, 〜한 일로'라는 뜻이다. 이 표현은 「AことでB」의 꼴로 사용하여 A라는 원인이나 수단으로 B가 된다는 의미이다. 이와 비슷한 표현으로 「〜ことから」025(〜로 인해, 〜때문에)가 있는데, 이 표현은 A가 실마리가 되어 B의 사태로 퍼져가는 것을 나타낸다.

(○) 注射をうつことで、病気を予防する。 주사를 맞아서 병을 예방한다.

(×) 注射をうつことから、病気を予防する。

- ✓ 川名寺は桜がきれいなことで有名ですが 가와나 절은 벚꽃이 예쁜 것으로 유명하지만 **2012-2회**
- ✓ 子どもが生まれたことで食べ物の安全が気になるようになった
  아이가 태어나서 음식의 안전이 걱정되게 되었다 **2010-2회**

**문법형식**

- 中田さんは、去年の国際バイオリンコンクールで優勝したことで、初めて人びとに知られるようになった。 **00**
  나카타 씨는 작년 국제 바이올린 콩쿠르에서 우승한 일로, 처음으로 사람들에게 알려지게 되었다.

- プロのサッカー選手であることで失ってしまったものもある。
  프로 축구선수여서 잃어버린 것도 있다.

**문맥배열**

- 留学した ★ ことで 異なる 文化に 興味を 持つようになった。 **08**
  유학으로 인해 다른 문화에 흥미를 가지게 되었다.

- 心のなかで 思っているより 誰かに 話を 聞いてもらう ★ ことで きっと 気分も 楽になることでしょう。
  마음 속으로 생각하고 있기보다 누군가가 이야기를 들어주면 분명 기분도 편해질 것입니다.

**문장흐름**

- ペットボトルとキャップを分けて集めることで、子供たちにワクチンを届けることができるとともに、二酸化炭素の発生量を減らして地球環境を守ることにも役立つのです。
  페트병과 뚜껑을 나눠서 모으는 일로, 아이들에게 백신을 보낼 수 있는 것과 함께, 이산화탄소의 발생량을 줄여 지구 환경을 지키는 일에도 도움이 됩니다.

## 08 ～ことになる / ～ことになっている

~하게 되다 / ~하기로 되어 있다

**접속** 동사의 기본형(る형)·수동형(られる형), ~なければならない 등

「～ことになる」는 '~하게 되다'라는 뜻으로, 자신의 의지와는 관계없이 집단이나 조직의 결정 또는 자연의 섭리로 그렇게 되는 것을 의미한다. 「～ことになっている」는 '~하기로 되어 있다'라는 뜻으로 이미 기정 사실화되어 있다는 것을 나타낸다. 예를 들어 お金を払うことになっている(돈을 지불하기로 되어 있다), 6時に集まることになっている(6시에 모이기로 되어 있다)와 같이 쓴다. 그외 「～ことになった」는 '~하게 되었다'는 확정을 나타낸다.

- ✓ お弁当を持っていくことになっている 도시락을 갖고 가기로 되어 있다 **2016-2회**
- ✓ 7時に東京駅で友達と会うことになっている 7시에 도쿄역에서 친구와 만나기로 되어 있다 **2010-1회**

**유형1 문법형식**

- 家庭の事情で田中くんは転校することになりました。
  가정 사정으로 다나카 군은 전학가게 되었습니다.

- 今日は6時に中野駅で友達と会うことになっているので、5時に会社を出ます。
  오늘은 6시에 나카노역에서 친구와 만나기로 되어 있기 때문에, 5시에 회사를 나갑니다.

**유형2 문맥배열**

- そんなに人を 甘く見ると あとで後悔する ことに なります よ。
  그렇게 사람을 무르게 보면 나중에 후회하게 돼요.

- この港では規定として漁獲物は すべて組合へ 納める ことに なっている。
  이 항구에서는 규정으로서 어획물은 모두 조합에 납품하게 되어 있다.

**유형3 문장흐름**

- 当社では、年休の申請を3日前までにしなければならないことになっています。当日の朝になって、年休にしてほしいという連絡があった場合、拒否してもよいでしょう。
  당사에서는 연휴 신청을 3일전까지 해야 하는 것으로 되어 있습니다. 당일 아침이 되어 연휴로 해주었으면 하는 연락이 온 경우 거부해도 좋겠지요.

## 09

# ～しか～ない / ～しかない ~030~ ~밖에 ~않다 / ~밖에 없다

**접속** 명사, ～くらい(ぐらい), ～から, ～ずつ 등

「～しか」는 우리말의 '~밖에'란 뜻으로 '오직 그것뿐'임을 강조할 때 사용하며, 항상 뒤에 부정의 말이 온다. 즉「～しか～ない(~밖에 ~않다)」또는「～しかない(~밖에 없다)」의 형태로 사용된다. 예를 들어 2時間しか寝ない(두 시간밖에 안 잔다), ケーキは三つしかない(케이크는 3개밖에 없다)와 같이 쓴다.

- ☑ まだ一人しか返事が来ていない 아직 한 명밖에 답장이 오지 있다 **2016-1회**
- ☑ 財布に500円ぐらいしか残っていない 지갑에 500엔 정도밖에 안 남았다 **2015-2회**
- ☑ チョコレートケーキとチーズケーキが1個ずつしか残っていなかった
  초콜릿 케이크와 치즈 케이크가 한 개씩밖에 남아 있지 않았다 **2014-2회**

문법형식

- 最近の食べ物は安全だとは言えないので、もう自分で作るしかない。 **05**
  요즘 음식은 안전하다고는 할 수 없으므로, 이젠 직접 만들 수밖에 없다.

- 事実、その先生のもとにいた人たちは現在では半数ぐらいしか残っていません。
  사실 그 선생님의 밑에 있던 사람들은 현재는 절반 정도밖에 남아 있지 않습니다.

문맥배열

- ここまで来たら もう やる しかない のに、君はまだ迷っているのか。 **02**
  이 지경이 되면 이제 할 수밖에 없는데, 자네는 아직도 망설이고 있는가?

- 家族3人で電車に35分間乗りました。席が1つ しか 空いて いないので、2人が立って交代で1人が座ることにしました。
  가족 셋이서 전철을 35분 동안 탔습니다. 자리가 1개밖에 비어 있지 않아서, 두 사람이 서고 교대로 한 사람이 앉기로 했습니다.

문장흐름

- アメリカの心理学者によると、新しい環境に慣れるのに20歳で平均6か月、30歳で1年、40歳で3年かかるが、19歳以下だと3か月しかかからないそうです。つまり、若ければ若いほど早いと言えそうです。
  미국의 심리학자에 따르면 새로운 환경에 익숙해지는 데 20세에 평균 6개월, 30세에 1년, 40세에 3년 걸리는데, 19세 이하라면 3개월밖에 걸리지 않는다고 합니다. 즉 젊으면 젊을수록 빠르다고 할 수 있을 것 같습니다.

## 10

### ～すぎる ⁰³¹ 너무 ~하다, 지나치게 ~하다

**접속** 동사의 연용형(ます형), い형용사・な형용사의 어간

「～すぎる」는 '너무 ~하다, 지나치게 ~하다'라는 뜻으로 어떤 동작이나 상태가 도에 지나침을 나타낸다. 따라서 이 표현은 바람직하지 못한 상황을 표현할 때 쓰이는 경우가 대부분이다. 그리고「～過ぎる」와 같이 한자로 쓰이는 경우도 있으며, 우리말식의「とても~する(너무 ~하다)」라는 표현보다는 동사, い형용사, な형용사에「～すぎる」를 붙여서 사용하는 것이 일본어적이다.

- ✓ 一人分の量の食事を作るのが難しくて、いつも作りすぎてしまう
  1인분 양의 식사를 만드는 게 어려워서, 항상 지나치게 만들어 버린다  2014-2회
- ✓ 水をやる必要があるが、やりすぎるのもよくない  물을 줄 필요가 있지만, 지나치게 주는 것도 좋지 않다  2013-2회
- ✓ 塩の量を間違えて味が濃くなりすぎてしまいました  소금 양을 틀려서 맛이 너무 진해져 버렸습니다  2010-1회

**유형1 문법형식**

- この問題は難しすぎて答えられません。
  이 문제는 너무 어려워서 대답할 수 없습니다.

- 子どもの目が悪くなったのはテレビを見すぎたせいだと思います。
  아이의 눈이 나빠진 것은 TV를 지나치게 본 탓이라고 생각합니다.

- ひとつひとつお料理の説明はあったが、にぎやかすぎて聞き取れなかった。
  하나하나 요리의 설명은 있었지만, 너무 북적거려서 알아 듣지 못했다.

**유형2 문맥배열**

- 下宿のおばさんは 親切 すぎて ときどき迷惑な ことも あります。
  하숙집 아주머니는 너무 친절해서 가끔 귀찮을 때도 있습니다.

- これ では 大き すぎる ので もう少し 小型のトランクを見せてください。
  이것으로는 너무 크니까 좀더 소형의 여행가방을 보여주세요.

**유형3 문장흐름**

- 紅茶はおいしいだけでなく、健康によい成分も多く含まれており、健康飲料としても注目されています。しかし、飲み過ぎると体によくないこともあります。
  홍차는 맛있을 뿐만 아니라 건강에 좋은 성분도 많이 포함되어 있어 건강음료로서도 주목받고 있습니다. 그러나 지나치게 마시면 몸에 좋지 않은 경우도 있습니다.

## 콕콕 실전문제 01

정답과 해석 QR코드로 바로 확인!

**問題1** 次の文の（　）に入れるのに最もよいものを、1・2・3・4から一つ選びなさい。

1  現在の力なら、学生たちにも（　　　）と見えるほど、自信を深めつつあるという。
　1  勝つかもしれない　　　　　　　2  勝てるかもしれない
　3  勝つようになった　　　　　　　4  勝てるようになった

2  搬入してもらった荷物に関しては、作業員がいる（　　　）中身を確認して破損がないかチェックしましょう。
　1  一方で　　　2  ことで　　　3  うちに　　　4  たびに

3  A「質問に全部（　　　）か。」
　B「いいえ、半分くらいしかできませんでした。」
　1  答えることができました　　　　2  答えてくれなくてもいいです
　3  答えてくれたらいいです　　　　4  答えることができたらいいです

4  今までの経験は、すべて記録していますので、大人になったら子供に（　　　）。
　1  見られればと思っています　　　2  見られようと思っています
　3  見せればと思っています　　　　4  見せようと思っています

5  A「子どもの（　　　）悩んでいるのですが、どこに相談すればいいのでしょうか。」
　B「教育委員会に相談すればいいと思います。」
　1  ほかで　　　2  ことで　　　3  ほうに　　　4  場合に

6  量の加減ができずにおかずを（　　　）こともあるかもしれません。
　1  作りすぎてしまう　　　　　　　2  作りおわってしまう
　3  作りはじめておく　　　　　　　4  作りつづけておく

7  プレミアム会員を（　　　）としたが、退職して職業なしなのに、入力必須で先に進めず、結局申し込みできなかった。
　1  申し込んだ　　2  申し込める　　3  申し込んで　　4  申し込もう

**8** 裁判員になった（　　　）、事件関係者から危害を加えられることはありませんか。

1　もので　　　　2　ものか　　　　3　ことで　　　　4　ことか

**9** 山田さんとの約束では、12時に交番の前で（　　　）。

1　会うことになっている　　　　2　会うにきまっている
3　会おうとしている　　　　　　4　会おうではないか

**10** Aセンターは利用時間が長く、駅から近いので使いやすい。まだ1回（　　　）が、用事があれば使うと思う。

1　しか来ていない　　2　しか来ていた　　3　だけ来ていない　　4　だけ来ていた

---

問題2 次の文の ＿＿★＿＿ に入る最もよいものを、1・2・3・4から一つ選びなさい。

**11** ドッグフードを ＿＿＿＿ ＿★＿ ＿＿＿＿ するか決めましょう。

1　愛犬のことも　　2　どれに　　3　考えながら　　4　選ぶときには

**12** 病院で ＿＿＿＿ ＿★＿ ＿＿＿＿ 思っている。

1　うちに　　2　近い　　3　ようと　　4　精密検査を受け

**13** そのアパートの近くには神社があって、なぜか大きな声で ＿＿＿＿ ＿＿＿＿ ＿★＿ ＿＿＿＿ 、窓を全開にして歌っていました。

1　歌っても　　2　だろう　　3　大丈夫　　4　と思って

**14** 150年ぐらい前まではほとんど知られていなかった画家なのです。作品も30点 ＿＿＿＿ ＿★＿ ＿＿＿＿ 、彼に関する資料もほとんどありません。

1　残って　　2　ぐらい　　3　いませんし　　4　しか

15 応援している ＿＿ ＿★＿ ＿＿ 、球団の優勝セールを楽しみにしている人も多いかもしれません。

1 ことで　　　2 球団が優勝した　　3 限らず　　　4 喜ぶファンに

16 「メディア・リテラシー」とは、メディアが送ってくる情報を「批判的」に読み取るとともに、メディアを ＿＿ ＿★＿ ＿＿ いく能力のことだそうだ。

1 効果的に表現して　　　　2 利用して
3 する情報を　　　　　　　4 自分が伝えようと

17 自分から本書を ＿＿ ＿★＿ ＿＿ 、子どもに読ませるために保護者が買って与えたり中高の先生が課題として読ませたりするには難しい本です。

1 買って読もうと　　2 する人には　　3 かもしれないが　　4 いい

18 この会社では、女の人は会社へ着いたら、＿＿ ＿＿ ＿★＿ ＿＿ いる。

1 なって　　　2 着替える　　3 制服に　　　4 ことに

19 私たちは建て替えする場合、解体費用も含めいくらぐらいで希望する広さの家を ＿＿ ＿★＿ ＿＿ 行ってみたのがK建設との出会いでした。

1 知りたくて　　2 できるのか　　3 軽い気持ちで　　4 建てることが

20 もっと冷やしたほうが痛みも ＿＿ ＿＿ ＿★＿ ＿＿ よくないので長くても10秒くらいにしたほうがよいでしょう。

1 なりますが　　　　　　　2 のも
3 感じにくく　　　　　　　4 あんまりやりすぎる

**問題3** 次の文章を読んで、文章全体の趣旨を踏まえて、| 21 | から | 25 | の中に入る最もよいものを、1・2・3・4から一つ選びなさい。

日本では、一年間に約40万台以上の自転車がぬすまれています。| 21 |、この台数については、最近は1万円よりやすい自転車も増え、ぬすまれても警察にとどけない場合も多いので、正確な数とはいえません。| 22 |、安い自転車の場合はチョイ乗りされてどこかにすてられることが多いです。意外なことに、高い自転車は分解されて、部品がネットオークションなどで売られることが多いのだそうです。

| 23 |、なぜこんなにたくさんの自転車がぬすまれるのでしょうか。ひとつは、自転車に使われているかぎは、簡単にこわすことができるものが多いことが考えられます。しかも、ほかの車両にくらべて軽い自転車は、何かに固定されていない場合、| 24 |。そこで、自転車会社がさまざまなかぎを研究し、持ちやすいU字ロックや、じょうぶなワイヤーロックもたくさん | 25 |。

（注）チョイ：ちょっと、少しの意味。

**21**
1　したがって　　2　つぎに　　3　さらに　　4　ただし

**22**
1　固定された自転車は　　2　固定されなかった自転車は
3　ぬすまれた自転車は　　4　ぬすまれやすい自転車は

**23**
1　一方　　2　では　　3　つまり　　4　実は

**24**
1　簡単に持ちはこぶことができます　　2　何かに固定する必要があります
3　かぎをこわすことが難しくなります　　4　簡単にこわれてしまいます

**25**
1　売られるわけがありません　　2　売られることにしました
3　売られたほうがいいです　　4　売られるようになりました

### 문제해결 키워드

**~ことができる** N3 024　~할 수(가) 있다
簡単にこわすことができる
간단히 부술 수가 있다 (07行)
簡単に持ちはこぶことができます
쉽게 운반할 수 있습니다 (09行)

**~については** N3 088　~에 대해서는
この台数については 이 대수에 대해서는 (01行)

**~ことに** ~하게도
意外なことに 의외로 (04行)

**~など** N3 078　등, ~같은 것
ネットオークションなどで 인터넷 옥션 등에서 (05行)

**~にくらべて** N3 082　~에 비해서
ほかの車両にくらべて 다른 차량에 비해서 (08行)

**~やすい** N3 108　~하기 쉽다
持ちやすいU字ロック
휴대하기 쉬운 U자형 로크 (09行)

**~ようになる** N3 115　~하게 되다
売られるようになりました 팔리게 되었습니다 (10行)

**~わけがない** N3 118　~일 리가 없다

**~ことにする** N2 040　~하기로 하다

**~ほうがいい** N3 101　~하는 것이 좋다(낫다)

## 11 〜そうだ 035  ①〜라고 한다 〈전문〉  ②〜할 것 같다 〈양태〉

**접속** 〈전문〉 동사·い형용사의 종지형, な형용사의 사전형, 명사+だ, のだ 등
〈양태〉 동사의 연용형(ます형), い형용사·な형용사의 어간

「〜そうだ」에는 전문과 양태 두 가지 용법이 있다. 전문의 용법에서는 '①〜라고 한다'라는 뜻으로 「동사·い형용사의 종지형, な형용사의 사전형, 명사+だ, のだ 등」에 접속한다. 일반적으로 본인이 직접 들은 것을 상대방에게 전달할 때 사용하는데, 주로 「〜によると(〜에 따르면, 〜에 의하면)」와 호응한다. 양태의 용법에서는 '②〜할 것 같다'라는 뜻으로, 보통 주관적으로 판단한 모양과 상태를 나타낸다. 「동사의 연용형(ます형), い형용사·な형용사의 어간」에 접속하며, い형용사 「ない·よい」는 **「なさそうだ·よさそうだ」**가 되는 것에 주의해야 한다. 이밖에 **「〜そうな+명사(〜할 것 같은)」「〜そうになる(〜할 것 같이 되다)」** 등의 표현도 함께 알아두자.

**참고** 양태에서 「〜そうだ」의 부정형은, 동사의 경우 「〜そうに(も)ない·〜そうもない」036, い형용사의 경우 「〜そうでは(じゃ)ない·〜くなさそうだ」, な형용사의 경우 「〜そうでは(じゃ)ない·〜では(じゃ)なさそうだ」가 된다.

✓ あまり面白そうじゃなかったから行かなかった 별로 재미없을 것 같아서 가지 않았다 2017-2회
✓ 専門家でもなかなか見る機会がないそうだ 전문가라도 좀처럼 볼 기회가 없다고 한다 2016-2회
✓ 私たちも遅れそうなので 우리들도 늦을 것 같아서 2016-2회
✓ そろそろ食べてもよさそうだ 슬슬 먹어도 좋을 것 같다 2016-2회
✓ 写真だと言われて見せられたら信じてしまいそうだ 사진이라고 듣고 보면 믿어버릴 것 같다 2015-2회
✓ 何か言いたそうな顔をしているのを見て 뭔가 말하고 싶은 듯한 표정을 하고 있는 것을 보고 2013-2회
✓ 温かいと安心して座れるのだそうです 따뜻하면 안심하고 앉을 수 있다고 합니다 2012-2회
✓ あしたは朝から忙しくなりそうですし 내일은 아침부터 바빠질 것 같고 하니까 2012-2회
✓ じゃあ今は話しかけないほうがよさそうだな 그럼 지금은 말을 걸지 않는 편이 좋을 것 같군 2011-1회

### 유형1 문법형식

- ニュースによると、きのう神戸で地震があったそうです。
  뉴스에 따르면 어제 고베에서 지진이 났다고 합니다.

- 天気予報によると今夜は雪が降るそうです。
  일기예보에 따르면 오늘 밤에는 눈이 내린다고 합니다.

- あの先生は生徒といっしょにいるときが一番楽しいそうだ。
  그 선생님은 학생과 함께 있을 때가 가장 즐겁다고 한다.

- 今でもあのときのことを思い出すと涙が出そうだ。
  지금도 그때 일을 떠올리면 눈물이 날 것 같다.

- この問題は難しく見えるが意外と簡単に解けそうだ。
  이 문제는 어려워 보이지만 의외로 쉽게 풀릴 것 같다.

- このなぞについては深く考えない方がよさそうだ。

  이 수수께끼에 관해서는 깊이 생각하지 않는 편이 좋을 것 같다.

- 海や 川で おぼれ そうに なった とき、高い確率で助かる方法があります。

  바다나 강에서 빠질 것처럼 되었을 때, 높은 확률로 살 수 있는 방법이 있습니다.

- 天気予報 では 午後から 雨だ そうです。ですから、傘を持っていったほうがいいですよ。

  일기예보에서는 오후부터 비가 온다고 해요. 그러니까 우산을 가지고 가는 편이 좋아요.

- これから乗るバスは 始発なので もうそろそろ 来ても よさそうなのだ が、姿は見えない。

  지금부터 탈 버스는 시발이기 때문에 이제 슬슬 와도 좋을 것 같은데, 모습은 보이지 않는다.

- お子様にとって、「歯医者さん＝こわい」というイメージがあるようで、診察室に入ってくると 今にも泣き出し そうな 顔をして いることがあります。

  자녀분에게 '치과의사=무섭다'라는 이미지가 있는 듯해서, 진료실에 들어오면 당장이라도 울음을 터트릴 듯한 표정을 짓고 있는 경우가 있습니다.

- これらのことから、私は、学習にとって暗記はある程度必要だと考えるようになった。また、興味をもちつつ取り組めば、暗記も無味乾燥というわけではなさそうだ。

  이러한 사실에서 나는 학습에 있어서 암기는 어느 정도 필요하다고 생각하게 되었다. 또 흥미를 가지면서 몰두하면 암기도 무미건조한 것은 아닌 것 같다.

- 1日1時間テレビを見る時間を減らせば、1年間で14キログラムも二酸化炭素の排出量を減らすことができるのだそうだ。小さなことでも、大勢で毎日実行すれば、かなりの量になるだろう。

  하루 1시간 텔레비전을 보는 시간을 줄이면, 1년 동안 14킬로그램이나 이산화탄소의 배출량을 줄일 수 있다고 한다. 작은 일이라도 여럿이서 매일 실행하면 상당한 양이 될 것이다.

## 12 ～そうに(も)ない・～そうもない <sup>036</sup> ~할 것 같지 않다, ~못할 것 같다

**접속** 동사의 연용형(ます형)

「～そうに(も)ない・～そうもない」는 '~할 것 같지 않다, ~못할 것 같다'라는 뜻으로 양태를 나타내는 「～そうだ<sup>035</sup>(~할 것 같다)」의 부정형에 해당된다. 즉 동사에 접속하는 「～そうだ」의 부정형은 「～そうではない」가 아니라 「～そうにない・～そうにもない・～そうもない」가 되는 것이다.

☑ 約束の時間に間に合いそうになくて 약속시간에 맞추지 못할 것 같아서 **2017-1회**
☑ 何年働いても自分の家は買えそうもない 몇 년 일해도 내 집은 살 수 없을 것 같다 **2011-1회**

**유형1**
**문법형식**

- この渋滞では約束の時刻に間に合いそうもない。 97
  이런 정체로는 약속 시간에 맞추지 못할 것 같다.

- この分じゃ、授業に間に合いそうもない。
  이 상태라면 수업시간에 맞추지 못할 것 같다.

- 今から始めたのでは、とてもできそうにもない。
  지금부터 시작해서는 도저히 불가능할 것 같다.

- 準決勝まで勝ち進むという目標は達成できそうもない。
  준결승까지 이겨서 올라간다는 목표는 달성하지 못할 것 같다.

**유형2**
**문맥배열**

- 彼女が遠く引っ越してしまった ので 当分 会えそうに* ない。
  그녀가 멀리 이사 가버렸기 때문에 당분간 만날 수 없을 것 같다.

- 今年の夏休みは、せいぜい 4日ぐらい しか 取れそうも* ない。
  올해 여름휴가는 고작 4일정도밖에 낼 수 없을 것 같다.

- 今でも 買え そうにも* ない のだが、それでもまだ何とか1枚くらいは買いたいという思いは捨てきれない。
  지금도 못살 것 같지만, 그래도 아직 어떻게든 1장 정도는 사고 싶다는 생각은 다 버릴 수 없다.

**유형3**
**문장흐름**

- 最終バスに間に合いそうもないときには、校門から出ずに校庭のフェンスの穴を抜けていく仲間もいた。それぐらい、僕たちは毎日夜遅くまで練習に打ち込んだ。
  막차버스 시간에 맞추지 못할 것 같을 때에는, 교문으로 나가지 않고 교정 담장의 구멍을 빠져나가는 친구도 있었다. 그 정도로 우리들은 매일 밤늦게까지 연습에 매진했다.

## 13

# ～だけ / ～だけで / ～だけだ [037]

~만, ~뿐 / ~만(뿐)으로 / ~할 뿐이다

**접속** 명사, 동사의 종지형(る형, た형), い형용사의 종지형, 조사 に・と 등

「～だけ」는 '~만, ~뿐'이라는 한정을 나타내는 조사이다. 단독으로 쓰이기도 하고「～だけで(~만(뿐)으로)」, 「～だけでも(~만이라도, ~만 해도)」, 「～だけだ(~할 뿐이다, ~하기만 하면 된다)」, 「～だけにする(~만으로 정하다)」 등 다양하게 활용된다.

- 今日だけでも朝と夕方の2回見た　오늘만 해도 아침과 저녁 두 번 보았다　2017-1회
- このケーキは材料をまぜて焼くだけだから　이 케이크는 재료를 섞어서 굽기만 하면 되니까　2016-2회
- 体に気をつけてとだけ伝えておいてよ　몸조심하라고만 전해줘　2012-2회
- 午前中だけでよければ大丈夫だよ　오전중만으로 좋다면 괜찮아　2011-2회
- わたしは、おなかすいてないから、コーヒーだけにする　나는 배가 안 고프니까 커피만으로 할게　2010-1회

**유형1 문법형식**

- A「わたし、パンとコーヒー。」
  B「わたしは、おなかがすいてないから、コーヒーだけにする。」
  A 나는 빵하고 커피.
  B 나는 배가 고프지 않으니까 커피만 마실래.

- このシャツは安いだけで色も形もあまりよくありません。
  이 셔츠는 저렴할 뿐으로 색도 모양도 그다지 좋지 않습니다.

**유형2 문맥배열**

- カーテンレール上の ちょっとした空間に ポンと置く だけだ から くぎもネジも不要です。
  커튼 레일 위의 자그마한 공간에 그냥 둘 뿐이니까 못도 나사도 필요 없습니다.

- クラス担任の林先生とお会いするのも ホームルームの時間と 料理の授業の とき だけ です。
  학급 담임인 하야시 선생님과 만나는 것도 홈룸 시간과 요리 수업 때 뿐입니다.

**유형3 문장흐름**

- 個性の主張って言うけれど、個性って誰にでもあるわけじゃないよね。優れた才能のような、何か特別なものを持っている人にだけあるものじゃないかな。
  개성의 주장이라고 하지만, 개성이란 누구에게나 있는 것은 아닌 것 같아. 뛰어난 재능과 같은, 뭔가 특별한 것을 갖고 있는 사람에게만 있는 것은 아닐까.

## 14 ～ため(に) ① ~하기 위해서 〈목적〉 ② ~때문에 〈이유〉

**접속** ①동사의 사전형, 명사+の ②동사의 종지형, 명사+の, なんの 등

「～ため(に)」는 '①~하기 위해서'라는 뜻으로 동작의 목적을 나타낸다. 따라서 「～」 부분에는 「先生になる(선생님이 되다), 試験を受ける(시험을 보다), 研究する(연구하다), 試合に勝つ(시합에 이기다), くつを買う(구두를 사다)」 등 목적과 관련된 표현이 주로 온다. 뒤의 명사를 수식할 때에는 「～ための～(~하기 위한~)」의 형태를 띤다. 또 「～ため(に)」는 '②~때문에'라는 뜻으로 이유를 나타내기도 하는데, 예를 들어 雪がたくさん降ったため(눈이 많이 내렸기 때문에), 事故があったために(사고가 났기 때문에) 등과 같이 쓴다.

- ✓ 基礎的な使い方に慣れるためのコース 기초적인 사용법에 익숙해지기 위한 코스  2015-2회
- ✓ 列車の写真を撮るためなら 열차 사진을 찍기 위해서라면  2014-1회
- ✓ ファンのためにも勝ちたい 팬을 위해서도 이기고 싶다  2012-2회

**유형1 문법형식**

- 彼は大学に入るためにいっしょうけんめい勉強しています。
  그는 대학에 들어가기 위해서 열심히 공부하고 있습니다.

- けいたい電話を忘れたために、連絡できませんでした。
  휴대전화를 두고 왔기 때문에 연락하지 못했습니다.

- これじゃ、何のために大学に入ったんだかわからない。
  이래서는 무엇 때문에 대학에 들어갔는지 모르겠다.

- 妹は、将来留学するときのために貯金をしている。
  여동생은 장래 유학갈 때를 위해서 저금을 하고 있다.

**유형2 문맥배열**

- 体が 弱かった ために 幼い ころは本ばかり読んでいた。
  몸이 약했기 때문에 어렸을 때는 책만 읽었다.

- 未経験者の ための コース なので、講師がひとりひとりにわかりやすく指導します。
  경험이 없는 사람을 위한 코스이기 때문에, 강사가 한 사람 한 사람에게 알기 쉽게 지도합니다.

**유형3 문장흐름**

- 文中のリンク先に不具合があったため、訂正のうえ再送いたします。
  私の不注意のためにご迷惑をおかけしてもうしわけありません。
  글 안의 링크에 오류가 있었기 때문에, 정정한 후에 다시 보내겠습니다. 제 부주의 때문에 폐를 끼쳐 죄송합니다.

# 15

## 〜たり〜たり(する/で) 043  〜하기도 하고 〜하기도 (하다/하며)

**접속** 동사의 과거형(た형)

「〜たり〜たり(する/で)」는 우리말의 '〜하기도 하고 〜하기도 (하다/하며)'라는 뜻으로, 동작을 나열할 때 쓴다. 예를 들어 テレビを見たり本を読んだりする(TV를 보거나 책을 읽거나 한다), 散歩したりギターを練習したりする(산책하거나 기타를 연습하거나 한다), 雨が降ったりやんだりで(비가 오거나 그치거나 하며), 朝ごはんは食べたり食べなかったりで(아침은 먹기도 하고 먹지 않기도 하며) 등과 같이 쓴다.

- ✓ 土曜日は買い物を<u>したり</u>友人と食事を<u>したりし</u> 토요일은 쇼핑을 하거나 친구와 식사를 하거나 하고  2016-2회
- ✓ 本を読<u>んだり</u>しています 책을 읽거나 하고 있습니다  2014-1회
- ✓ 居間の電気がつい<u>たり</u>消え<u>たりしている</u>から 거실 불이 켜졌다 꺼졌다 하고 있으니까  2012-1회

---

**유형1 문법형식**

- きのうは雨が降っ<u>たり</u>風がふい<u>たり</u>しました。
  어제는 비가 내리기도 하고 바람이 불기도 했습니다.

- 道にまよって、行っ<u>たり</u>来<u>たり</u>しました。
  길을 헤매서 왔다 갔다 했습니다.

- その患者は自力で立っ<u>たり</u>座っ<u>たりする</u>ことができなかった。
  그 환자는 자기 힘으로 서거나 앉거나 할 수 없었다.

- 彼女はいいよと言っ<u>たり</u>だめだと言っ<u>たりで</u>、いつも優柔不断だ。
  그녀는 좋다고 했다가 안 된다고 했다가 하며, 늘 우유부단하다.

**유형2 문맥배열**

- 古くなった 蛍光灯の 明かりが<u>ついたり</u> 消え<u>たりして</u> いる。
  오래된 형광등의 빛이 켜졌다가 꺼졌다가 하고 있다.

- アルバイト を<u>したり</u> 勉強を<u>したり</u> で 大学のときは とても忙しかった。
  아르바이트를 하거나 공부를 하기도 하며 대학 때는 아주 바빴다.

**유형3 문장흐름**

- 研究者は、「食事中にテレビを見たり、レストランで食事をしたりすると、知らず知らずのうちに食べすぎたり、暴飲暴食をしてしまいやすくなる。それが積み重なると、自然と体重が増える。」と言っている。
  연구자는 '식사 중에 TV를 보거나 레스토랑에서 식사를 하면, 나도 모르는 사이에 과식하거나 폭음폭식을 해버리기 쉬워진다. 그것이 쌓이면 자연스럽게 체중이 늘어난다.'라고 말하고 있다.

## 16 ～って　①~라고, ~냐고　②~라는 것은, ~란　③~라는, ~라고 하는

**접속**　① 명사, 동사의 부정형(ない형)·명령형, 종조사 금지(な), ない(없다) 등
　　　② 명사 등
　　　③ 명사, 명사+だ, 동사의 과거형(た형), から + だ 등

「～って」는 N3 문법에서는 3가지 용법만 학습하면 된다. 우선 인용(引用)을 가리키는 「～と」의 회화체로 '①~라고, ~냐고'의 뜻을 나타낸다. 예를 들면 「行くなってさ(가지 말라고 말야), あいつが正直者って(저 녀석이 정직한 사람이라고), 知らないって言ったよ(모른다고 했어)」 등이다. 또 「～というのは」의 회화체로 '②~라는 것은, ~란'의 뜻을 나타낸다. 예를 들면 「銀座って(긴자란), 血筋って(핏줄이란)」 등이다. 마지막으로 「～という」의 회화체로 '③~라는, ~라고 하는'의 뜻을 나타낸다. 예를 들면 「山田って名前(야마다라는 이름), ほれたってことだ(반했다는 말이다), 日本一だってうわさ(일본에서 제일이라는 소문)」 등이다.

- ✓ しばらくここで待って言われたから　잠시 여기서 기다리라고 들었으니까　2016-2회
- ✓ 『キムラ・ブック』って本屋、知ってる？　'기무라북'이라는 서점 알아?　2015-2회
- ✓ 会議の資料を取ってきてくれって頼まれたんですが　회의 자료를 가져다 달라고 부탁받았는데요　2015-1회
- ✓ スキーに行けないって連絡が来たんだ　스키 타러 못 간다는 연락이 왔어　2013-1회
- ✓ ねえ、田中さんってどんな人？　있잖아, 다나카 씨는 어떤 사람이야?　2011-1회
- ✓ 今日はないって言ってましたよ　오늘은 없다고 말했어요　2010-1회

**유형1**
**문법형식**

- 彼が私のことを知っているってことは、私もきっと彼のことを知っているってことだ。
  그가 나를 알고 있다는 것은, 나도 분명 그를 알고 있다는 말이다.

- 忘れてしまうというのは、私が彼を軽んじていたからだって、そう思われたらどうしよう。
  잊어버린다는 것은, 내가 그를 가볍게 봤기 때문이라고, 그렇게 생각되면 어쩌지.

- 田中さんから辛いものの食べすぎでおなかが痛くなったって連絡があったよ。
  다나카 씨한테서 매운 것을 너무 먹어서 배가 아프다는 연락이 왔었어.

- A「すぐ行きなさい。」
  B「すぐ って 言われ ても 無理だ。」
  A 바로 가라.
  B 바로 라고 해도 무리야.

- 山登り って 本当に おもしろいね。
  등산이란(은) 정말 재미있어.

- 3日前、親友のユリとけんかをした。理由はくだらないことで、お互い、ひと言「ゴメンね」と言えばよかったのだ。平気なフリで3日間を過ごしたけれど、やっぱりユリがいないと何をしていてもつまらないって気づいた。
  3일전 친한 친구인 유리와 싸웠다. 이유는 시시한 것이라, 서로 '미안해'하고 한마디면 되었다. 아무렇지 않은 듯 사흘을 보냈지만, 역시 유리가 없으면 무엇을 하고 있어도 재미가 없다고 깨달았다.

- 「お姉ちゃんの今までの彼氏ってどんな男だった?」とさり気なく、さり気なくはないんだけれど、調査をしてくれば、「姉貴が家に連れてきた彼氏ははじめてだよ」とうそをついて、相手の気分を良くする。
  '누나의 지금까지의 남자친구는 어떤 남자였어?'하고 아무렇지 않은 듯, 아무렇지도 않은 것은 아니지만, 조사를 해 오면 '누나가 집에 데려온 남자친구는 처음이야'하고 거짓말을 해서 상대의 기분을 좋게 한다.

## 17 ～つもりだ / ～つもりはない  ~할 생각(작정)이다 / ~할 생각은 없다

**접속** 동사의 종지형(る형, ている형, た형, ない형), ない(없다) 등

「～つもりだ」는 '~할 생각(작정)이다'라는 뜻으로, 자신의 의지·의향을 나타낸다. 이 표현에는 상대방이 인정해 주기를 바라는 의미가 비교적 강하게 느껴지기 때문에 면접 시험이나 공식적인 장소에서는 거의 쓰이지 않는다. 일본인들은 이 의지 표현보다는「～たいと思っている」와 같은 희망 표현을 이용해 나타내는 경우가 많다.
「～つもりはない」는 '~할 생각은 없다'라는 뜻이다.

- たくさん練習してメモを見ないで話せるようにするつもりだ
  많이 연습해서 메모를 보지 않고 말할 수 있게 할 작정이다   2017-1회
- 妻と話し合ってみるつもりです  아내와 의논해볼 생각입니다   2015-2회
- できるだけ出かけるようにするつもりです  가능한 한 외출하도록 할 생각입니다   2013-2회

**유형1 문법형식**

- 私は将来銀行に勤めるつもりです。
  나는 장래 은행에 근무할 생각입니다.

- もう二度と山田さんに会うつもりはありません。
  이제 두 번 다시 야마다 씨를 만날 생각은 없습니다.

- 来年はニュージーランドでホームステイをするつもりだ。
  내년에는 뉴질랜드에서 홈스테이를 할 생각이다.

**유형2 문맥배열**

- 夕食前に宿題を すませる つもり だったが できなかった。
  저녁식사 전에 숙제를 끝낼 작정이었지만 하지 못했다.

- 日曜日にぼくは買い物をしたり レストランで ご飯を食べたり する つもりです。
  일요일에 나는 쇼핑을 하거나 레스토랑에서 밥을 먹거나 할 생각입니다.

**유형3 문장흐름**

- 修士号もとって、今は2つめの修士課程で有名な作曲家に個人指導をしてもらっている。大変な時もあるけど、音楽はやはりぼくの創作意欲をかきたて続けてくれる。時間はかかっているけど、夢をあきらめるつもりはない。
  석사학위도 따고, 지금은 두 번째 석사과정에서 유명한 작곡가가 개인지도를 해주고 있다. 힘들 때도 있지만 음악은 역시 나의 창작의욕을 계속 북돋아준다. 시간은 걸리지만 꿈을 포기할 생각은 없다.

# 18

## 〜ている 050  ①~하고 있다〈진행〉 ②~되어 있다〈상태〉 ③~했다〈완료〉

**접속** 동사의 음편형(て형)

타동사에「〜ている」가 붙으면 ①동작의 진행을 나타내고, 자동사에「〜ている」가 붙으면 ②결과의 상태를 나타낸다. 그리고「一度登っているから(한번 올라갔기 때문에)」와 같이 ③완료를 나타내는「〜ている」도 있다. 「一度登ったから」와 같이「登った」를 사용하면 단순한 과거의 사건 등을 나타내게 된다. 회화체에서는「〜てる」가 사용된다.

- ☑ 駅の周りがすっかり変わっているのを見て驚いた 역 주변이 완전히 바뀌어져 있는 것을 보고 놀랐다〈상태〉 **2016-1회**
- ☑ さっき外に出たときはもう降っていなかったよ 아까 밖에 나갔을 때는 이미 내리고 있지 않았어〈상태〉 **2014-1회**
- ☑ 多分まだ寝ているよ 아마 아직 자고 있을 거야〈상태〉 **2012-2회**
- ☑ 「おつかれさまでした。」と言っているのを '수고하셨습니다'라고 말하는 것을〈진행〉 **2010-1회**
- ☑ そんなに早く行ってもまだ開いていないと思いますよ 그렇게 일찍 가도 아직 열지 않았을 거예요.〈상태〉 **2010-1회**

**유형1 문법형식**

- 私の兄は、東京都内の私立大学の寮に入っている。
  나의 형은 도쿄도내 사립대학의 기숙사에 들어가 있다.

- 仕送りなしで奨学金で生活している人もいれば、20万円も送ってもらっている人もいる。
  집에서 보내주는 것 없이 장학금으로 생활하고 있는 사람도 있거니와, 20만 엔이나 받고 있는 사람도 있다.

**유형2 문맥배열**

- あの人はもう 他の人と 結婚して いる から、私とは会ってくれそうもない。
  그 사람은 이제 다른 사람과 결혼했으니까 나랑은 만나주지 않을 것 같다.

- 広場には すでに数人が 集まって いて、その中には ぼくを誘ってくれた押野もいた。
  광장에는 이미 몇 사람이 모여 있고, 그 중에는 나를 불러준 오시노도 있었다.

**유형3 문장흐름**

- 私は大学の授業で「神保町忍者部隊」と名づけた実践を行っている。大学の授業は1時間半なので、そのうちの40分ほどを使い、本の街神保町で情報収集して戻ってくるというものだ。
  나는 대학 수업에서 '진보쵸 닌자부대'라고 명명된 실천을 하고 있다. 대학 수업은 1시간 반이기 때문에, 그중 40분 정도를 써서 책의 거리 진보쵸에서 정보를 수집해서 돌아오는 것이다.

## 19

# ～ておく　051　~해 놓다, ~해 두다

**접속**　동사의 음편형(て형)

「～ておく」는 '~해 놓다, ~해 두다'라는 뜻이다. 어떤 목적을 위해 미리 준비해 두는 '사전 동작·준비'를 나타내는데, 品物を並べておく(물건을 진열해 놓다), もう一度言っておく(다시 한번 말해 두다)와 같이 쓴다. 또한 그대로 방치해 두는 '상태 유지·보존·방치' 등의 뜻도 나타내는데, そのままにしておく(그대로 해놓다), ごみを集めておく(쓰레기를 모아 두다)와 같이 쓴다. 일반적으로 타동사와 결합하지만, 드물게 자동사에 붙는 경우도 있다. 회화체에서는 축약형인 「～とく」도 많이 쓴다.

- ✓ うん、わかった。予約しておくよ　응, 알았어. 예약해 둘게　2016-2회
- ✓ 山下さんも予定を空けておいてくれない?　야마시타 씨도 스케줄을 비워 놔 줄래?　2016-1회
- ✓ 広田さんに渡しておいてもらえませんか　히로타 씨에게 건네 주실래요?　2012-2회

**유형1 문법형식**

- パーティーのためにいろいろ準備をしておきました。
  파티를 위해서 여러 가지 준비를 해 두었습니다.

- この言葉は大事ですから、よく覚えておいてください。
  이 표현은 중요하니까 잘 기억해 두세요.

**유형2 문맥배열**

- そのことはきのう 先生に 言って おいた から 大丈夫です。
  그 일은 어제 선생님께 말해 두었으니 괜찮습니다.

- 文章を書くときは、あらかじめ 内容全体の 組み立てを 考えておく ことが 大事です。
  문장을 쓸 때는 미리 내용 전체의 구조를 생각해 두는 것이 중요합니다.

**유형3 문장흐름**

- この練習を通してあなたに身につけていただきたいものは、歯をかみ合わせて飲み込むということ。ふだん舌を正しい位置に置いておくことです。このことをよく覚えておいてください。
  이 연습을 통해 당신이 익혀 주었으면 하는 것은, 이를 서로 맞물리게 해서 삼킨다는 것. 평소 혀를 올바른 위치에 놓아 두는 것입니다. 이것을 잘 기억해 두세요.

## 20 ～てしまう 056 ~해 버리다, ~하고 말다

**접속** 동사의 음편형(て형)

「～てしまう」는 '~해 버리다, ~하고 말다'라는 뜻이다. '전부·완전히·빨리 ~을 끝낸다'는 점을 특히 심리적으로 강조하고 싶을 때 쓰거나, 「もう間に合わない(이미 시간에 늦었다), 失敗した(실패했다), 残念だ(유감이다), 困った(난처하다)」 등의 단어와 함께 말하는 사람의 심정을 나타내기도 한다. 회화체에서는 축약형인 「～ちゃう」도 많이 쓴다.

- インターネットで気に入ったものを見つけると、つい買ってしまう
  인터넷에서 마음에 드는 물건을 발견하면 그만 사고 만다 2017-1회
- 私たちも遅れそうなので先に行ってしまいましょうか 우리들도 늦을 것 같으니 먼저 가 버릴까? 2016-2회
- 「おはよう」の後で自然に「寒いね」と言ってしまいました '안녕' 다음에 자연스럽게 '춥네'하고 말하고 말았습니다 2016-2회
- ごみを分けずに出してしまったのです 쓰레기를 분리하지 않고 내놓아 버렸어요 2015-2회
- 写真だと言われて見せられたら信じてしまいそうだ 사진이라고 듣고 보면 믿어 버릴 것 같다 2015-2회
- いつも作りすぎてしまう 항상 지나치게 만들어 버린다 2014-2회
- 間違って飲んでしまわないように 잘못 알고 마셔 버리지 않도록 2014-1회
- 何も食べないうちに終わってしまって 아무것도 먹지 않는 동안에 끝나 버려서 2011-2회

**유형1 문법형식**

- あ、たいへん。急いで来たからさいふを忘れちゃった。
  어, 큰일이네. 급하게 나오느라 지갑을 두고 와 버렸어.

- 読点の打ち所が違うと同じ文でも意味が変わってしまうことがある。
  쉼표를 찍는 부분이 다르면 같은 문장이라도 의미가 달라지는 경우가 있다.

**유형2 문맥배열**

- 今日は寒いので、風邪を ひいて しまい そうです。
  오늘은 추워서 감기에 걸려 버릴 것 같습니다.

- このまま気温が上がり続けると2100年には海面が最大で 平均 60センチメートルも 上昇してしまう そうだ。
  이대로 기온이 계속 올라가면 2100년에는 해수면이 최대 평균 60센티미터나 상승해버린다고 한다.

**유형3 문장흐름**

- あの高さから一ぺんに滑り降りればけがをしてしまうだろうが、ゆっくり少しずつ降りていけば、いつかは確実にふもとに着くのだ。
  저 높이에서 한 번에 미끄러져 내려오면 다치겠지만, 천천히 조금씩 내려가면 언젠가는 확실히 산기슭에 닿는다.

問題1 次の文の（　）に入れるのに最もよいものを、1・2・3・4から一つ選びなさい。

1　そろそろ（　　）。何にして食べようか考えてるところです。
　1　食べやすいそうです　　　2　食べていそうです
　3　食べたがるそうです　　　4　食べてもよさそうです

2　私は血圧が高いほうなので、血圧を抑えるのに効果のあるトマトやバナナなどをできるだけ（　　）。
　1　食べたがるはずです　　　2　食べるそうです
　3　食べるようにするつもりです　4　食べてほしいのです

3　このホットケーキは全部まぜて焼く（　　）から、パンに比べたらとても簡単ですぐに作れます。
　1　だけだ　　2　ことだ　　3　せいだ　　4　ときだ

4　患者さんは、その苦しみから解放される（　　）何でもしたいと言っている。
　1　ためで　　2　からで　　3　ためなら　　4　からなら

5　A「休日は何をしていますか。」
　B「休日はテレビを（　　）しています。」
　1　見てから　　2　見て　　3　見たから　　4　見たり

6　スタッフに教えられ建物内に入っていったが、のんびりと階段を登っていったため、列車に（　　）。
　1　間に合いきれない　　　　2　間に合いかねない
　3　間に合うことはない　　　4　間に合いそうにもない

7　1995年と2005年のデータを比べると、男女とも20代から40代で、平日に新聞を読む人の割合が大きく（　　）。
　1　減っている　　2　減りやすい　　3　減っておく　　4　減りにくい

8  太郎は、大学を卒業したら外国に旅行に行きたい（　　　）言っていたよ。 045
1　を　　　　　2　って　　　　　3　のを　　　　　4　だって

9  誤って（　　　）、薬は子どもの手の届かない場所に保管しましょう。 056・112
1　飲み終わらないようで　　　　　2　飲んでしまわないようで
3　飲み終わらないように　　　　　4　飲んでしまわないように

10  行くつもりだった店が満席で入れなかったのなら「ごめんね、次は（　　　）」と伝えましょう。 051・046
1　予約してね　　2　予約しておくよ　　3　予約しようよ　　4　予約してあるね

**問題2** 次の文の ＿＿★＿＿ に入る最もよいものを、1・2・3・4から一つ選びなさい。

11  山田さんは ＿＿＿＿ ＿＿★＿＿ ＿＿＿＿ ＿＿＿＿ 韓国のソウルへ行きました。
037・041
1　だけに　　　　2　ため　　　　3　会う　　　　4　彼女に

12  進学校を目指し、勉強に意欲的な ＿＿＿＿ ＿＿★＿＿ ＿＿＿＿ ＿＿＿＿ 課題を出します。
041
1　ための　　　　2　生徒の　　　3　相応の宿題や　　　4　コースなので

13  大学を出て就職した ＿＿＿＿ ＿＿＿＿ ＿＿★＿＿ ＿＿＿＿ そうです。 035
1　友達に聞くと　　　　　2　なかなか
3　社会人になると　　　　4　勉強する機会がない

14  地球の環境が ＿＿＿＿ ＿＿★＿＿ ＿＿＿＿ ＿＿＿＿ そうだ。 056
1　出てくる　　　　　　　2　動植物もたくさん
3　変わると　　　　　　　4　死んでしまう

15 親友がアメリカから帰ってきてどこかに ＿＿＿ ＿＿＿ ＿＿＿ ＿＿＿ ディズニーランドに連れていったらけっこう楽しそうだった。 045・035

1 から　　　　2 連れていって　　3 って　　　　　4 言われた

16 作業の量が ＿＿＿ ＿＿＿ ＿＿＿ ＿＿＿ 手伝ってほしい。 036・058

1 間に合いそうに　2 納期に　　　　　3 ないから　　　　4 多くて

17 ただ、たまに帰ってきた時に、この ＿＿＿ ＿＿＿ ＿＿＿ ＿＿＿ 見て「おっ」と思ってもらえるといい。 050

1 少し　　　　　2 街が　　　　　　3 変わっている　　4 のを

18 ポイントをなんとなくためては割引して ＿＿＿ ＿＿＿ ＿＿＿ ＿＿＿ 得した気分になっている人も多いことでしょう。 043・050

1 もらったり　　2 全額ポイントで　3 したりして　　　4 買い物を

19 幼い子どもは ＿＿＿ ＿＿＿ ＿＿＿ ＿＿＿ 。そんな子どもたちへの教え方には工夫が必要になります。 046

1 勉強する　　　2 つもりは　　　　3 英語を　　　　　4 全くありません

20 そこにある ＿＿＿ ＿＿＿ ＿＿＿ ＿＿＿ おいてくれ。 051

1 責任者に　　　2 渡して　　　　　3 管理部の　　　　4 書類を

**問題3** 次の文章を読んで、文章全体の趣旨を踏まえて、 21 から 25 の中に入る最もよいものを、1・2・3・4から一つ選びなさい。

　私は、1986年7月14日に生まれました。生まれた病院の名前は、中野総合病院でした。私は生まれたとき、姉といっしょに生まれました。母の 21 、私たちは10か月いっしょに仲よく成長していました。私と姉はとても似ていたので、すぐに看護師さんが私と姉の足に 22 。私の名前は朋子で、姉の名前は圭子です。どちらも漢字で書くと、同じ漢字を二つ重ねてつけた名前です。父は 23 名前をよく考えてつけてくれたのです。二人はとても似ていましたが、母はすぐに私たちを見わけることができました。ほかの人はわからなかったそうですが、姉の頭は長く、私の頭は四角だったそうです。私たちは家族のおかげで元気に成長しました。私のいちばん古い思い出は、 24 二つのセーターです。一つは星の形の飾りがついていました。もう一つはさくらんぼの形の飾りがついていました。私も姉もさくらんぼの飾りのついたセーターが好きだったので、姉とけんかをしたのをおぼえています。このまえ故郷に帰ったときに、その二つのセーターを見つけました。 25 。

**21**
1　せなかのそとで　2　せなかのなかで　3　おなかのそとで　4　おなかのなかで

**22**
1　名前をつけました　　　　　　2　名前をおぼえました
3　日記をつけました　　　　　　4　日記をおぼえました

**23**
1　友だちのために　2　友だちのように　3　私たちのために　4　私たちのように

**24**
1　姉に買ってもらった　　　　　2　母が買ってあげた
3　姉に買ってやった　　　　　　4　母が買ってくれた

**25**
1　母がすでにすててしまったのです
2　母が大切にとっておいたのです
3　母にすぐにすててほしくなかったのです
4　母に大切にとってほしかったのです

### 문제해결 키워드

**〜ために** N3 041　~을 위해서
私たちの**ために** 우리들을 위해서 (05行)

**〜てくれる** ~해 주다
名前をよく考えてつけて**くれた**
이름을 고심해서 지어 주었다 (05行)

母が買って**くれた**二つのセーターです
엄마가 사 준 두 벌의 스웨터입니다 (09行)

**〜ことができる** N3 024　~할 수(가) 있다
私たちを見わける**ことができました**
우리를 구분할 수 있었습니다 (06行)

**〜そうだ** N3 035　~라고 한다 〈전문〉
ほかの人はわからなかった**そうです**
다른 사람은 몰랐다고 합니다 (07行)

私の頭は四角だった**そうです**
내 머리는 네모였다고 합니다 (08行)

**〜おかげで** N3 010　~덕분에
家族の**おかげで** 가족 덕분에 (08行)

**〜ておく** N3 051　~해 두다
母が大切に**とっておいた**
엄마가 소중히 보관해 두었다 (12行)

## 21

## ～てほしい 058　~했으면 한다, ~하길 바란다

**접속** 동사의 음편형(て형)

「(～に)～てほしい」는 '(~가) ~했으면 한다, ~하길 바란다'라는 뜻을 나타낸다. 자신 이외의 사람에 대한 화자의 희망이나 요구를 나타낸다. 즉 「(～に)～てもらいたい((~에게)~해 받고 싶다)」라는 뜻으로, 어떤 사태가 생기기를 바라고 있음을 나타낸다. 부정형에는 「～ないでほしい・～てほしく(も)ない(~하지 않았으면 한다, ~하지 않길 바란다)」의 두 가지가 있다.

☑ 大学時代にしかできない経験をいろいろしてほしい　2016-2회
　　대학시절에밖에 할 수 없는 경험을 다양하게 했으면 한다

☑ たくさんの人に見にきてほしい　많은 사람들이 보러 오길 바란다　2016-1회

☑ いい歯医者を知っていたら教えてほしいんですが　좋은 치과 의사를 알고 있다면 가르쳐 주었으면 합니다만　2014-2회

☑ いつまでも元気で長生きしてほしい　언제까지나 건강하게 오래 살았으면 한다　2012-2회

- 子どもたちには希望を持って生きてほしい。
  아이들이 희망을 가지고 살길 바란다.

- 図書館の本は、みんなのものだから大切にあつかってほしい。
  도서관의 책은 모두의 것이니까 소중히 다루었으면 한다.

- どう思おうと、君の勝手だけど、誤解だけはしてほしくない。
  어떻게 생각하든 네 맘이지만, 오해만은 하지 않았으면 한다.

- みんなに歌って 聞かせて ★ほしい という 彼の頼みを わたしは 聞いてあげた。
  모두에게 노래를 들려주었으면 한다는 그의 부탁을 나는 들어 주었다.

- 本田さんは、「みな何らかの能力を持っている。障害がある という ★だけでピアノを 弾く夢を あきらめないで ほしい。」と話す。
  혼다 씨는 '모두 어떤 능력을 갖고 있다. 장애가 있다는 것만으로 피아노를 치는 꿈을 포기하지 않길 바란다'고 말한다.

- 健康の秘訣みたいなものがあったら教えてほしいです。基本的かつあたりまえのことはいいとして、もう少し突っこんだことや意外性のある健康の秘訣の「裏技」みたいなのを教えていただけると幸いです。
  건강의 비결 같은 것이 있다면 가르쳐 주었으면 합니다. 기본적이면서 당연한 것은 됐고, 좀더 깊이 들어간 것이나 의외성이 있는 건강 비결의 '비법'같은 것을 가르쳐 주셨으면 좋겠습니다.

## 22

### ～てみる⁰⁵⁹ (시험 삼아) ~해 보다

**접속** 동사의 음편형(て형)

「～てみる」는 '(시험 삼아) ~해 보다'라는 뜻으로, 무언가를 알기 위해 시험 삼아 해보는 것을 말한다. 「～てみる」가 「～てみると・～てみれば・～てみたら」 등과 같이 조건의 형태가 되면 뒤 문장에는 결과를 확인하는 내용이 온다.

- 今日帰ったら、妻と話し合ってみるつもりです 오늘 돌아가면 아내와 상의해 볼 생각입니다  2015-2회
- あわてて病院に行ってみると 허둥지둥 병원에 가 보니  2013-2회
- わたしがもっとも行ってみたい寺 내가 가장 가 보고 싶은 절  2012-1회

- 私が作ったこの料理を食べてみてください。
  내가 만든 이 요리를 먹어 보세요.

- ちょっと飲んでみたら、とても甘かったです。
  좀 마셔 봤더니 아주 달았습니다.

- イラストレーターが壊れたようですのでアンインストールして再度、インストールをしてみるつもりです。
  일러스트레이터가 손상된 것 같으니 삭제하고 다시 깔아 볼 생각입니다.

- サイズを 確かめたい ので これを 着て みても いいですか。
  사이즈를 확인하고 싶으니 이것을 입어 봐도 됩니까?

- あきらめてはだめです。やって みない と わからない でしょ。
  포기해서는 안 돼요. 해 보지 않으면 모르잖아요.

- 万年筆を買うときは 何回も書いて みて いいと 思った ものを買います。
  만년필을 살 때에는 몇 번이고 써 보고 좋다고 생각한 것을 삽니다.

- サンタさんに何をおねだりして、どんなプレゼントをもらったか、その時どんな気持ちだったのか思い出してみてください。
  산타할아버지에게 무엇을 조르고, 어떤 선물을 받았는지, 그때 어떤 마음이었는지 떠올려 보세요.

## 23

# 〜ても・〜でも 060  ~해도, ~하더라도

**접속** 동사의 음편형(て형), い형용사 く+ても, 명사+でも

「〜ても」는 동사의 음편형(て형)에 접속하여 '설사 ~하더라도' 등의 역설 표현의 뜻을 나타낸다. 「雨でも(비가 와도)」와 같이 명사에 직접 접속하기도 하고, 「いつ(언제)・たとえ(비록)・かりに(가령)」 등과 호응하기도 한다. 앞문장이 성립하면 당연히 뒤 문장도 성립해야 하는데 그렇지 못한 경우에 사용하며, 회화체로는 「〜たって」의 꼴도 사용된다.

- ✓ どちらが勝ってもおかしくない試合で  어느 쪽이 이기더라도 이상하지 않은 시합이라서  2017-1회
- ✓ 保育園を利用したくても利用できない人が多い  어린이집을 이용하고 싶어도 이용할 수 없는 사람이 많다  2016-2회
- ✓ 予選だから勝っても不思議ではない  예선이라서 이겨도 이상하지 않다  2016-1회
- ✓ いつ壊れてもおかしくないのに  언제 무너져도 이상하지 않는데  2015-2회
- ✓ 雨がいつ降ってもおかしくないですね  비가 언제 와도 이상하지 않네요  2014-1회
- ✓ いつ首相になってもおかしくない実力を持っている  언제 수상이 되어도 이상하지 않은 실력을 갖고 있다  2013-1회
- ✓ そんなに早く行ってもまだ開いていない  그렇게 빨리 가도 아직 열려 있지 않다  2010-1회

**유형1 문법형식**

- このような言葉は辞書をひいてもわかりません。
  이런 단어는 사전을 찾아도 모르겠습니다.
- あのレストランはいつ行っても込んでいます。
  저 레스토랑은 언제 가더라도 붐빕니다.
- 脱毛サロンに行ったって、すぐに効果があるわけではありません。
  탈모 헤어 살롱에 가더라도, 바로 효과가 있는 것은 아닙니다.

**유형2 문맥배열**

- あしたは 雨 でも 予定 どおり 遠足に行きます。
  내일은 비가 오더라도 예정대로 소풍을 갑니다.
- いつ 雪が 降っても おかしくない ぐらい 寒いですね。
  언제 눈이 와도 이상하지 않을 정도로 춥네요.

**유형3 문장흐름**

- 自分はその分野のプロではないので、説得力に欠けると思いますが、皆さん、プロになってもおかしくない実力をお持ちだなと率直に感じました。
  저는 그 분야의 프로가 아니기 때문에 설득력이 부족하다고 생각하지만, 여러분은 프로가 되어도 이상하지 않을 실력을 가지고 계시다고 솔직히 느꼈습니다.

## 24 〜てもいい [061] ~해도 좋다(된다)

**접속** 동사의 음편형(て형)·부정형(なく형), ~でなく 등

「〜てもいい」는 '~해도 좋다(된다)'라는 뜻으로 허가나 동의를 나타낸다. 이와 비슷한 표현으로 「〜てもかまわない」가 있다. 「〜てもいい」는 이외에 「〜てもよければ(~해도 된다면)」, 「〜てもよろしいでしょうか(~해도 될까?)」 등의 응용표현도 쓴다. 「〜ても」는 회화체에서 「〜たって」로 바꿔 쓸 수 있다. 또한 「〜ていい」의 형태로 조사 「も」가 생략되기도 한다.

- ✓ そろそろ食べ**てもよさそうだ** 슬슬 먹어도 좋을 것 같다  2016-2회
- ✓ 駅の近くでなく**てもよければ** 역 근처가 아니어도 된다면  2014-1회
- ✓ そろそろ買い替え**てもいいんじゃない?** 슬슬 새로 사도 되지 않아?  2013-1회
- ✓ 先生の研究室にうかがっ**てもよろしいでしょうか** 선생님의 연구실로 찾아뵈어도 될까요?  2011-1회
- ✓ インターネットなど何を使っ**てもいい**ですから 인터넷 등 무엇을 쓰든 좋으니까  2010-2회

**유형1 문법형식**

- 試験が終わった人は帰っ**てもいい**です。
  시험이 끝난 사람은 돌아가도 됩니다.

- A 「すみません。寒いのでまどを閉め**てもいい**ですか。」
  B 「ええ、どうぞ。」
  A 저기요. 추우니 창문을 닫아도 됩니까?
  B 네, 그렇게 하세요.

- 時には、間違っ**たっていい**じゃないか、泣い**たっていい**じゃないか、人間だもの、スーパーマンじゃないんだから。
  때로는 틀려도 상관없잖아, 울어도 되잖아, 사람인걸, 슈퍼맨이 아니니까.

**유형2 문맥배열**

- あす おうかがい して **も** よろしい でしょうか。
  내일 찾아 뵈어도 될까요?

- 悲しいときは悲しいと 思って いいし 泣い**たって** いいんだ よ。
  슬플 때는 슬프다고 생각해도 되고 울어도 돼.

**유형3 문장흐름**

- イギリスのスピーカーズ・コーナーでは、何をしゃべってもいい場所だけれど、女王様の悪口だけはいけないことになっている。
  영국의 스피커즈 코너는 무엇을 말해도 되는 곳이지만, 여왕님의 험담만은 안 되게 되어 있다.

## 25 ～という / ～というような ～라고 (하는), ~라는 / ~라는

**접속** 동사의 종지형, 명사, 명사+だ, い형용사의 종지형

「～という」는 '~라고 (하는), ~라는'이라는 뜻으로 명사를 수식한다. 인용표현의 하나로 회화체에서는 「～って」가 주로 사용된다. 응용표현에 「～というような(~라는 (듯한))」가 있는데 여기서 「～ような」는 취지를 나타내며 해석은 되지 않는다. 그밖의 표현에 「～というように(~라는 식으로)」, 「～というから(~라고 하니까)」, 「～というのに(~라고 하는데, ~였는데)」, 「～ということ(~라는 것)」 등이 있다.

- どうしてほしいか<u>ということ</u>を考えながら 어떻게 해주길 바라는가 라는 것을 생각하면서 **2017-2회**
- どこにも出かけずに家で過ごす<u>という</u>のが 아무데도 나가지 않고 집에서 지낸다는 것이 **2016-2회**
- 友情がテーマになっている<u>という</u>点で 우정이 테마가 되고 있다는 점에서 **2016-1회**
- 二つの体育館を建設する<u>という</u>案が 두 개의 체육관을 건설한다는 안이 **2013-1회**
- 意志が強い<u>という</u>点でよく似ている 의지가 강하다는 점에서 많이 닮았다 **2013-1회**
- 企業で働く<u>という</u>のがどういうことか 기업에서 일한다는 것이 어떤 것인지 **2011-2회**
- 「かわいい」とか「ひとりではさびしい」など<u>という</u>理由で '귀엽다'라든가 '혼자는 외롭다' 등의 이유로 **2011-2회**
- 確か『わかる』<u>というような</u>意味だったと 아마 '이해하다'라는 의미였다고 **2010-1회**

- 雨だ<u>というのに</u>試合は予定どおり行われた。
  비가 온다고 하는데 시합은 예정대로 시행되었다.

- インフルエンザにはタミフル<u>という</u>薬がよく処方される。
  독감에는 타미플루라는 약이 자주 처방된다.

- パーティー で 米倉さん <u>★という</u> 人を 紹介されたが、よくしゃべる人だった。
  파티에서 요네쿠라 씨라는 사람을 소개받았는데, 수다스러운 사람이었다.

- リフォーム <u>という</u> <u>★ような</u> 大げさな もの ではなく、玄関の引き戸をドア式に換えただけなのです。
  리폼이라는 거창한 것이 아니라, 현관 미닫이문을 도어식으로 교체했을 뿐입니다.

- みなさんは、「ジラフ」<u>という</u>動物を知っていますか。ジラフは、アフリカの草原に住んでいます。10頭から20頭ぐらいずつ、いつも固まって行動します。
  여러분은 '기린'이라는 동물을 알고 있습니까? 기린은 아프리카의 초원에 살고 있습니다. 10마리에서 20마리 정도씩 항상 무리를 지어 행동합니다.

## 26

# ～として(も) / ～としても 070  ~로서(도) / ~라고 해도

**접속** 명사 / 동사의 기본형(る형)·과거형(た형), 명사+だ 등

「～として(も)」는 명사에 붙어 '~로서(도)'라는 뜻이 되는데, 일반적으로 자격이나 입장·명목·부류를 나타낸다. 또한 「～としても」는 동사의 기본형(る형)·과거형(た형), 명사+だ에 붙어 '~라고 해도, ~라고 가정해도'라는 뜻으로도 쓰이는데, '지금은 ~이 아니지만 만일 그렇게 되더라도 관계없다'는 의미로 사용된다.

- 彼は小説家として有名になったが 그는 소설가로서 유명해졌지만 2016-2회
- あした、もし雨が降ったとしても 내일 만약 비가 내렸다고 해도 2012-1회
- 私も通訳として一緒に行きます 나도 통역으로서 함께 갑니다 2011-2회

**유형1 문법형식**

- 家を買えるとしても、それは通勤に不便な場所になるだろう。 95
  집을 살 수 있다고 해도, 그것은 통근하기에 불편한 장소가 될 것이다.

- 自分の問題として、この問題を考えることが求められている。 93
  자신의 문제로서 이 문제를 생각하는 것이 요구되고 있다.

- 仮に雨だとしても、あしたは出発する。
  가령 비가 온다고 해도 내일은 출발한다.

- 私から見て医者としても人間としてもずいぶん成長できたと思います。
  내 입장에서 봐서 의사로서도 인간으로서도 상당히 성장했다고 생각합니다.

**유형2 문맥배열**

- たとえ 不合格だ としても 君の 今まで の努力はむだではないよ。 08
  설령 불합격이라고 해도 자네의 지금까지의 노력은 헛되지 않아.

- 私の住む 地域では、プラスチックのごみは 洗えば 資源として 回収される。
  내가 사는 지역에서는 플라스틱 쓰레기는 씻으면 자원으로서 회수된다.

**유형3 문장흐름**

- もしかして悪質のいじめかもしれない、という思いも少しだけ頭をかすめたけど、もしそうだったとしても、それでもよかった。だって、ぼくはだれかにいじめられるということすら、これまでなかったんだから。
  어쩌면 악질적인 괴롭힘일지도 모른다는 생각도 조금 머리를 스쳤지만, 만약 그랬다고 해도 그래도 좋았다. 왜냐하면 나는 누군가에게 괴롭힘을 당하는 것조차 지금까지 없었으니까.

## 27

### 〜ないで[073] ①~하지 않고, ~하지 말고 ②~하지 마 〈문말〉

**접속** 동사의 부정형(ない형)

「〜ないで」는 '~하지 않고, ~하지 말고'라는 뜻으로, 부대상황·수단·병렬 등을 나타낸다. 예를 들면 窓を閉めないで寝た(창문을 닫지 않고 잤다)는 '부대상황'을, 包丁を使わないで料理をした(식칼을 사용하지 않고 요리를 하였다)는 '수단'을, 太郎は合格しないで次郎は合格した(다로는 합격하지 않고 지로는 합격하였다)는 '병렬'을 나타낸다. 그리고 「〜ないで」가 문말에 쓰이면 「〜ないでください(~하지 마세요)」의 뜻으로 금지를 나타내는 표현이 된다. 비슷한 표현으로 「〜ず(に)」[052]가 있는데, 병렬의 뜻으로 사용하기 어렵다는 점이 다르다.

- ✓ 練習してメモを見ないで話せるようにするつもりだ 연습해서 메모를 보지 않고 말할 수 있게 할 작정이다  2017-1회
- ✓ 今日は晴れると言っていたので傘を持たないで出かけたが
  오늘은 맑다고 했기 때문에 우산을 들지 않고 외출했는데  2017-1회
- ✓ あきらめないで毎年チャレンジしていたら 포기하지 말고 매년 도전하면  2013-2회
- ✓ 何もしないでいるよりチャレンジして失敗するほうがいい
  아무것도 하지 않고 있기 보다 도전해서 실패하는 편이 낫다  2012-2회
- ✓ ちっとも練習に来ないで何をやっていたんですか 전혀 연습하러 오지 않고 무엇을 하고 있었습니까?  2011-1회

---

**유형1 문법형식**

- すごい！レシピを見ないでこの料理を作ったの？
  굉장해! 레시피를 안 보고 이 요리를 만든 거야?

- 人の日記を勝手に見ないで。
  다른 사람의 일기를 마음대로 보지 마.

**유형2 문맥배열**

- 人の言葉をうのみに しないで 自分で 確かめて みる ★ ことが大切です。
  다른 사람의 말을 그대로 받아들이지 말고 스스로 확인해보는 것이 중요합니다.

- 「やりたい仕事」だけど、経験がない からと あきらめないで ★ チャレンジする ことで、良い結果が出ると思います。
  '하고 싶은 일'이지만, 경험이 없어서 라고 포기하지 말고 도전해 보면 좋은 결과가 나온다고 생각합니다.

**유형3 문장흐름**

- 脳はかむことを通して、胃や腸がちょうどいい具合に働くように、食べ物の量を調整しているのです。よくかまないで飲み込むと、いつまでも知らせが出ず、食べすぎてしまったり、胃や腸がつかれて、栄養が取り入れられなくなったりします。
  뇌는 씹는 것을 통해 위나 장이 딱 좋은 상태로 작용하도록, 음식의 양을 조정하고 있습니다. 잘 씹지 않고 삼키면 언제까지고 알리지 못해 과식하게 되거나 위나 장이 지쳐서 영양을 흡수하지 못하게 됩니다.

## 28

# ～ないといけない・～なくてはいけない・<br>～なければならない ⁰⁷⁵ ~하지 않으면 안 된다, ~해야 한다

**접속** 동사의 부정형(ない형)

「～ないといけない・～なくてはいけない・～なければならない」는 '~하지 않으면 안 된다, ~해야 한다'는 뜻으로, 자신의 의지로 뭔가를 하겠다는 결의는 물론 다른 사람으로부터의 강요나 주위의 상황에 의해 뭔가를 하는 것이 당연시되는 경우에 쓴다. 또한 사물의 본성이나 일의 형편상 무엇인가가 일어나는 것이 당연하거나 바람직하게 여겨지는 경우까지 대단히 광범위하게 사용된다.

**참고** 「なくては=なければ」「いけない=ならない」이므로 서로 바꿔서 쓸 수 있으며, 회화체에서는 「～なければ → ～なきゃ」「～なくては → ～なくちゃ」로 축약해서 많이 쓴다.

- ✓ 今日中に作ら**なくてはいけない**会議の資料 오늘 중으로 만들어야 하는 회의 자료 2014-2회
- ✓ 今日中に出さ**ないといけない**レポート 오늘 중으로 제출해야 하는 리포트 2013-2회

- 教育を普及させるためには、すべての子どもに学ぶ権利が与えられ**なければならない**。 05
  교육을 보급시키기 위해서는, 모든 아이들에게 배울 권리가 주어져야 한다.

- プリンターを直さ**なくてはいけない**けれど、説明書を見るのがめんどうくさくて。
  프린터를 고쳐야 되는데 설명서 보는 게 귀찮아서.

- 日本の企業に就職が決まった以上 日本語を マスター ★ し**なければならない**。 94
  일본 기업에 취직이 결정된 이상, 일본어를 마스터해야 한다.

- 私は、ごみを 減らすこと こそ やら**なければならない** ★ 大切なことだと思う。
  나는 쓰레기를 줄이는 일이야말로 해야만 하는 중요한 일이라고 생각한다.

- 時間を約束していたわけじゃないけど、ぼくは一刻も早く空き地に**行かなくちゃいけない**気がした。場所は知っていた。母さんの勤めている会社に行くときに何度も通っていた。
  시간 약속을 한 것은 아니지만, 나는 한시라도 빨리 공터에 가야 한다는 기분이 들었다. 장소는 알고 있었다. 어머니가 근무하고 있는 회사에 갈 때 몇 번이나 지나갔었다.

## 29 〜など・〜なんか <sup>078</sup> ~등, ~따위, ~같은 것

**접속** 동사의 기본형(る형)・과거형(た형)・부정형(ない형)・의지형(よう+だ), 명사(だ) 등

「〜など・〜なんか」는 '~등, ~따위, ~같은 것'이라는 뜻이다. 「〜なんか」는 「〜など」의 구어체로 어떤 사물에 대하여 대수롭지 않다든지 자신에 관해 겸손하게 말할 때 사용한다. 예를 들면 パチンコなどするものか (파친코 따위 할까 보냐), 私なんかにこの仕事は無理だ(나 따위에게 이 일은 무리다) 등이 있다.

- ☑ 「かわいい」とか「ひとりではさびしい」などという理由で
  '귀엽다'라든가 '혼자는 외롭다' 등의 이유로  2011-2회

- ☑ だったら、これなんかどう?  그럼 이런 건 어때?  2011-1회

- ☑ インターネットなど何を使ってもいいですから  인터넷 등 무엇을 쓰든 좋으니까  2010-2회

- 一日中やっても一匹もつれなかったから、もう魚つりなんか行きたくない。 99
  하루 종일 해도 한 마리도 잡지 못했기 때문에, 이제 낚시 같은 건 가고 싶지 않다.

- 新しい委員長には山田さんなんかがいいんじゃないかなあ。
  새 위원장으로는 야마다 씨 같은 사람이 좋지 않을까?

- 彼はパリ、ソウルなどたくさんの外国の都市を訪れている。
  그는 파리, 서울 등 외국의 많은 도시를 방문하고 있다.

- あんな自分勝手な人に優しい 言葉 なんか かけてやる もんか。
  저런 제멋대로인 사람에게 상냥한 말 같은 걸 걸어 줄까 보냐.

- 私たちは インターネット などの メディア に よって 情報をゲットし、その情報を人々と交換する情報化社会に生きています。
  우리들은 인터넷 등의 미디어에 의해 정보를 얻고, 그 정보를 사람들과 교환하는 정보화 사회에 살고 있습니다.

- 妊婦さんにはカフェインはよくないというのはすでに当たり前の話になっています。では妊婦さんがもしも紅茶を飲んだらどうなるのか、また飲む場合に気をつける点とは何かなど、ここでは、妊婦さんが飲む紅茶がお腹の赤ちゃんに与える影響について解説していきます。
  임신부에게는 카페인은 좋지 않다고 하는 것은 이미 당연한 이야기가 되어 있습니다. 그럼 임신부가 만약 홍차를 마신다면 어떻게 되는지, 또 마실 경우에 조심할 점이란 무엇인가 등, 여기서는 임신부가 마시는 홍차가 뱃속의 아기에게 끼치는 영향에 대해서 설명해 나가겠습니다.

## 30 ～に比べ(て) / ～と比べ(て) ~에 비해(서) / ~와 비교해(서)

**접속** 명사

「～に比べ(て)」는 '~에 비해(서)'라는 뜻으로, 둘 이상의 것을 나열하여 어떤 점에 대해 비교할 때 사용한다. 이 표현은 주로 「Aに比べてBはC」의 꼴로 'A를 기준으로 B와의 차이를 확인하고, B는 C'라는 것을 말할 때 쓴다. 또한, 「～と比べて(~와 비교해서)」의 꼴로도 쓰인다.

- ラーメンやスパゲティにくらべてカロリーが低い 라면이나 스파게티에 비해서 칼로리가 낮다  2014-2회
- 隣の町と比べて、私の住んでいる町は 옆 동네와 비교해서 내가 살고 있는 동네는  2013-1회
- 今までのものにくらべてかなり軽くなった 지금까지의 것에 비해서 상당히 가벼워졌다  2011-2회
- 去年と比べて10パーセント以上多い 작년과 비교해서 10퍼센트 이상 많다  2010-2회

**유형1 문법형식**

- 諸外国にくらべ、日本は一人が出すごみの量が多い。 96
  여러 외국에 비해, 일본은 한 사람이 배출하는 쓰레기의 양이 많다.

- 昨年と比べて、今年の売り上げは10%伸びている。
  작년과 비교해서, 금년 매상은 10% 늘어났다.

- 従来のものに比べて新製品には熱に強いという長所がある。
  종래의 것에 비해서 신제품은 열에 강하다는 장점이 있다.

**유형2 문맥배열**

- 今年の冬は 去年 と比べて かなり ★ 暖かい。
  올 겨울은 작년과 비교해서 상당히 따뜻하다.

- 最近の食品添加物は、以前のもの に比べて ★ 人体に与える 影響は 少ないという。
  최근의 식품첨가물은 이전 것에 비해서 인체에 끼치는 영향은 적다고 한다.

**유형3 문장흐름**

- 今年は去年と比べて雨の日が多い。ニュースによると、市内のダムも貯水率が90%まで上がったそうだ。これで、毎年夏に起きる水不足も解消されるだろう。
  올해는 작년과 비교해서 비오는 날이 많다. 뉴스에 따르면 시내에 있는 댐도 저수율이 90%까지 올랐다고 한다. 이걸로 매년 여름에 일어나는 물부족도 해소될 것이다.

# 콕콕실전문제 03

정답과 해석 QR코드로 바로 확인!

**問題 1** 次の文の（　）に入れるのに最もよいものを、1・2・3・4から一つ選びなさい。

① 世の中には（　　　）告白できない人がいます。

　1　告白したくても　　　　　　2　告白しそうになって
　3　告白しているのに　　　　　4　告白できたら

② 緊急時の連絡方法を電話ではなくメールにすることによって、クラス全員に対して一斉にメッセージを送ることができる、同じ内容が確実に伝わる、（　　　）いったメリットが、いくつも生じた。

　1　などを　　　2　などと　　　3　ことを　　　4　ことと

③ A「今度の週末に東京を（　　　）んだけど。」
　B「どういう所に行きたいの。」

　1　案内しやすい　　　　　　　2　案内してほしい
　3　案内したがっている　　　　4　案内してあげる

④ わたしが直接会って、かれの真意を（　　　）みよう。

　1　確かめよう　　2　確かめた　　3　確かめ　　4　確かめて

⑤ 明日成績判定で今日中に（　　　）ことに途中で気づいてあせった。

　1　出すようになる　　　　　　2　出すことがある
　3　出さないかもしれない　　　4　出さないといけない

⑥ 友人に「そろそろ（　　　）？」と言われても気にせず、自分が納得するまで使いきる。

　1　買い替えないかもしれない　　2　買い替えてみたかもしれない
　3　買い替えにくかったんじゃない　4　買い替えてもいいんじゃない

⑦ わが家へ来る人のすべてが、太郎は泣くことが少ない（　　　）点で評判が一致するようになった。

　1　の　　　　　2　のことの　　　3　という　　　4　をいう

8　彼女はボサノヴァ歌手（　　　）有名になったが、実はボサノヴァ発祥の地であるブラジル本国ではほとんど知名度のない存在であった。070
　　1　について　　　2　として　　　3　にしたがって　　　4　と比べて

9　わからないところは（　　　）質問することが大事です。073·017
　　1　はずかしがらないで　　　　　2　はずかしがりたくて
　　3　はずかしくならないで　　　　4　はずかしたがらなくて

10　土の中で長い時間を過ごすの（　　　）セミの命ははかないものだ。082·N2 144
　　1　に比べて　　　2　を通して　　　3　によって　　　4　をはじめ

問題2　次の文の ___★___ に入る最もよいものを、1・2・3・4から一つ選びなさい。

11　お父さん、お母さん _____ _____ __★__ _____ ほしいです。敬老の日に改めて親のありがたさを痛感しています。058
　　1　元気で　　　2　長生きして　　　3　いつまでも　　　4　には

12　大学院での実験は実際に _____ _____ __★__ _____ 簡単なものではなくて、今はまた分からないことだらけです。059·042
　　1　いたよりも　　　2　やって　　　3　思って　　　4　みると

13　その同僚が動かないから _____ _____ __★__ _____ 何度もありました。075
　　1　こちらが骨を折って　　　　　2　いけない
　　3　動かなくては　　　　　　　　4　ことが

14　今 _____ _____ __★__ _____ 「特にありません」と簡単に口にしていた自分が恥ずかしくなった。078
　　1　委員会や　　　2　で　　　3　まで　　　4　学級会など

[15] 富士山だけでなく、日本は地震大国ということもあり、全国各地に活火山が存在しています。それらは ＿＿＿ ＿＿＿ ★ ＿＿＿ 状態です。
1 噴火しても　　2 おかしく　　3 いつ　　4 ない

[16] 勉強というのは、いったい何のために ＿＿＿ ＿＿＿ ★ ＿＿＿ 。
1 わからない　　　　　　2 やっているのか
3 こともよくある　　　　4 という目的が

[17] 残された凶器と ＿＿＿ ＿＿＿ ★ ＿＿＿ きた。
1 手袋から何人かの　　　2 男が容疑者
3 として　　　　　　　　4 浮かんで

[18] 私が本当に ＿＿＿ ＿＿＿ ★ ＿＿＿ 続けることの意味です。
1 ほしいのは　　2 チャレンジし　　3 わかって　　4 あきらめないで

[19] グリーンスムージーは基本的には野菜や果物 ＿＿＿ ＿＿＿ ★ ＿＿＿ いいですが、キャベツはおなかにガスがたまりやすいのでなるべく避けましょう。
1 なにを　　2 も　　3 使って　　4 など

[20] アメリカはヨーロッパの ＿＿＿ ＿＿＿ ★ ＿＿＿ 歴史があさい。
1 としての　　2 とくらべて　　3 主要国　　4 国家

**問題3** 次の文章を読んで、文章全体の趣旨を踏まえて、 21 から 25 の中に入る最もよいものを、1・2・3・4から一つ選びなさい。

　京都には昔から「京都のお茶づけ」という 21 。ある家に客がまねかれて、おいしいごちそうのもてなしを受け、つい長居してしまい、家の主人の気持ちとしてはもう帰ってほしい時間になると、
　「さあ、おいしいお茶づけを出しますから、どうぞめしあがってください」
などといって客に 22 、客を早く帰らせるというものである。ここで、このことばを真に受け「では、せっかくですから」などといってお茶づけまで 23 、主人はにっこりほほえんで最上のお茶づけを持ってきて食べさせる。何事も相手に率直に言うことは、一見合理的なことのように見える。 24 、なるべくやんわりとその場をうまくおさめるために、京都の人はこうした遠まわしな言語技術を身につけてきたのである。これは、その場をうまくおさめるだけでなく、ことばの背後にある相手の心情をめぐってかけひきをするという、高度な楽しみも 25 。

**21**
1 工夫がある　　2 勉強がある　　3 習慣がある　　4 試験がある

**22**
1 気を使わされて　2 気を使いつつ　3 気を使って　　4 気を使わせ

**23**
1 いただこうとしたとしても　　2 いただいたとしたが
3 いただこうとしながら　　　　4 いただけるようにしたが

**24**
1 つまり　　　　2 そして　　　　3 だから　　　　4 しかし

**25**
1 あじわうものができる　　　　2 あじわうことができる
3 あじわうようができる　　　　4 あじわうところができる

## 문제해결 키워드

- **〜てほしい** [N3 058] 〜했으면 한다
  もう帰ってほしい時間
  이제 돌아갔으면 하는 시간 (03行)

- **〜など** [N3 078] 〜등, 〜따위, 〜같은 것
  などといって客に 〜같이 말하며 손님에게 (05行)
  などといってお茶づけまで
  〜같이 말하며 오차즈케까지 (06行)

- **〜てしまう** [N3 056] 〜하고 말다
  つい長居してしまい 그만 오래 머물고 말아 (02行)

- **〜としては** [N3 070] 〜로서는
  家の主人の気持ちとしては
  집주인의 심정으로서는 (02行)

- **〜(よ)うとする** [N3 009] 〜하려고 하다
  お茶づけまでいただこうとしたとしても
  오차즈케까지 먹으려고 했다고 해도 (06行)

- **〜ように** [N3 110] 〜처럼, 〜같이
  合理的なことのように見える
  합리적인 것처럼 보인다 (08行)

- **〜ために** [N3 041] 〜하기 위해서
  その場をうまくおさめるために
  그 자리를 잘 수습하기 위해서 (09行)

- **〜だけでなく** [N3 038] 〜뿐만 아니라
  その場をうまくおさめるだけでなく
  그 자리를 잘 수습할 뿐만 아니라 (10行)

- **〜をめぐって** [N2 159] 〜을 둘러싸고
  相手の心情をめぐって 상대의 심정을 둘러싸고 (11行)

- **〜ことができる** [N3 025] 〜할 수(가) 있다
  あじわうことができる 맛볼 수 있다 (11行)

# 31 〜によって・〜により ~에 의해, ~에 따라

**접속** 명사

「〜によって・〜により」는 '~에 의해, ~에 따라'라는 뜻이고, 「〜による」는 '~에 따른다, ~에 달려 있다'라는 뜻이다. 이 표현은 수단·방법 등을 통해 어떤 일을 한다고 말하고 싶을 때 쓴다. 또한 수동문에서 동작의 주체는 보통 조사 「に」로 표현하는데, 문장의 주어가 생물 이외의 것으로 특정 동작주를 강조할 때는 「〜によって」를 쓰는 경우가 많다. 이외에 「〜によっては(~에 따라서는(~하는 일도 있다))」, 「〜による+명사(~에 의한 ~, ~에 따른 ~)」, 「〜によると・〜によれば(~에 의하면, ~에 따르면)」 등도 잘 익혀 두자.

- ✓ A市夏祭りは、台風の影響により中止します A시 여름 축제는 태풍의 영향에 의해 취소합니다  2015-1회
- ✓ 天気や場所によってレンズを替える 날씨나 장소에 따라 렌즈를 바꾼다  2014-1회
- ✓ 19世紀の画家たちによって描かれた絵 19세기 화가들에 의해 그려진 그림  2011-2회
- ✓ 曜日によって閉まる時間が違う 요일에 따라 닫는 시간이 다르다  2011-1회

**유형1 문법형식**

- 食事の習慣が国によって違うことに驚いた。 07
  식사 습관이 나라에 따라 다르다는 것에 놀랐다.

- 関係者のみなさまのご協力によって、無事この会を終了することができました。 04
  관계자 여러분의 협력에 의해, 무사히 이 모임을 마칠 수 있었습니다.

- 最近になって、少年による凶悪な犯罪が次々と報道されている。
  요즘 들어 청소년에 의한 흉악 범죄가 연이어 보도되고 있다.

**유형2 문맥배열**

- ボーナスが出るかどうかは、この夏の 売り上げ 状況 による。 07
  보너스가 나올지 어떨지는 올 여름의 매출 상황에 달려 있다.

- いつの時代でも 若者 によって 新しい 流行が 作り出される。 95
  어느 시대든 젊은이들에 의해 새로운 유행이 창조된다.

- その問題 については 学者 によって 考え方が かなり違う。
  그 문제에 관해서는 학자에 따라 생각하는 방식이 꽤 다르다.

**유형3 문장흐름**

- 天気予報によると、あすの晩から大雨になるらしい。危ないので、川や池には近づかないようにと注意していた。
  일기예보에 의하면 내일 밤부터 큰비가 온다고 한다. 위험하므로 강이나 호수에는 가까이 가지 말라고 주의를 주고 있었다.

## 32

# 〜のに[094]  ①~인데(도)  ②~하는 데

**접속** 명사, な형용사의 연체형(な형), 동사의 종지형(た형, ている형), い형용사의 종지형(い형)·과거형(かった형), 〜ばかりな 등

「〜のに」는 '①~인데(도)'라는 뜻으로, '~하기 때문에 당연히 그렇게 될 테지만, 그러나 ~'라는 인과 관계가 배후에 깔려 있다. 따라서 화자의 실망·유감·후회·불만 등의 바람직하지 못한 감정을 담고 있다. いろいろ探したのに(여러모로 찾았는데도), 風邪をひいているのに(감기에 걸렸는데도)와 같이 쓴다. 그리고 '목적·용도·경우'를 나타내는 용법이 있는데, 이 때는 '②~하는 데'란 뜻이 된다. 料理を作るのに(요리를 만드는 데), このビルを建てるのに(이 빌딩을 짓는 데)와 같이 쓰며, 뒤에는 「かかる・要る」 등의 동사가 함께 사용된다.

- どうしてもヨーグルトが食べたくなって夜中なのに 아무리 해도 요구르트가 먹고 싶어서 한밤중인데도 **2016-2회**
- いつ壊れてもおかしくないのに 언제 망가져도 이상하지 않은데 **2015-2회**
- もう半年になるのにまだ住所を覚えていない 벌써 반년이 되는데도 아직 주소를 외우지 못한다 **2015-1회**
- さっき教えたばかりなのに 조금 전 가르쳐준 지 얼마 안 됐는데 **2012-2회**
- 来週、試合なのにちっとも練習に来ない 다음 주 시합인데도 전혀 연습하러 오지 않는다 **2011-1회**

### 유형1 문법형식

- 気をつけていたのに、パスポートをなくしてしまいました。
  조심하고 있었는데도, 여권을 잃어버리고 말았습니다.

- この辞書を作るのに10年ぐらいかかりました。
  이 사전을 만드는 데 10년 정도 걸렸습니다.

### 유형2 문맥배열

- うちから 成田空港まで 行く のに 2時間 以上かかる。
  집에서 나리타 공항까지 가는 데 2시간 이상 걸린다.

- ぼくは今でもすべての人に魔法のボタンが あればいい のに と 思うことが ある。
  나는 지금도 모든 사람들에게 마법의 버튼이 있으면 좋을 텐데 하고 생각할 때가 있다.

### 유형3 문장흐름

- 「では問題です」ステージの司会者がマイクでしゃべりはじめた。お金をかけているわけでもないのに、賞品だってしょぼいのに、緊張感が漂う。
  '그럼 문제입니다' 스테이지의 사회자가 마이크로 말하기 시작했다. 돈을 걸고 있는 것도 아닌데, 상품도 초라한데도 긴장감이 감돈다.

## 33 〜(た)ばかり 096 ~한지 얼마 안 됨, 막 ~함

**접속** 동사의 과거형(た형)

「〜(た)ばかり」는 '~한지 얼마 안 됨, 막 ~함'이라는 뜻으로, 어떤 동작을 하고 시간이 얼마 지나지 않은 상태를 나타낸다. 이와 비슷한 표현에 「〜(た)ところ」068(막 ~한 참)가 있다. 「Aたばかり」의 경우 화자가 A에서 별로 시간이 경과하지 않았다고 느낀다면, 직후든 시간이 경과한 후든 모두 사용할 수 있지만, 「Aたところ」는 실제로 A직후가 아니면 사용할 수 없다. 또한, 「〜(た)ばかりの+명사」는 가능해도 「〜(た)ところの+명사」는 불가능하다.

- ☑ 先月新しいギターを買ったばかりなのに 지난달 새 기타를 산지 얼마 안 됐는데 **2014-2회**
- ☑ さっき教えたばかりなのに 조금 전 가르쳐준지 얼마 안 됐는데 **2012-2회**
- ☑ 先月生まれたばかりのライオンの赤ちゃん 지난달 태어난지 얼마 안 된 새끼사자 **2010-1회**

**유형1 문법형식**

- A「遅くなってすみません。」 늦어서 죄송합니다.
  B「いいえ、私も今来たばかりです。」 아니요, 저도 지금 막 왔습니다. **08**

- 今、そこで地震のニュースを聞いたばかりです。 **96**
  지금 그곳에서 막 지진 뉴스를 들었습니다.

- 手術したばかりなのに、働くなんてとんでもない。
  수술한지 얼마 안 됐는데 일을 하다니 당치도 않다.

- 先月買ったばかりの車はとても乗りごこちがいいです。
  지난달 산지 얼마 안 된 자동차는 승차감이 아주 좋습니다.

**유형2 문맥배열**

- さっき 起きた ばかり★で まだ ねむい です。 **08**
  조금 전에 막 일어나서 아직 졸립니다.

- さっき 食べた ばかり だから★ 今は おなかがいっぱいです。
  조금 전에 먹은지 얼마 안 돼서, 지금은 배가 부릅니다.

**유형3 문장흐름**

- 先週オープンしたばかりのレストランがあるけど、行ってみませんか。値段は少し高めだけど、材料が新鮮でサービスもいいらしいですよ。
  지난주에 막 오픈한 레스토랑이 있는데 가보지 않을래요? 가격은 조금 비싼 편이지만, 재료가 신선하고 서비스도 좋다고 해요.

## 34 〜ば〜ほど 〜하면 〜할수록

**접속** 동사・い형용사・な형용사 등의 가정형(ば형)+ば 동사・い형용사의 기본형, な형용사의 어간+な +ほど 등

「〜ば〜ほど」는 '〜하면 〜할수록'이라는 뜻으로, '한쪽의 정도가 변하면 그와 함께 다른 한쪽도 변한다'고 할 때 쓴다. 「〜ほど」의 「〜」 부분에는 주로 「동사의 기본형(る형)」이나 「い형용사」가 오고, 「〜ば」를 생략하고 쓰기도 한다. な형용사에도 붙는데 「〜なら(ば)〜なほど」의 형태가 된다.

- ✓ 歴史を勉強すればするほどもっと学びたい 역사를 공부하면 할수록 더 배우고 싶다 **2016-2회**
- ✓ 駅に近ければ近いほど、高くなります 역에 가까우면 가까울수록 비싸집니다 **2012-1회**

**유형1 문법형식**

- この問題について考えれば考えるほど、頭の中が混乱してきた。 **09**
  이 문제에 대해서 생각하면 생각할수록 머릿속이 혼란스러워졌다.

- この本は読めば読むほどおもしろくなる。 **04**
  이 책은 읽으면 읽을수록 재미있어진다.

- 日本語は深く勉強するほど難しくなる。
  일본어는 깊게 공부할수록 어려워진다.

- 栄養ドリンクが高価なら(ば)高価なほど効果が高いそうです。
  영양드링크가 고가면 고가일수록 효과가 높다고 합니다.

**유형2 문맥배열**

- 日本語は、勉強すれば する ほど 難しくなる ような 気がする。 **94**
  일본어는 공부하면 할수록 어려워지는 듯한 느낌이 든다.

- 考えれば 考える ほど 解決方法が わからなくなることがある。 **93**
  생각하면 생각할수록 해결 방법을 모르게 되는 경우가 있다.

- 休み中によく 勉強した 人で あれば あるほど、テストの結果が よかった。
  방학 동안 열심히 공부한 사람이면 사람일수록 시험 결과가 좋았다.

**유형3 문장흐름**

- アパートは、駅に近ければ近いほど、家賃が高い。安さを望むなら、交通の不便さは覚悟しなければならないだろう。
  아파트는 역에 가까우면 가까울수록 집세가 비싸다. 저렴한 것을 바란다면 교통의 불편함은 각오해야 할 것이다.

# 35 ～ほうがいい / ～ないほうがいい[101]

~하는 것(편)이 좋다 / ~하지 않는 것(편)이 좋다

**접속** 동사의 기본형(る형)·과거형(た형), い형용사의 기본형

「～ほうがいい」는 '~하는 것(편)이 좋다'라는 뜻으로 자신의 의견이나 일방적인 의견을 상대방에게 제안하거나 권유할 때 쓰는 표현이다. 특히 동사에 접속될 경우, 구체적인 장면에서 듣는 이에게 행위를 촉구할 때에는 「동사의 과거형(た형)」에 붙고, 선택 등을 나타낼 때는 동사의 기본형(る형)에 붙는다. 부정표현은 「～ないほうがいい(~지 않는 것(편)이 좋다)」이며, 종조사「よ」가 붙는 것이 자연스럽다.

**참고** 이 표현은 명령에 가까운 의미를 가지기도 하기 때문에 윗사람에게 지시하는 뜻으로는 쓰지 않는 편이 좋다.

✓ 子供の興味があるものを、習わせたほうがいい 아이가 흥미가 있는 것을 배우게 하는 편이 좋다  2017-1회
✓ 駅に近いほうがよければ、こちらはどうでしょうか 역에 가까운 편이 좋다면 이쪽은 어떨까요?  2016-1회
✓ チャレンジして失敗するほうがいい 도전해서 실패하는 편이 낫다  2012-2회
✓ じゃあ今は話しかけないほうがよさそうだな 그럼 지금은 말을 걸지 않는 편이 좋을 것 같군  2011-1회

**유형1 문법형식**

- 何もやらないで後悔するよりやって失敗するほうがいい。
  아무것도 하지 않고 후회하기 보다 하고 실패하는 편이 낫다.

- 興味がある場合は良いのですが、あまり軽い気持ちでアンケートには応じない方がよさそうです。
  흥미가 있는 경우에는 좋지만, 너무 가벼운 마음으로 앙케트에는 응하지 않는 편이 좋을 듯 합니다.

**유형2 문맥배열**

- 産後の骨盤矯正 について 気をつけた ほうが いい ことをお伝えいたします。
  산후 골반교정에 대해서 조심하는 편이 좋다는 것을 전해드립니다.

- 今回の記事では、やめた方がいい バイトと やった ほうがいい バイトを 紹介していきます。
  이번 기사에서는 그만두는 편이 좋은 아르바이트와 하는 편이 좋은 아르바이트를 소개해 나가겠습니다.

**유형3 문장흐름**

- カフェインが睡眠と関係があることはみんなご存じですね。夜睡眠をしっかりとりたいのであれば、コーヒーは昼食後は飲まない方がいいです。
  카페인이 수면과 관계가 있는 것은 모두 알고 계시죠? 밤에 수면을 충분히 취하고 싶다면, 커피는 점심식사 후에는 마시지 않는 편이 좋습니다.

# 36

## ~ほど~ない / ~ほど~はない [103]

~만큼 ~하지 않다 / ~만큼 ~(것)은 없다, ~은 가장 ~하다

**접속** 명사, 동사의 기본형(る형)·과거형(た형), これ, それ 등 + ほど

「~ほど~ない」는 '~만큼 ~하지 않다'라는 뜻으로, 어떤 하나를 예로 들어 '그것보다는 ~하지 않다'고 말하는 표현이다. 예를 들어 鈴木さんのところほど広くない(스즈키 씨가 있는 곳만큼 넓지 않다), 去年の夏ほど暑くない(작년 여름만큼 덥지 않다)와 같이 쓴다. 「~ほど~はない」는 '~만큼 ~(것)은 없다, ~은 가장 ~하다'라는 뜻으로 주로 명사에 붙어 말하는 사람이 주관적으로 '그 일은 최고로 ~하다'라고 느껴 그것을 강조해서 말할 때 쓴다. 이때에는 ほど 대신 ぐらい를 써도 무방하다. 今年の冬ほど寒い冬はない(올 겨울만큼 추운 겨울은 없다), 彼ぐらい賢い人はいない(그 사람만큼 영리한 사람은 없다)와 같이 쓴다.

- 自分の子供が生まれた日ほどうれしかった日はない 자기 아이가 태어난 날만큼 기뻤던 날은 없다 **2016-1회**
- 料理をするのがそれほど得意ではない 요리를 하는 게 그 정도로 능숙하지는 않다 **2013-1회**
- これほどおもしろい仕事はないと思っている 이만큼 재미있는 일은 없다고 생각하고 있다 **2011-2회**

**유형1 문법형식**

- わたしは母ほど料理がうまくありません。
  나는 엄마만큼 요리를 잘하지 못합니다.

- あのクイズ番組はそれほどおもしろくはない。
  그 퀴즈 프로그램은 그만큼 재미있지는 않다.

- やってみたら、思ったほど大変ではなかった。
  해보니 생각한 만큼 힘들지 않았다.

**유형2 문맥배열**

- 木村くん ほど 一生けんめい 勉強する 生徒は いない。
  기무라만큼 열심히 공부하는 학생은 없다.

- わかっていることを何度も 言われる ほど いやな ことは ない。
  알고 있는 것을 몇 번이나 듣는 것 만큼 싫은 것은 없다.

**유형3 문장흐름**

- ギターレッスンをしていてこれほどうれしいことはないです。はじめはコードひとつ抑えるのも大変でしたが、今は楽譜を見ないでだいぶひけるようになりました。
  기타 레슨을 해서 이만큼 기쁜 일은 없습니다. 처음에는 코드 하나 누르는 것도 힘들었습니다만, 지금은 악보를 보지 않고 제법 칠 수 있게 되었습니다.

# 1. 출제1순위 N3문법 40

## 37

# ~ようだ / ~ように / ~ような 110

①~인 것 같다, ~인 듯하다〈추측〉 ②~와 같다〈비유·예시〉/ ~처럼, ~대로/ ~와 같은

**접속** ① い형용사의 사전형, 명사+の, 명사 과거형(だった) ② 명사+の, 활용어의 종지형
/동사의 기본형(る형)·부정형(ない형), 명사+の

~らしい 117

「~ようだ」는 '①~인 것 같다, ~인 듯하다'라는 뜻으로, 추측 또는 불확실한 단정의 용법으로 오감이나 감촉을 통한 직감적인 판단을 나타낸다. 이와 비슷한 표현으로는 「~らしい 117」가 있다. 또한 「~ようだ」는 '②~와 같다'라는 뜻으로 비유와 예시도 나타낸다. 주로 「まるで(마치)」와 함께 쓰이며 「~ように(~처럼, ~대로)」의 형태로도 쓰인다. 「~ような」는 '~와 같은'이라는 뜻으로 쓰이는데, 취지를 나타내는 경우에는 우리말로 해석되지 않는 경우가 많다.

- ✓ 利用できない人が多い**ようだ** 이용할 수 없는 사람이 많은 것 같다〈추측〉 **2016-2회**
- ✓ 環境問題が少し身近になった**ような**気がします 환경문제가 조금 가까워진 듯한 느낌이 듭니다〈추측〉 **2015-2회**
- ✓ あなたがやりたい**ように**やりなさい 너가 하고 싶은 대로 하렴 **2015-1회**
- ✓ 人の耳の**ような**形に見える 사람의 귀 같은 모양으로 보인다〈비유·예시〉 **2015-1회**
- ✓ 彼を怒らせる**ような**ことを言ってしまって 그를 화나게 하는 말을 해 버려서〈취지〉 **2011-2회**
- ✓ 確か『わかる』という**ような**意味だったと 아마 '이해하다'라는 의미였다고〈취지〉 **2010-1회**

**유형1 문법형식**

- 鳥の**ように**空が飛べたらいいなと思います。
  새처럼 하늘을 날 수 있으면 좋겠다고 생각합니다.〈비유·예시〉

- 私の両親は同じ**ような**性格をしています。
  저의 부모님은 비슷한 성격을 갖고 있습니다.〈취지〉

- まるで客より従業員がえらいという**ような**態度だった。
  마치 손님보다 종업원이 더 높다는 태도였다.〈취지〉

**유형2 문맥배열**

- はじめて参加したぼくを、そこにいたみんなは 何事も なかった **ように** 受け入れた。
  처음으로 참가한 나를, 거기에 있던 모두는 아무 일도 없었던 것처럼 받아들였다.〈비유·예시〉

**유형3 문장흐름**

- 室内は女の子の部屋というより、受験生の部屋のようだった。かわいい小物やポスターや絵などはまるでなく、たくさんの本が床に積みあげられている。
  실내는 여자아이의 방이라기보다 수험생의 방 같았다. 귀여운 소품이나 포스터, 그림 등은 전혀 없고, 많은 책이 마루에 쌓여져 있다.〈비유·예시〉

067

## 38. ～ように / ～ないように [112]   ①~하도록  ②~하기를〈문말〉 / ~하지 않도록

**접속** 동사의 기본형(る형) / 동사의 부정형(ない형)

「～ように」는 '①~하도록'이라는 뜻으로, 바람직한 상태·상황을 말함으로써 목적을 나타내는 표현이다. 부정형은 「～ないように」로 '~하지 않도록 (~한다)'라는 뜻이다. 한편 「～ように」는 문말에 쓰이면 '②~하기를'이라는 뜻으로, 화자의 바람을 나타내기도 한다.

- ✓ 一日も早く回復されますように。 하루라도 빨리 회복하시기를. **N1 2016-1회**
- ✓ 「無理をしないように。」と言われたので '무리를 하지 않도록.'이라고 들었기 때문에 **2015-2회**
- ✓ 間違って飲んでしまわないように 잘못 알고 마셔버리지 않도록 **2014-1회**
- ✓ 思いついたアイデアを忘れてしまわないように 문득 떠오른 아이디어를 잊어버리지 않도록 **2013-1회**
- ✓ 今度の試合に勝てるように 이번 시합에 이길 수 있도록 **2011-1회**

**문법형식**

- 風がよく通るようにもっと窓を開けてください。
  바람이 잘 통하도록 창문을 더 열어 주세요.

- 文化財をこわさないように注意すべきではないでしょうか。
  문화재를 부수지 않도록 주의해야 하는 것은 아닐까요?

- 今度の旅行は、全員が参加できるように日程を組みたいと思います。
  이번 여행은 전원이 참가할 수 있도록 일정을 짜고 싶습니다.

**문맥배열**

- 音楽室には 大きな音を 出しても外に 響かないように 防音装置が して あります。
  음악실에는 큰 소리를 내도 밖으로 울리지 않도록 방음장치가 되어 있습니다.

- 貿易問題で自国が 不利にならない ように 外務省が相手国 との 折衝にあたっている。
  무역문제에서 자국이 불리해지지 않도록 외무성이 상대국과의 절충에 임하고 있다.

**문장흐름**

- 利き目は遠くがよく見えるように、もう一方は近くが見えるように矯正することで、両眼を上手に使って「近く」も「遠く」も裸眼で見えるようになる老眼矯正の方法をモノビジョン法といいます。
  효과는 먼곳이 잘 보이도록, 또 한편으로는 가까운 곳이 보이도록 교정하는 것으로, 두 눈을 능숙하게 사용하여 '가까운 곳'도 '먼 곳'도 맨눈으로 보이게 되는 노안교정 방법을 모노비전법이라고 합니다.

## 39 〜ようにする / 〜ようにしている

~하도록 (노력)하다 / ~하도록 (노력)하고 있다

**접속** 동사의 기본형(る형)

「〜ようにする」는 '~하도록 (노력)하다'라는 뜻으로, 대개 계속적인 노력을 요청하는 표현이 된다. 「〜ないようにする(~하지 않도록 하다)」는 부정적인 내용의 충고나 권고를 나타내는 경우가 많다. 그밖에 「〜ようにしている(~하도록 (노력)하고 있다)」도 함께 익혀두자.

- ✓ 練習してメモを見ないで話せるようにするつもりだ 연습해서 메모를 보지 않고 말할 수 있게 할 작정이다  2017-1회
- ✓ きちんとごみを分けるようにしています 정확히 쓰레기를 분리하도록 노력하고 있습니다  2015-2회
- ✓ できるだけ出かけるようにするつもりです 가능한 한 나가도록 노력할 생각입니다  2013-2회
- ✓ 必ず持ち歩くようにしているんです 꼭 들고 다니도록 하고 있습니다  2013-1회

**유형1 문법형식**

- 習った文法は、その日のうちに覚えるようにしています。
  배운 문법은 그 날 안에 외우도록 노력하고 있습니다.

- もらった手紙にはすぐ返事を書くようにしている。
  받은 편지는 바로 답장을 쓰도록 하고 있다.

- 展示品には手を触れないようにしてください。
  전시품에는 손을 대지 않도록 해 주세요.

**유형2 문맥배열**

- また同じ 間違いを 繰り返さない ★ように して いる。
  다시 같은 실수를 반복하지 않도록 노력하고 있다.

- 良く見える ★ように する ための コンタクトレンズも、しっかりと管理をしないと目に悪影響が出ることがあります。
  잘 보이게 하기 위한 콘택트렌즈도, 제대로 관리를 하지 않으면 눈에 악영향을 끼치는 경우가 있습니다.

**유형3 문장흐름**

- 時間の制約もあり、取材したことをすべて伝えられないのはわかるが、どの部分を使うかで、受ける印象も異なってくる。ニュースを見るときには、報道されない部分があることも忘れないようにしたいと思う。
  시간 제약도 있어서 취재한 것을 모두 전할 수 없는 것은 이해하지만, 어느 부분을 쓰느냐에 따라 받는 인상도 달라진다. 뉴스를 볼 때에는 보도되지 않는 부분이 있는 것도 잊지 않도록 하고 싶다.

# 40

## ～ようになる / ～ようになっている[115]

~하게(끔) 되다 / ~하게 되어 있다

**접속** 동사의 기본형(る형)

「～ようになる」는 '~하게(끔) 되다'라는 뜻으로, 상태나 습성 등의 변화를 나타낸다. 대체로 가능동사나 「わかる」와 같은 상태동사와 결합할 때는 상태 변화를, 동작동사에 붙을 때는 습성·습관의 변화를 나타낸다. 「～」 부분에는 주로 「食べられる・運転できる」와 같이 가능동사의 형태가 많이 온다. 「～ようになっている」는 '~하게 되어 있다'라는 뜻이다.

- もっと学びたいと思う**ようになって** 좀더 공부하고 싶다고 생각하게 되어 **2016-2회**
- 人によって違うのだと考える**ようになりました** 사람에 따라 다르다고 생각하게 되었습니다 **2016-1회**
- 納豆スパゲティを頼む**ようになりました** 낫토 스파게티를 부탁하게 되었습니다 **2013-1회**
- だんだん風邪を引いたり熱を出したり**しないようになった** 점점 감기에 걸리거나 열이 나지 않게 되었다 **2011-2회**
- 日本に長く住んでいたら、わたしも同じ**ようになる**のでしょうか 일본에 오래 살면 저도 똑같이 되는 걸까요? **2011-1회**
- 日本語が話せる**ようになってから** 일본어를 말할 수 있게 되고 나서 **2010-1회**

**유형1 문법형식**

- 視力が悪い場合、目を細めるとよく見える**ようになります**。
  시력이 나쁠 경우, 눈을 가늘게 뜨면 잘 보이게 됩니다.

- ユーザーが操作しなくても最新版のセキュリティ機能が適用される**ようになっています**。
  사용자가 조작하지 않아도 최신판 보안 기능이 적용되도록 되어 있습니다.

**유형2 문맥배열**

- クリックしてくださると ランキングポイントが 加算される **ようになって** います。
  클릭해 주시면 랭킹 포인트가 가산되도록 되어 있습니다.

**유형3 문장흐름**

- 3月11日、原発事故を経験した今、わたしは自然エネルギーの可能性をきちんと学びたいと**願うようになりました**。
  3월 11일, 원자력발전소 사고를 경험한 지금, 나는 자연에너지의 가능성을 제대로 공부하고 싶다고 바라게 되었습니다.

問題1 次の文の（　）に入れるのに最もよいものを、1・2・3・4から一つ選びなさい。

1　この病気を治す薬は、アメリカの有名な医者に（　　）作られた。
　　1　つけて　　　2　よって　　　3　かけて　　　4　わたって

2　甘いものは、（　　）好きではないので、1つで十分満足できるのです。
　　1　それほど　　2　ほんとう　　3　ほとんど　　4　なるほど

3　自分のプレーをして勝てる（　　）がんばりたいです。
　　1　ために　　　2　ように　　　3　ことに　　　4　みたいに

4　私はこの春に検査技師になり病院で働いているものです。もう半年になる（　　）、なかなかミスが減らないことに悩んでいます。
　　1　を　　　　　2　に　　　　　3　のを　　　　4　のに

5　さっきお昼を食べた（　　）もうお腹がすいたの？
　　1　あとなのに　　2　あとだから　　3　ばかりなのに　　4　ばかりだから

6　わたしは彼女に二度とそんなことを（　　）。
　　1　させたがるはずです　　　　　2　させないそうです
　　3　させないようにするつもりです　4　させてほしいのです

7　タイ語は勉強すれば（　　）ほど、おもしろくなります。
　　1　して　　　　2　する　　　　3　すれ　　　　4　した

8　距離が（　　）「Aリゾート」のすみに、子どもの遊び場がありますから、そこで遊ぶのもよいではないでしょうか。
　　1　近いほうがいいかどうか　　　2　近すぎないかどうか
　　3　近いほうがよければ　　　　　4　近すぎなければ

9 落ち着いて手紙が（　　　）喫茶店はないでしょうか。110
   1　書いたそうで　　2　書けたようで　　3　書きそうな　　4　書けるような

10 早く病気をなおして元気に働ける（　　　）になってくださいね。115
   1　べき　　　　　2　ため　　　　　3　よう　　　　　4　そう

11 彼はそのレースで優勝確実といわれていた（　　　）結局3位に終わった。094
   1　から　　　　　2　でも　　　　　3　ので　　　　　4　のに

12 わたしは金閣寺（　　　）はでなお寺より、三千院といったような地味なお寺の
   ほうが好きだ。110・116・N2 080
   1　というそうな　2　というような　3　といいそうな　4　といいような

13 本日は、台風（　　　）お客様、スタッフの安全を第一に考え臨時休業とさせて
   いただきます。092
   1　に対し　　　　2　により　　　　3　に比べて　　　4　において

14 これ（　　　）おいしいラーメンはないと思っています。103
   1　ほど　　　　　2　ほう　　　　　3　でも　　　　　4　しか

15 いくらお医者から「無理を（　　　）。」と言われたとしても、軽い散歩ぐらいはい
   いでしょう。112・002・020
   1　しませんでしたか　　　　　　　2　しないように
   3　していませんか　　　　　　　　4　しなかったのに

16 苦手な物が（　　　）ようになった経験を話してください。115
   1　食べる　　　　2　食べた　　　　3　食べられる　　4　食べられた

17 まごはついこの間新しいおもちゃを買った（　　　）なのに、もう別のがほしいと言
   っている。096
   1　ほど　　　　　2　ぐらい　　　　3　ばかり　　　　4　だけ

**18** 明日の6時、駅の前に集合ですから、（　　）にしてください。

1　遅れないで　　2　遅れない　　3　遅れなさそう　　4　遅れないよう

**19** アパートは駅に（　　）近いほどいいと思っている人は、騒音のことを考えていないと思います。

1　近いから　　2　近くて　　3　近くても　　4　近ければ

**20** ダイエット薬の中では、副作用がきついものもあるみたいだから、安易に（　　）。

1　飲まないほうがよさそうだ　　2　飲まなくてもよさそうだ
3　飲まないほうがなさそうだ　　4　飲まなくてもなさそうだ

---

**問題2** 次の文の ＿＿★＿＿ に入る最もよいものを、1・2・3・4から一つ選びなさい。

**21** 日本の映画を ＿＿＿＿ ＿＿＿＿ ＿＿★＿＿ ＿＿＿＿ いけない。

1　見て　　2　わかる　　3　ならなければ　　4　ように

**22** ＿＿＿＿ ＿＿＿＿ ＿＿★＿＿ ＿＿＿＿ 、新しい世界が開けたような気分になった。

1　発想の　　2　転換に　　3　よって　　4　ちょっとした

**23** ＿＿＿＿ ＿＿★＿＿ ＿＿＿＿ ＿＿＿＿ 歩けるのはなぜですか。

1　ばかりの　　2　赤ちゃんが　　3　生まれた　　4　馬の

**24** 社会が ＿＿＿＿ ＿＿★＿＿ ＿＿＿＿ 、たくさんの規則が必要だ。

1　なる　　2　複雑に　　3　ほど　　4　なれば

**25** この食品は忙しい人の ＿＿＿＿ ＿＿★＿＿ ＿＿＿＿ あります。

1　ために　　　　　　2　すぐに食べられる
3　して　　　　　　　4　ように

26 挑戦せずに ＿＿＿ ＿＿＿ ★ ＿＿＿ ほうがいい。
　1 失敗する　　2 後悔する　　3 挑戦して　　4 よりは

27 母の立場だからか ＿＿＿ ＿＿＿ ★ ＿＿＿ ありませんでしたが、父親の気持ちは理解できると思います。
　1 日ほど　　2 なった　　3 お母さんに　　4 感動は

28 早春のころになると○○山の表面に ＿＿＿ ＿＿＿ ★ ＿＿＿ この残雪は「雪ウサギ」と呼ばれている。
　1 残る雪が　　2 形に　　3 兎のような　　4 見えることから

29 おつきあいも順調だし、そろそろ結婚の ＿＿＿ ＿＿＿ ★ ＿＿＿ 一向にプロポーズされる気配はない。
　1 のに　　2 話が　　3 出てもおかしく　　4 ない

30 ＿＿＿ ＿＿＿ ★ ＿＿＿ 音は小さくして聞いてくださいね。
　1 苦情が出ない　　2 ステレオの　　3 ように　　4 近所から

**問題 3** 次の文章を読んで、文章全体の趣旨を踏まえて、 31 から 35 の中に入る最もよいものを、1・2・3・4から一つ選びなさい。

　披露宴の最後に、はなよめとはなむこが両親へテディベアのぬいぐるみをプレゼントすることが、最近人気です。このテディベアは、はなよめとはなむこが生まれたときの体重と同じ重さに 31 。その足の裏には、名前と誕生日と結婚式の日にち、そしてテディベアの重さなどが書いてあります。今までは披露宴の最後には、はなよめが両親に感謝の手紙を読んで、大きな花束を渡すことが一般的でした。その花束の代わりに、生まれたときは3,000グラムぐらいだった自分たちを 32 両親に感謝して、テディベアを贈るのです。

　このテディベアを贈る習慣は、アメリカから来たものです。テディベアには、こんな話があります。昔、アメリカのルーズベルト大統領が山へ動物を狩りに行ったとき、いまにも 33 小熊を助けてあげたことが新聞にのりました。この話を聞いたおもちゃ屋さんが、小さいクマのぬいぐるみにルーズベルト大統領のニックネームである「テディ」という 34 売りました。その後、アメリカではプレゼントとして、特に子どもが生まれたときのプレゼントとして贈られるようになりました。今では、大人にも子どもにもテディベアは 35 。

**31**
1 作りたいです　　2 作ってあります　　3 作るはずです　　4 作るはずでした

**32**
1 ここまで育ててくれた　　　　2 これより育ててもらった
3 ここまで育ててあげた　　　　4 これより育ててやった

**33**
1 死にたい　　2 死にそうな　　3 死にたくない　　4 死ぬような

**34**
1 条件をつけて　　2 習慣をつけて　　3 名前をつけて　　4 値段をつけて

**35**
1 あまり買いたくありません　　　2 とても価値があります
3 あまり贈りたくありません　　　4 とても人気があります

## 문제해결 키워드

**~ようになる** N3 115　~하게 되다
贈られるようになりました
(선물로) 보내지게 되었습니다 (13行)

**~てあります**　~해져 있습니다
同じ重さに作ってあります
같은 무게로 만들어져 있습니다 (03行)
テディベアの重さなどが書いてあります
테디베어의 무게 등이 쓰여 있습니다 (04行)

**~代わりに**　~대신에
その花束の代わりに　그 꽃다발 대신에 (05行)

**~てくれる**　~해 주다
ここまで育ててくれた両親に
지금까지 키워주신 부모님께 (06行)

**~そうだ** N3 035　~한 듯하다 〈양태〉
いまにも死にそうな　금방이라도 죽을 것 같은 (10行)

**~てあげる**　~해 주다
小熊を助けてあげた　새끼곰을 구해 주었다 (10行)

**~として** N3 070　~로서
子どもが生まれたときのプレゼントとして
자식이 태어났을 때의 선물로서 (13行)

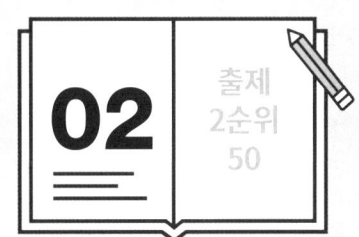

# N3 문법 50

2010년부터 지금까지 출제된 일본어 능력시험 N3 기출문법을 철저히 분석하여 출제 2순위 문법 50개를 선정하였다. 1회 이상 실제 시험에 출제되고 있는 만큼 중요한 문법 기능어일 것이다. 기능어 우측의 숫자는 부록「JLPT N3 문법 출제표」의 번호를 나타낸다.

# 01

## 〜あいだ(に) 001  ~동안(에), ~사이(에)

**접속** 동사의 진행형(ている형)·부정형(ない형), 명사+の

「〜あいだ」는 '~동안, ~사이'라는 뜻으로 그 기간 동안 계속하는 동작을 나타낸다. 그리고 「〜あいだに」는 '~동안에, ~사이에'라는 뜻으로 그 기간 내에 완료되는 동작을 나타낸다. 「間・間に」라는 식으로 한자로 표기하는 경우도 많다.

☑ 山田先生の講演のあいだ  야마다 선생님의 강연 동안   2010-1회

**문법형식**

- 日本にりゅうがくしているあいだにふじさんにのぼりたい。 06
  일본에 유학하는 동안에 후지산에 오르고 싶다.

- わたしが入院しているあいだ、母が子どものめんどうを見てくれた。
  내가 입원하고 있는 동안, 어머니가 아이를 돌봐 주었다.

- 当日、90分間の講演の間、小さなお子様の同伴はむずかしくなります。
  당일 90분간의 강연 동안, 어린 자녀분의 동반은 어렵습니다.

- わたしが生きているあいだはこの土地は売らない。
  내가 살아 있는 동안에는 이 땅은 팔지 않겠다.

**문맥배열**

- 試験の あいだは 静か にして いてください。 96
  시험 보는 동안에는 조용히 해 주세요.

- 買い物をして いる あいだ 赤ちゃんの 世話を しててね。
  장 보는 동안 아기를 돌보고 있으렴.

**문장흐름**

- 知らないあいだに預金が引き出されているのに気づいた。なので、すぐに銀行に電話をかけて事情を説明した。警察にも届けるつもりだ。
  모르는 사이에 예금이 인출되어 있는 것을 깨달았다. 그래서 바로 은행에 전화를 걸어 사정을 설명했다. 경찰에도 신고할 작정이다.

# 02 ～おかげで / ～おかげだ 010 ~덕분에 / ~덕분이다

**접속** 동사의 과거형(た형), 명사+の

「～おかげで / ～おかげだ」는 '~덕분에 / ~덕분이다'라는 뜻으로, '~의 도움이 있었기에 좋은 결과가 되었다'라는 감사의 뉘앙스를 나타낸다. 이에 반해 부정적인 결과는 「～せいで/～せいだ033(~탓으로/~탓이다)」로 나타낸다. 「동사의 과거형(た형)」과 「명사+の」에 접속하며, 응용 표현으로는 「～は～おかげだ(~(한 것)은 ~덕분이다)」가 있다.

✓ 毎朝しているジョギングのおかげだ 매일 아침 하고 있는 조깅 덕분이다 **2011-2회**

**유형1 문법형식**

- 皆様のおかげで無事に閉会式を迎えることができました。 **09**
  여러분들 덕분에 무사히 폐회식을 맞이할 수가 있었습니다.

- 私たちが優勝できたのは、応援してくれたみんなのおかげです。 **07**
  우리들이 우승할 수 있었던 것은 응원해 준 여러분 덕분입니다.

- きみが頑張ってくれたおかげで、わがチームは勝利を得ることができた。
  네가 분발해 준 덕분에, 우리 팀은 승리를 얻을 수 있었어.

- あの先生のおかげで日本語が上手になり、とてもうれしいです。
  그 선생님 덕분에 일본어가 능숙해져서 무척 기쁩니다.

**유형2 문맥배열**

- 家の 近くに 新しい駅が できた おかげで 便利になってうれしい。
  집 근처에 새로운 역이 생긴 덕분에 편리해져서 기쁘다. **02**

- 毎日一生けんめいに 練習した おかげで テニスの 腕が 上がった。
  매일 열심히 연습한 덕분에, 테니스 실력이 늘었다.

- ぼくたちが全国大会に 出られるのは OBや先生、友達の 熱意ある 応援のおかげ です。
  우리들이 전국대회에 나갈 수 있는 것은 졸업한 선배나 선생님, 친구의 열정적인 응원 덕분입니다.

**유형3 문장흐름**

- 親切な看護師さんの看病のおかげで、病気がすっかり治った。退院したらプレゼントを持ってあいさつに来ようと思う。
  친절한 간호사의 간병 덕분에 병이 완전히 나았다. 퇴원하면 선물을 들고 인사하러 오려고 생각한다.

## 03

# 〜がする[011] (소리·냄새·맛 등)이 나다, (느낌·기분 등)이 들다

**접속** 명사

「〜がする」는 '(소리·냄새·맛 등)이 나다, (느낌·기분 등)이 들다'라는 뜻으로, 「〜」 부분에는 「音(소리)・におい(냄새)・香り(향기)・味(맛)・声(목소리)・感じ(느낌)・気(느낌)」 등이 온다. 「する」를 타동사라고 생각해서 조사 「を」를 취할 것 같지만 그렇지 않음에 주의해야 한다. 또한 「する」가 본래의 뜻 '하다' 이외에 무언가가 감각적으로 느껴질 때에도 쓰인다는 것을 기억해 두자.

- ☑ いつもみそ汁のにおい**が**してくる 언제나 된장국 냄새가 난다　**2017-1회**
- ☑ 環境問題が少し身近になったような気**が**します 환경문제가 조금 가까워진 듯한 느낌이 듭니다　**2015-2회**
- ☑ 音**が**してうるさいと思うこともあったが 소리가 나서 시끄럽다고 생각할 때도 있었지만　**2014-2회**

**문법형식**

- 台所からいいにおい**が**してきました。
  부엌에서 좋은 냄새가 나기 시작했습니다.

- このおかしはたまごの味**がします**。
  이 과자는 계란맛이 납니다.

- この肉料理にはふしぎな香り**がする**スパイスを使っております。
  이 고기요리는 신기한 향이 나는 향신료를 쓰고 있습니다.

**문맥배열**

- このへんは夜おそくまで 自動車の 音が ★して うるさくて 寝られません。
  이 주변은 밤늦게까지 자동차 소리가 나서 시끄러워서 잘 수가 없습니다.

- 手書きの文字を見ていると、まるで友達が 近くにいる ような ★気がして うれしかった。
  손으로 쓴 글씨를 보고 있자니, 마치 친구가 가까이에 있는 듯한 느낌이 들어서 기뻤다.

**문장흐름**

- なんで押野が突然ぼくに声をかけてくれたのか、ぼくにはさっぱりわからなかった。5年生のクラス替えではじめていっしょになったばかりだったし、自己紹介からして、ぼくとはまったく**正反対のタイプのような気がしていた**。
  왜 오시노가 갑자기 나에게 말을 걸어 주었는지, 나는 전혀 이해되지 않았다. 5학년에 반이 바뀌면서 처음으로 같은 반이 된 지 얼마 안 되기도 했고, 자기소개부터가 나와는 전혀 정반대의 타입 같은 느낌이 들었었다.

## 04 ～かというと・～かといえば <sup>013</sup> ~하는가 하면, ~하냐 하면

**접속** 동사의 기본형(る형)·과거형(た형), い형용사의 종지형, 명사 등

「～かというと・～かといえば」는 '~하는가 하면, ~하냐 하면'이라는 뜻으로, '~의 원인·이유·사정을 말하면'이라는 의미이다. 의문문을 받는 형태로, 제시된 의문에 대답할 때 서두로 쓴다. 관용적으로 쓰이는 「何かというと・何かといえば(툭하면, 입만 벙긋하면, 기회만 있으면, 늘)」「どちらかというと・どちらかといえば(어느 쪽인가 하면)」도 잘 익혀 두자.

- ✓ 冷たい空気は部屋の下の方に行くのはどうして**かというと**
  차가운 공기는 방 아래쪽으로 가는 것은 왜인가 하면  **2015-2회**

**유형1 문법형식**

- 文章がうまければ誰でも作家になれる**かというと**、そんなことはない。
  문장에 능하면 누구라도 작가가 될 수 있는가 하면, 그렇지는 않다.  09

- 部長と課長は**何かというと**意見が対立する。 97
  부장님과 과장님은 툭하면 의견이 대립한다.

- 私は**どちらかといえば**、みなでさわぐより1人でいるほうが好きです。
  나는 어느 쪽인가 하면, 여럿이서 떠들기 보다 혼자 있는 것을 더 좋아합니다.

- 山田さんは毎週5冊は本を借りていく。しかし全部読んでいる**かといえば**そうでもないらしい。
  야마다 씨는 매주 다섯 권은 책을 빌려 간다. 그러나 전부 읽고 있는가 하면 그렇지도 않은 것 같다.

**유형2 문맥배열**

- きのう財布を忘れて出かけたが、<u>困った</u> <u>かといえば</u>* <u>それほど</u> <u>でも</u> なかった。 02
  어제 지갑을 깜빡하고 나갔는데, 곤란했냐 하면 그 정도는 아니었다.

- 彼女は結婚したくないと言う。では子供も <u>いらない</u> <u>のか</u> <u>というと</u>* <u>子供はほしい</u> と言う。
  그녀는 결혼하고 싶지 않다고 말한다. 그럼 아이도 필요없는가 하면 아이는 갖고 싶다고 말한다.

**유형3 문장흐름**

- 実は**なぜ日本に来たかというと**、外国に住む経験がしたかったからです。でも、日本について習えば習うほど、日本の文化に興味をもつようになりました。
  사실 왜 일본에 왔는가 하면, 외국에서 사는 경험을 하고 싶었기 때문입니다. 하지만 일본에 관해서 배우면 배울수록 일본 문화에 흥미를 갖게 되었습니다.

## 05 ～がる / ～がっている 017 ~워하다 / ~워하고 있다

**접속** い・な형용사의 어간, 「～たい」의 어간 등

「～がる」는 '~워하다', 「～がっている」는 '~워하고 있다'라는 뜻이다. 「～がる」는 제3자의 습성이나 경향을 서술할 때 사용하고, 「～がっている」는 제3자의 현재 감정을 말할 때 사용한다. 따라서 「いつも～がる(항상 ~워하다)」 「いま～がっている(지금 ~워하고 있다)」라고 알아 두면 이해하기 쉽다. 그리고 대상을 나타내는 조사는 「を」를 써야 한다는 점에도 주의하자. 예를 들어 同じものを欲しがる(같은 것을 갖고 싶어 하다), 水を欲しがっている(물을 마시고 싶어 하고 있다)와 같이 쓴다.

- ☑ 赤ちゃんは、つかんだものは何でも口に入れたがるので
  아기는 잡은 것은 뭐든지 입에 넣고 싶어 하기 때문에  **2017-1회**
- ☑ 「水泳教室に行きたくない」と嫌がっていた '수영교실에 가고 싶지 않다'고 싫어하고 있었다  **2013-1회**
- ☑ あそこで泣いて、お菓子を欲しがっている子だよ 저기서 울며 과자를 갖고 싶어 하는 아이야  **2011-1회**

**문법형식**

- みんなが彼女と友だちになりたがる。
  모두가 그녀와 친구가 되고 싶어 한다.

- 彼女は来られないことを残念がっていた。
  그녀는 올 수 없는 것을 유감스러워하고 있었다.

- 息子は親しい友だちがひっこしてしまってさびしがっている。
  아들은 친한 친구가 이사가 버려서 쓸쓸해하고 있다.

**문맥배열**

- 「幽霊なんかこわいものか」と 彼は 強がって みせた。
  '유령 따위 무서울까 보냐'하고 그는 센 척 했다.

- 人々は、なぜ彼はそんなことを 言われても 腹を立てないの だろう と 不思議がった。
  사람들은 왜 그는 그런 말을 들어도 화를 내지 않을까 이상해했다.

**문장흐름**

- 実際に行ってみると、行く前に「面倒くさい」と嫌がっていた人たちも「行ってよかった」「来年もやろうよ」と言ってくれたのがうれしかったですね。
  실제로 가보니, 가기 전에 '귀찮다'며 싫어했던 사람들도 '가길 잘했다' '내년에도 하자'하고 말해 준 것이 기뻤어요.

## 06 〜くて<sup>019</sup> ①~하고〈단순 연결〉 ②~해서〈원인·이유〉

**접속** い형용사의 て형, 〜くなくて형, 동사의 なくて형, 명사+ではなくて

「〜くて」는 '①~하고〈단순 연결〉'과 '②~해서〈원인·이유〉'의 2가지 용법이 있다. 원인·이유를 나타내는 용법은 회화체에서 문말에 쓰이기도 한다. 긍정에 붙는 「〜くて」는 い형용사에만 사용되지만, 부정에 붙는 「〜くて」는 い형용사의 경우 「〜くなくて」, 동사의 경우 「〜なくて」, 명사의 경우 「〜ではなくて」의 형태가 된다.

☑ どうしてもタイトルが思い出せなくて。 도무지 제목이 떠오르지 않아서 말야. 〈원인·이유〉 **2012-1회**

**유형1 문법형식**

- 料理がおいしくなくて半分残した。
  음식이 맛이 없어서 절반 남겼다. 〈원인·이유〉

- この前は一緒に行けなくて残念でした。
  요전에는 함께 가지 못해서 유감이었습니다. 〈원인·이유〉

- 田中さんは医者ではなくて小説家です。
  다나카 씨는 의사가 아니라 소설가입니다. 〈단순 연결〉

**유형2 문맥배열**

- この店の人たちはいつも 明るく て 親切 です。
  이 가게의 사람들은 항상 밝고 친절합니다. 〈단순 연결〉

- 料理の調味料や飲み物など、今まで 開けられなくて 困った ものを 教えて ください。
  요리의 조미료나 음료수 등, 지금까지 열 수 없어서 곤란했던 것을 가르쳐 주세요. 〈원인·이유〉

**유형3 문장흐름**

- これは勉強のやり方がわからなくて困っている人のために書いた文章です。勉強にはいろいろなやり方があるけれど、いろんなことをいっぺんに書いてしまうと読むのがたいへんなので、簡単なものだけを選んで書きました。
  이것은 공부법을 몰라서 곤란해하는 사람을 위해서 쓴 글입니다. 공부에는 다양한 방법이 있지만, 여러 방법을 한번에 써버리면 읽는 것이 힘들기 때문에, 간단한 방법만을 골라서 썼습니다. 〈원인·이유〉

## 07 ～くらい(ぐらい) 020  ~정도, ~가량

**접속** 명사

「～くらい」는 우리말의 '~정도, ~가량'이란 뜻으로 수량과 시간의 어림을 나타내며, 주로 회화체에서 사용한다. 「～ぐらい」는 「～くらい」와 같은 뜻으로 사용되는 대체형이다. 이와 비슷한 표현 중 「～ほど」는 주로 문장체에서 사용되고, 「～ばかり」는 현대어에서 사용할 수 있지만, 무척 옛스럽고 딱딱한 이미지를 준다. 또한 최근 젊은 사람 중에는 대체적인 시각을 나타낼 때 「～ごろ(~경)」 대신 「～ぐらい」를 사용하는 사람도 있다.

- ✓ 財布に500円ぐらいしか残っていない 지갑에 500엔 정도밖에 안 남았다  **2015-2회**
- ✓ この暑さは、今週末ぐらいまで続くそうだ 이 더위는 이번 주말 정도까지 이어진다고 한다  **2014-1회**

- お金は800円ぐらいあります。
  돈은 800엔 정도 있습니다.

- 午前3時ぐらいに地震があったよ。
  오전 3시 정도에 지진이 났었어.

- 今日のパーティーにはだいたい100人ぐらいの人が集まった。
  오늘 파티에는 대략 100명 정도의 사람이 모였다.

- 先生は海外で論文を 20本 ぐらい 発表なさって いるそうですね。
  선생님은 해외에서 논문을 20개 정도 발표하셨다고 하네요.

- その子どもはまだ小学生なのに 身長が 170センチ ぐらい も ある。
  그 아이는 아직 초등학생인데도 키가 170센티미터 정도나 된다.

- 予定が空いていれば直前でもかまいませんが、団体様の予約が集中しやすい土日祝日は早めに日程を確保していただくことをおすすめします。平均的には皆さん約2か月前ぐらいにご予約されるケースが多いと思います。
  스케줄이 비어 있으면 직전이라도 상관없지만, 단체손님의 예약이 집중되기 쉬운 토·일요일과 공휴일은 일찌감치 일정을 확보하시기를 권합니다. 평균적으로는 손님들이 약 두 달 전 정도에 예약하시는 경우가 많다고 생각합니다.

## 08 〜(た)ことがある / ない023 ~한 적이 있다 / 없다

**접속** 동사의 과거형(た형)

동사의 과거형(た형)에「〜ことがある」가 접속되면 '~한 적이 있다',「〜ことがない」가 접속되면 '~한 적이 없다'와 같이 과거 경험의 유무를 나타내게 된다. 예를 들어 引っ越したことがある(이사한 적이 있다), 飛行機に乗ったことがない(비행기를 타 본 적이 없다)와 같이 쓴다. 정중한 표현인「〜(た)ことがございます」도 익혀 두자. 한편 동사의 기본형(る형) 뒤에「〜ことがある022」가 붙으면 '~할 때가 있다'로 일반적인 경우·경향을 나타내게 되는데, 예를 들어 ネットで調べることがある(인터넷으로 조사할 때가 있다)와 같이 쓴다.

✓ こんなにきれいな夕日は見たことがありません 이렇게 예쁜 석양은 본 적이 없습니다 2017-1회
✓ 県の代表選手に選ばれたこともある 현 대표선수로 뽑힌 적도 있다 2015-1회
✓ お名前は聞いたことがありますが、会ったことはありません
  이름은 들은 적이 있습니다만, 만난 적은 없습니다 2012-1회

**유형1 문법형식**

- 山田さんには今までに2度お会いしたことがあります。
  야마다 씨는 지금까지 두 번 만나뵌 적이 있습니다.

- わたしはまだ富士山にのぼったことがありません。
  나는 아직 후지산에 오른 적이 없습니다.

- こちらさまとは、以前お目にかかったことがございますね。
  이분과는 이전에 뵌 적이 있군요.

**유형2 문맥배열**

- 「お母さんの苦労を 考えた ことが ある か。」と兄にしかられた。
  '어머니의 고생을 생각한 적이 있어?'하고 형에게 혼났다.

- 今より67年前、私はある地方で英語と数学の教師 を していた こと が ございます。
  지금부터 67년전, 나는 어느 지방에서 영어와 수학교사를 했던 적이 있습니다.

**유형3 문장흐름**

- 言葉は日常私たちが使っているもので、空気みたいなものですからあまり意識したことがないかもしれません。でも、私たちが考えるよりも、これはけっこうすごいものかもしれません。
  말은 늘상 우리들이 쓰고 있는 것으로, 공기 같은 것이라 그다지 의식한 적이 없을지도 모릅니다. 하지만 우리들이 생각하는 것보다도, 이것은 꽤 굉장한 것일지도 모릅니다.

# 09

## 〜し 029 ~하고, ~하고 하니까

**접속** 동사의 기본형(る형)・진행형(ている형)・과거형(た형)・부정형(ない형), い・な형용사의 기본형, 명사+だ(です), ます, そうだ(です), ようだ(です), だろう 등

「〜し」는 '~하고, ~하고 하니까'라는 뜻으로, 주로 동사의 기본형이나 い・な형용사의 기본형에 접속하여 이유를 여러 개 열거할 때 사용한다. 예를 들어 雨が降っているし、お金もない(비가 내리고 있고 돈도 없다), このアパートは便利だし、新しい(이 아파트는 편리하고 새것이다)와 같이 쓴다. 「〜し」를 한 번만 사용하는 경우에도 다른 이유가 더 있다는 느낌을 준다. 정중하게 말할 때에는 정중형(です・ます체)에 접속하기도 한다.

☑ あしたは朝から忙しくなりそうですし 내일은 아침부터 바빠질 것 같고 하니까 **2012-2회**

**문법형식**

- 田中さんは勉強もできるし、スポーツも万能だ。
  다나카 씨는 공부도 잘하고 스포츠도 만능이다.

- 熱も下がったし、もう起きても大丈夫です。
  열도 내렸고 하니까 이제 일어나도 괜찮습니다.

- 小さな庭ですが、春になると花も咲きますし鳥も来ます。
  작은 정원이지만 봄이 되면 꽃도 피고 새도 옵니다.

- 彼女に明日も会うだろうし、あさっても会うかもしれません。
  그녀를 내일도 만날 것이고, 모레도 만날지도 모릅니다.

**문맥배열**

- 手順が のみこめたら 時間もない ことだ <u>*</u> し 早急に仕事に取りかかりなさい。
  순서를 이해했으면 시간도 없고 하니까 즉시 업무에 착수하세요.

- お手当も いいし <u>*</u> 社長もいい 方なので アルバイトの学生はみな長く働きます。
  수당도 좋고 사장님도 좋은 분이어서 아르바이트생은 모두 오래 일합니다.

**문장흐름**

- 自分が忘れられてしまうほど印象の薄い人間だとは思いたくないものだし、異性間ならば、それは魅力の問題にも係わってくる。
  자신이 잊혀져버릴 만큼 인상이 희미한 사람이라고는 생각하고 싶지 않은 법이고, 이성간이라면 그건 매력의 문제에도 관계된다.

## 10 ～ず(に) 032  ~하지 않고

**접속** 동사의 부정형(ない형)

「～ず(に)」는 '～하지 않고'라는 뜻으로, 회화체에서 많이 쓴다. 「～ず」는 문장을 중지하는 역할을 하며, 「～ずに」의 형태로 많이 쓴다. 「～ないで 073」와 같은 표현이다. 즉 「見ずに＝見ないで(보지 않고)」, 「食べずに＝食べないで(먹지 않고)」가 된다. 동사의 부정형(ない형)에 접속하는데, 단 「する」는 「せずに(하지 않고)」가 된다.

✓ 日曜日はどこにも出かけずに家で過ごす 일요일은 아무데도 나가지 않고 집에서 지낸다 **2016-2회**

**유형1 문법형식**

- 昨日は忙しくて、夜10時まで何も食べずに働いた。
  어제는 바빠서 밤 10시까지 아무것도 먹지 않고 일했다.

- 子どもは今日かばんを持たずに家を出ました。
  아이는 오늘 가방을 들지 않고 집을 나갔습니다.

- 妹は今朝ご飯を食べずに学校へ行きました。
  여동생은 오늘 아침 밥을 먹지 않고 학교에 갔습니다.

**유형2 문맥배열**

- 辞書を 使わずに ★日本語の 新聞を 読む ことができますか。
  사전을 사용하지 않고 일본어 신문을 읽을 수 있습니까?

- 両親を事故で亡くしたあと、彼は だれの 援助も 受けずに★ 大学を 出た。
  부모님을 사고로 잃은 후, 그는 누구의 원조도 받지 않고 대학을 나왔다.

- 洗わずに★ 燃えるごみとして 捨てたくなるが、時間や手間がかかっても、洗って資源として活用していくことが大切だ。
  씻지 않고 타는 쓰레기로 버리고 싶어지지만, 시간이나 수고가 들어도 씻어서 자원으로 활용해 나가는 것이 중요하다.

**유형3 문장흐름**

- 活動を始めてから3週間経ちました。最初のうちはなかなか集まらず、みんなに協力してもらうことの難しさを感じました。けれども時がたつにつれて、回収箱に入っているキャップの数も増えてきており、うれしく思っています。
  활동을 시작한지 3주일이 지났습니다. 처음에는 좀처럼 모이지 않고, 모두가 협력해 주는 일의 어려움을 느꼈습니다. 하지만 시간이 지남에 따라 회수함에 들어 있는 뚜껑의 수도 늘어나고 있어 기쁘게 생각하고 있습니다.

# 콕콕실전문제 05

問題1 次の文の（　）に入れるのに最もよいものを、1・2・3・4から一つ選びなさい。

1　山田さんは会議の（　　　）ずっといねむりをしていました。
　1　あいだに　　2　あいだ　　3　うちに　　4　うち

2　外国に留学した（　　　）彼の視野は大いに広がった。
　1　うえで　　2　おかげで　　3　ためで　　4　くせに

3　パン屋に夕方行ったので5種類（　　　）残っていなかった。
　1　では　　2　ぐらいは　　3　でしか　　4　ぐらいしか

4　父親は成功した商人であり、町長に（　　　）市議会員で、母親は豊かな家のおじょうさまでした。
　1　選んでいるところの　　2　選んでいるはずの
　3　選ばれたこともある　　4　選ぶためでもある

5　今覚えた文章を、テキストを（　　　）すらすらと言えるか言ってみてください。
　1　見なく　　2　見なくて　　3　見ずに　　4　見ずで

6　8キロメートルをコンスタントに走れるようになった。なんだか体が軽くなったような（　　　）。
　1　気をします　　　　　　　2　気をしたようです
　3　気がします　　　　　　　4　気がしたようです

7　農薬を使ってない（　　　）、そんなことはありません。
　1　ことなく　　2　からといって　　3　はずだが　　4　かというと

8　始めのうちは、「自分だけお迎えが遅い」と（　　　）が、仲良しのお友だちができると、長く遊べることを喜ぶようになった。
　1　嫌そうだ　　2　嫌がっていた　　3　嫌なのだ　　4　嫌がったままだ

⑨ A「昔見た洋画でどうしても主人公の名前が（　　）。」
　 B「どんな映画？」019

　 1 思い出せそうで　2 思い出せなくて　3 思い出してきて　4 思い出せないで

⑩ 駅前のレストランは味も悪い（　　）、値段も高いですね。029

　 1 に　　　　2 で　　　　3 と　　　　4 し

問題2 次の文の ＿＿★＿＿ に入る最もよいものを、1・2・3・4から一つ選びなさい。

⑪ 最近 ＿＿＿＿ ＿＿＿＿ ＿★＿ ＿＿＿＿ はずなんですが、考えても考えてもまったく思い出せません。023

　 1 ある　　　2 ことは　　　3 どこかで　　　4 会った

⑫ その動物は小さくてやわらかく、＿＿＿＿ ＿＿＿＿ ＿★＿ ＿＿＿＿ した。011・110

　 1 ような　　　2 感じが　　　3 ぬいぐるみの　　　4 まるで

⑬ お金は ＿＿＿＿ ＿＿＿＿ ＿★＿ ＿＿＿＿ 大丈夫なのでしょうか。020

　 1 ぐらい　　　2 いくら　　　3 借りても　　　4 まで

⑭ わたしは幼稚園の先生になりたいです。＿＿＿＿ ＿＿＿＿ ＿★＿ ＿＿＿＿ です。013

　 1 どうしてか　　　2 というと　　　3 好きだから　　　4 小さい子どもが

⑮ 下の妹が上の子の ＿＿＿＿ ＿＿＿＿ ＿★＿ ＿＿＿＿ とき、上のお姉ちゃんが、「いいよ。わたしのあげるよ。」と言った。017・050

　 1 いる　　　2 お菓子を　　　3 泣いて　　　4 欲しがって

⑯ いまのアパートは家賃があまり ＿＿＿＿ ＿＿＿＿ ＿★＿ ＿＿＿＿ です。019

　 1 なく　　　2 いい　　　3 高く　　　4 て

17 明日の朝から ＿＿＿ ＿★＿ ＿＿＿ ＿＿＿ おこう。 029・035・006・051
　1　そうだし　　　2　今日のうちに　　3　やって　　　　4　忙しくなり

18 遠くへ ＿＿＿ ＿＿＿ ＿★＿ ＿＿＿ 私の好きな時間の過ごし方だ。 032
　1　出かけずに　　2　のが　　　　　　3　時間を過ごす　4　カフェでゆっくり

19 彼女が ＿＿＿ ＿★＿ ＿＿＿ ＿＿＿ いっしょに旅行したかったのだが、残念ながらできなかった。 001・050・N2 102
　1　日本に　　　　2　あいだに　　　　3　留学して　　　4　いる

20 毎日の ＿＿＿ ＿＿＿ ＿★＿ ＿＿＿ 上手になった。 010
　1　おかげで　　　2　テニスが　　　　3　練習の　　　　4　はげしい

**問題 3** 次の文章を読んで、文章全体の趣旨を踏まえて、 21 から 25 の中に入る最もよいものを、1・2・3・4から一つ選びなさい。

　本を読むことは、いろいろな人の考えや知識や体験を知ることができるすてきなことです。 21 、書くことは、自分の考えていることや体験したことを他の人や将来の人に伝えることができるすばらしいことです。人間がもっているこの二つのすばらしいことをじょうずに使わないのは、 22 。

　私は小さいとき、文を読んだり書いたりするのがとても苦手でした。そんな私に母は、毎日あったいろいろなことや私の好きなものについて、インタビューをしました。 23 毎日日記を書かせました。だんだん母の質問の数が減りました。そして最後は「きょうは先生について書きましょう。」というふうに母がテーマだけを話して、 24 日記を書くようになりました。いつからかよくわからないのですが、私は文を書くのが 25 。私は母にほんとうに感謝しています。母のあのインタビューのおかげで、私はいま作家になることができたのです。

**21**
1 ただし　　　2 また　　　3 たとえば　　　4 つまり

**22**
1 うらやましいことです　　　2 はずかしいものです
3 もったいないことです　　　4 つまらないものです

**23**
1 しかし　　　2 ですから　　　3 そして　　　4 したがって

**24**
1 それについて　　　　　　2 それにとって
3 それにしたがって　　　　4 それによって

**25**
1 大好きになるはずです　　　2 大好きになるはずでした
3 大好きになりたいです　　　4 大好きになりました

## 문제해결 키워드

- **～おかげで** N3 010　～덕분에
  母のあのインタビューのおかげで
  어머니의 그 인터뷰 덕분에 (10行)

- **～ことができる** N3 024　～할 수(가) 있다
  体験を知ることができる 경험을 알 수 있다 (01行)
  将来の人に伝えることができる
  미래의 사람에게 전할 수 있다 (03行)
  作家になることができた 작가가 될 수 있었다 (11行)

- **～について** N3 088　～에 대해서
  私の好きなものについて
  내가 좋아하는 것에 대해서 (06行)

- 先生について 선생님에 대해서 (08行)
  それについて 그것에 대해서 (09行)

- **～ふう** ～식
  「きょうは先生について書きましょう。」というふうに
  '오늘은 선생님에 대해 써 보자.' 라는 식으로 (08行)

- **～ようになる** N3 115　～하게(끔) 되다
  日記を書くようになりました
  일기를 쓰게 되었습니다 (09行)

## 11 〜せいか / 〜せいで　~탓인지 / ~탓으로, ~때문에

**접속** 동사의 기본형(る형)·과거형(た형), い형용사의 기본형, 명사+の

「〜せいか」는 '~탓인지', 「〜せいで」는 '~탓으로, ~때문에'라는 뜻이다. 형식명사 「せい」에는 일의 결과에 대한 책임을 남에게 떠넘기는 책임 전가의 의미가 있는데, 「〜せいで」라고 하면 그 의미가 더욱 명확해진다. 이에 비해 「〜せいか」는 '단정은 할 수 없지만 아마 그것 때문일 것이다'라는 추측의 뉘앙스가 강하다. 따라서 바람직하지 않은 결과에 대한 책임을 어느 정도 얼버무려 애매하게 표현할 수 있다. 그밖에 「〜せいだ(~탓이다)」의 형태도 익혀 두자.

✓ 目覚まし時計が鳴らなかったせいで  자명종 시계가 울리지 않았던 탓에  **2015-2회**

**유형1 문법형식**

- 原料が安いせいか、この製品は値段が安い。 03
  원료가 싼 탓인지, 이 제품은 가격이 싸다.

- 熱があるせいで何を食べてもおいしくない。 98
  열이 있는 탓에 무엇을 먹어도 맛이 없다.

- 台風のせいか、このごろ野菜が高くなった。
  태풍 탓인지 요즘 채소값이 비싸졌다.

- 目が悪くなったのは、テレビを見すぎたせいだ。
  눈이 나빠진 것은 TV를 지나치게 본 탓이다.

**유형2 문맥배열**

- 今年は 気温が高い ★せいか 冬に なっても なかなか 雪が降らない。 06
  올해는 기온이 높은 탓인지, 겨울이 되어도 좀처럼 눈이 내리지 않는다.

- 年を ★とった せいか 朝早く 目が覚めてしまいます。 92
  나이를 먹은 탓인지, 아침 일찍 잠이 깨고 맙니다.

- 大雪で 電車が遅れた ★せいで、遅刻して しまった。
  폭설로 전철이 늦은 탓에 지각하고 말았다.

**유형3 문장흐름**

- 苦労をしているせいか、母は年より老けて見えた。だから、友達に「おばあちゃん?」と言われることもあって、恥ずかしかった。
  고생을 하는 탓인지, 어머니는 나이보다 늙어 보였다. 그래서 친구에게 '할머니야?'라는 말을 들을 때도 있어서 부끄러웠다.

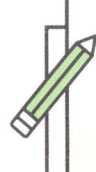

# 12

## ～(さ)せてください <sup>034</sup> ~하게 해 주세요, ~시켜 주세요

**접속** 동사의 사역형

「～(さ)せてください」는 '~하게 해 주세요, ~시켜 주세요'라는 뜻으로, 사역형과 의뢰 표현이 연결된 형태이다. 상대방에게 자신의 행동을 허락해 달라고 부탁하는 표현으로, 주로 상대방이 허락할 것이라는 확신이 있을 때 사용한다. 예를 들어 授業を休ませてください(수업을 쉬게 해 주세요), もう少し考えさせてください(좀 더 생각하게 해 주세요)와 같이 쓴다.

- 今日の予約をキャンセルさせてください 오늘 예약을 취소시켜 주세요 **2015-1회**
- はい、二つ、質問させてください 네, 두 가지, 질문하게 해 주세요 **2011-2회**

**문법형식**

- 娘がけがをしたので早退させてください。
  딸이 다쳤기 때문에 조퇴하게 해 주세요.

- 水ぼうそうの場合は、湿疹がすべてなくなるまで学校を休ませてください。
  수두일 경우에는 습진이 모두 없어질 때까지 학교를 쉬게 해 주세요.

- 突然ですが、お願いです。あなたの会社の「業務」についてインタビューさせてください。
  갑작스럽지만, 부탁입니다. 당신 회사의 '업무'에 관해서 인터뷰하게 해 주세요.

**문맥배열**

- 妻の体調が悪い ため、今日は 早めに 帰らせて ください。
  아내가 몸이 아파서, 오늘은 조금 일찍 돌아가게 해 주세요.

- 買うか 買わないか 少し考え させて ください。
  살지 말지 좀 생각하게 해 주세요.

**문장흐름**

- のどの痛みだけなら、学校を休ませる必要はありません。ただし高熱を伴う場合は学校を休ませてください。
  목의 통증만이라면 학교를 쉬게 할 필요는 없습니다. 단 고열을 동반하는 경우에는 학교를 쉬게 해 주세요.

## 13 〜だけでなく・〜ばかりでなく [038] ~뿐만 아니라

**접속** 동사의 보통형(る형·た형·ない형), 명사, い형용사의 기본형, それ 등

「〜だけでなく・〜ばかりでなく」는 '~뿐만 아니라'라는 뜻으로, '~외에 게다가 정도가 더 심한 어떤 것까지 추가된다'는 뉘앙스이다. 「〜だけでなく」의 뒤 문장에는 「も・まで・さえ」 등의 조사가 함께 자주 쓰인다. 회화체에서는 「〜だけじゃなく」가 되는 경우가 많고, 「〜だけではなく」의 형태가 되는 경우도 있다. 이밖에 같은 뜻으로 N2 문법에서 다룰 「〜に限らず・〜のみならず[N2 110]」, 「〜ばかりか・〜ばかりでなく[N2 131]」도 함께 알아 두자.

- ✓ 楽しいことばかりでなく、大変なことも多かった 즐거운 일뿐만 아니라 힘든 일도 많았다 **2017-1회**
- ✓ 桜だけでなく秋の景色もすばらしいです 벚꽃뿐만 아니라 가을 경치도 멋집니다 **2012-2회**

**문법형식**

- 山田さんは作詞だけでなく作曲もします。
  야마다 씨는 작사뿐만 아니라 작곡도 합니다.
- 答えだけではなく式も書かないと点数がもらえません。
  답뿐만 아니라 식도 쓰지 않으면 점수를 받을 수 없습니다.
- この問題ばかりでなく、ほかの問題も話し合いましょう。
  이 문제뿐만 아니라 다른 문제도 상의합시다.

**문맥배열**

- 東京の夏が暑いのは、温度が 高い だけでなく 湿度も 高いからだ。
  도쿄의 여름이 더운 것은 온도가 높을 뿐만 아니라 습도도 높기 때문이다.
- 鈴木さんは 勉強 だけで なく 運動でも すぐれている。
  스즈키 씨는 공부뿐만 아니라 운동도 뛰어나다.
- 旅行は 私たちに 楽しさを 与えて くれる ばかりでなく 視野を広げてくれる。
  여행은 우리들에게 즐거움을 가져다 줄 뿐만 아니라 시야를 넓혀 준다.

**문장흐름**

- これは、ただの丸暗記とは違う。業績を理解して人物に興味を抱いた結果だ。そうなれば、名前だけでなく、いつごろの時代の人か、なども興味をもって覚えられる。
  이것은 그저 통암기와는 다르다. 업적을 이해하고 인물에 흥미를 가진 결과다. 그렇게 되면 이름뿐만 아니라 어느 시대쯤의 사람인지 같은 것도 흥미를 갖고 외울 수 있다.

## 14

### 〜だって 039   ① 〜라 해도, 〜역시, 〜일지라도   ② 〜(이)래, 〜는대   ③ 〜라며?, 〜라고?

**접속** 인칭대명사, の, に 등, なん・どう・どこへ・だれ・それ+だって, 활용어 (な)の+だって

「〜だって」는 '①〜라도, 〜역시, 〜일지라도'라는 뜻을 나타낸다. 대표적인 예로 「チャンピオンだって(챔피언이라도), 子供だって(어린애라도), 安いのだって(싼 것이라도), 私だって(나도 역시), なんだって(무엇이든), どうだって(어찌 됐든), いくらだって(얼마든지), だれだって(누구든지)」 등이 있다. 두 번째는 '②〜(이)래, 〜는대'의 뜻도 있는데 의문문에서는 '③〜라며?, 〜라고?'로 해석한다. 다른 사람으로부터 들은 것을 말하거나 확인할 때 쓰며, 명사・な형용사에 붙이면 「〜なんだって」, 동사・い형용사에 붙이면 「〜んだって」의 꼴이 된다. また大阪に出張なんだって？(또 오사카로 출장이라고?)와 같이 쓴다.

☑ わたしの応援が力になるなら、いくらだって応援します
　제 응원이 힘이 된다면 얼마든지 응원하겠습니다   **2010-2회**

**문법형식**

- A「レポートの締め切りが今週の木曜日に変更されたそうだよ。」
  B「木曜日だって？ それじゃ、いくら頑張っても間に合わないよ。」
  A 리포트 마감이 이번 주 목요일로 변경됐다고 그러더라.
  B 목요일이라고? 그럼 아무리 열심히 해도 날짜에 맞출 수 없어.   **09**

- さっき田中さんから電話があって、今日の野球の試合は、天気が悪いから中止なんだって。   **01**
  조금 전에 다나카 씨에게서 전화가 와서, 오늘 야구 시합은 날씨가 안 좋아서 취소래.

**문맥배열**

- 新しい携帯電話は、写真がとれる だけじゃ なくて テレビ だって 見られるんだよ。   **09**
  새 휴대전화는 사진을 찍을 수 있을 뿐 아니라 TV도 볼 수 있어.

- あの二人が結婚したと 聞けば だれ だって びっくりする よ。   **06**
  저 두 사람이 결혼했다고 들으면 누구든지 깜짝 놀랄 거야.

**문장흐름**

- だれにだって未来のことはわかりません。不安もあるけれど、未来は明るいと信じて、頑張りましょうよ。
  누구라도 미래의 일은 모릅니다. 불안감도 있지만, 미래는 밝다고 믿고 힘냅시다.

## 15

# ～たび(に) ~할 때마다, ~할 적마다

**접속** 동사의 기본형(る형)

「～たび(に)」는 '~할 때마다, ~할 적마다'라는 뜻이다. 이 표현은 「동사의 기본형(る형)+たび(に)」의 형태를 취해 '어떤 일이 일어나면 그 때마다 항상 같은 일이 된다'고 말하고 싶을 때 쓴다. 이 표현은 명사 「度(때, 번, 적)」가 「～度に」로 문법화된 것이다.

✓ わたしは山田さんに会うたびにすてきな人だといつも思う
　나는 아마다 씨를 만날 때마다 멋진 사람이라고 항상 생각한다 **2010-1회**

- 内田さんは会うたびに髪型が違う。 **03**
  우치다 씨는 만날 때마다 머리 스타일이 다르다.

- 読むたびに、違った印象を受ける本がある。 **92**
  읽을 때마다 다른 인상을 받는 책이 있다.

- この本を読むたびに、彼のことを思いだす。 **91**
  이 책을 읽을 때마다 그 사람이 생각난다.

- 仲の悪いふたりは会うたびに険しい目でにらみ合う。
  사이가 나쁜 두 사람은 만날 때마다 험상궂은 눈으로 서로 노려본다.

- この写真を 見る たび 故郷の ことを 思い出す。 **08**
  이 사진을 볼 때마다 고향이 생각난다.

- 木村さんは 旅行に行く たびに おみやげを 買ってきて くれる。 **95**
  기무라 씨는 여행을 갈 때마다 선물을 사다 준다.

- 下水道が完備されていないこの村 では 台風が 来る たびに みぞが あふれて困っている。
  하수도가 완비되어 있지 않은 이 마을에서는 태풍이 올 때마다 도랑이 넘쳐서 곤란을 겪고 있다.

- 彼は会うたびに、仕事が忙しいとこぼしてばかりいる。最初は大変だなあと思っていたが、いつもそうなので、最近はあまり会いたくないと思うようになった。
  그는 만날 때마다 일이 바쁘다고 푸념하기만 한다. 처음에는 힘들겠구나 하고 생각했지만 항상 그러니까, 요즘에는 별로 만나고 싶지 않다고 생각하게 되었다.

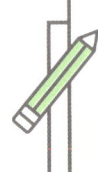

## 16 〜である / 〜で(は)ない <sup>047</sup> ~이다, ~하다 / ~이 아니다

**접속** 동사의 종지형+の, い형용사의 く형, 명사, な형용사의 어간 등

「〜である」는 '~이다, ~하다'의 뜻으로, 품사에 따라 「〜のである(~인 것이다), 〜なのである(~인 것이다)」와 같은 형태로 사용된다. 가정형은 「〜であれば(~이라면)」이다. 「〜で(は)ない(회화체 〜じゃない)」는 '~이 아니다', 「〜でもない」는 '~도 아니다'가 된다. 「〜である」의 쓰임은 다양하지만, 대표적인 예로 今の時代であるからこそ (지금 시대이기 때문에), そんなことをする人間でないことは(그런 일을 할 사람이 아닌 것은), 現実的でありながらも(현실적이면서도) 등이 있다. 강조 용법인 「〜ではある(~이기는 하다)」와 「〜でもある(~이기도 하다)」도 같이 익혀 두자.

**참고** 「〜である」의 정중체에는 「〜であります(~입니다)」와 「〜でございます(~입니다)」의 두 가지 형태가 있다.

- ✓ ああ、これは買ったん**じゃなくて**、自分で作ったんです 아~, 이건 산 게 아니라 제가 만들었어요 **2014-2회**
- ✓ 駅の近く**でなくて**もよければ、一つ、知ってるよ 역 근처가 아니어도 된다면 하나 알고 있어 **2014-1회**

**유형1 문법형식**

- つねに正直**である**ことが私のモットーです。
  항상 정직하다는 것이 제 모토(좌우명)입니다.

- 彼が犯人**である**はずがない。
  그가 범인일 리가 없다.

- 彼女は日本語ばかり**でなく**、フランス語も習っている。
  그녀는 일본어뿐만 아니라 프랑스어도 배우고 있다.

**유형2 문맥배열**

- 外見を 飾る こと ばかり **でなく** 少しは人間としての中身のことも考えなさい。
  외견을 꾸미는 것뿐만 아니라 조금은 인간으로서의 내면도 생각하세요.

- 私は子どもたちに いい 父親で **ありたい** と いつも思っています。
  나는 아이들에게 좋은 아버지이고 싶다고 항상 생각하고 있습니다.

**유형3 문장흐름**

- チューリップの花は、平均9度という、オランダの春の気温を思い出して、だいたい9度になれば開き、9度より下がればつぼむのです。だから、チューリップの花は、夜が明けたら開く**のではなくて**、9度という温度になるから開くのです。
  튤립 꽃은 평균 9도라는 네덜란드의 봄 기온을 생각해 내어, 대체로 9도가 되면 피고, 9도보다 내려가면 오므라듭니다. 따라서 튤립 꽃은 날이 밝으면 피는 것이 아니라 9도라는 온도가 되니까 피는 것입니다.

## 17 ～でいい ～(정도)로 좋다, ~라도 괜찮다

**접속** 명사, 이것・그것・あれ, だけ 등

「～でいい」는 '~(정도)로 좋다, ~라도 괜찮다'라는 뜻으로, 여기서 조사 「で」는 상황, 조건, 형태 등을 나타낸다. 대표적인 예로 年収200万くらいでいいから(연봉 200만 엔 정도라도 좋으니까), 3000円でいいから(3,000엔이라도 괜찮으니까) 등이 있다. 또한 「～でいい」는 「～で良い」로 바꿔 사용되기도 한다. 이와 유사한 표현인 「～でかまわない(~라도 상관없다)」도 같이 익혀두자.

**참고** 「～でいい」의 가정표현은 「～でよければ」가 된다.

- 来週の金曜まででいいですから 다음 주 금요일까지라도 괜찮으니까 **2017-2회**
- 午前中だけでよければ大丈夫だよ 오전 중만으로 좋다면 괜찮아 **2011-2회**

**문법형식**

- 暇なときでいいから、ちょっとパソコンのことを教えてくれない？
  한가할 때라도 좋으니까 컴퓨터에 대해 좀 가르쳐주지 않을래?

- 子 「お母さん、500円だけでいいから貸して。」
  母 「500円だけよ。今月はもう貸しませんよ。」
  아이 엄마, 500엔만이라도 괜찮으니까 빌려줘.
  엄마 500엔 만이야. 이번 달은 이제 안 빌려줘.

- うちのじゃなくてもう少し安い商品でいいかもしれない。
  우리 것이 아니라 좀더 싼 상품이 좋을지도 모르겠다.

**문맥배열**

- 一度 で いい から 私もオリンピックを自分の目で見てみたいです。
  한 번이라도 좋으니까 나도 올림픽을 내 눈으로 보고 싶습니다.

- 江ノ島・鎌倉は見どころが多いので1日ではとても回りきれませんが、有名なところ だけで よければ 大丈夫 でしょう。
  에노시마・가마쿠라는 볼 만한 곳이 많아서 하루에는 도저히 다 돌아볼 수 없지만, 유명한 곳만으로 좋다면 괜찮을 것입니다.

**문장흐름**

- 若いうちは保湿だけでいいかもしれないけど、年齢を重ねたら、保湿成分だけじゃなくて、栄養や美容成分が欲しいです。
  젊을 때에는 보습만으로 괜찮을지 모르지만, 나이가 들면, 보습 성분 뿐만 아니라 영양이나 미용성분이 필요합니다.

## 18

### 〜てから 052 ~하고 나서, ~한 뒤, ~한 지

**접속** 동사의 음편형(て형)

「〜てから」는 '~하고 나서, ~한 뒤, ~한 지'라는 뜻으로 두 가지 의미가 있다. 하나는 ①시간관계의 전후를 나타내는 의미로, 手を洗ってからご飯を食べる(손을 씻고 나서 밥을 먹는다)와 같은 문장이 이에 해당한다. 또 하나는 ②어떤 변화나 계속적인 상황의 시작점을 나타내는 용법이다. 예를 들어 子どもが生まれてから、毎日とても忙しい(아이가 태어나고 나서 매일 아주 바쁘다) 등이 있다.

- レストランは雑誌か何かで紹介されてから 레스토랑은 잡지나 뭔가에서 소개된 뒤 **2017-1회**
- 大学に入ってからのほうがもっと大変だった 대학에 들어간 후가 한층 더 힘들었다 **2017-1회**
- 朝のジョギングをしなくなってから、1年がたつ 아침 조깅을 안 하게 된 지 1년이 지난다 **2013-1회**
- ある程度日本語が話せるようになってから 어느 정도 일본어를 할 수 있게 되고 나서 **2010-1회**

- 私は日本へ来てからずっと学校の寮に住んでいます。
  나는 일본에 오고 나서, 계속 학교 기숙사에 살고 있습니다.

- 卒業してから国に帰ろうと思っています。
  졸업한 뒤 고국에 돌아가려고 생각하고 있습니다.

- 彼が英語を学んだのが花子に会う以前なのか、会ってからなのか、さっぱりわからない。
  그가 영어를 배운 것이 하나코를 만나기 이전인지 만나고 난 후인지 전혀 모르겠다.

- 丁寧に説明が ついて いるから よく読んで から 使ってください。
  친절하게 설명이 붙어 있으니 잘 읽은 후에 사용해 주세요.

- けが人が あったら 簡単な 手当を してから 病院に運びましょう。
  부상자가 있으면 간단한 처치를 한 뒤 병원으로 옮깁시다.

- たとえば、いわゆる天動説を信じている現代人はいないでしょう。コペルニクスやガリレオのおかげで、太陽が地球のまわりを回っているのではなく、地球が太陽のまわりを回っていることがわかってから、もう何百年も経っています。
  예를 들어 소위 천동설을 믿고 있는 현대인은 없겠지요. 코페르니쿠스나 갈릴레오 덕분에 태양이 지구 주위를 돌고 있는 것이 아니라, 지구가 태양 주위를 돌고 있는 것을 안 지, 벌써 몇 백 년이나 지났습니다.

## 19 ～てくる ⁰⁵⁴ ①~하고 오다 ②~해 오다 ③~해지다, ~하기 시작하다

**접속** 동사의 음편형(て형)

「～てくる」는 '①~하고 오다'라는 뜻으로, 예를 들어 手紙を出してくる(편지를 부치고 오다), 近くの店で買ってくる(근처 가게에서 사 오다)와 같이 쓴다. 그리고 '②~해 오다'란 뜻으로 심리적으로 가까운 사람에 대한 사물의 접근을 나타낸다. 예를 들어 いいにおいがしてくる(좋은 냄새가 난다), 結婚を知らせてきた(결혼을 알려 왔다)와 같이 쓴다. '③~해지다, ~하기 시작하다'라는 뜻도 있는데, 과거에서 현재까지 계속 변화하거나 계속될 때 사용한다. この仕事にも慣れてきた(이 일에도 익숙해졌다), 雪が降ってくる(눈이 내리기 시작한다)와 같이 쓴다. 겸양표현인 「～てまいる」도 함께 익혀 두자.

**참고** 현재부터 미래로 계속 변하고 있는 것을 표현할 때는 「～ていく⁰⁴⁹」를 쓴다.

- ✓ 会議で使う資料を取ってきてくれ 회의에서 쓸 자료를 가져다 줘  2015-1회
- ✓ 近くの畑からたくさん運ばれてきます 근처 밭에서 많이 운반되어 옵니다  2013-2회
- ✓ 高い指輪だったら、会社にしてこないはずだよ 비싼 반지라면 회사에 하고 오지 않을 거야  2012-2회
- ✓ 東京に来て3か月たって、その理由がわかってきました 도쿄에 온 지 3개월 지나서 그 이유를 알았습니다  2011-1회

**유형1 문법형식**

- 運動をしたら体が暖まってきた。
  운동을 했더니 몸이 따뜻해졌다.

- 6年間私たちはお互いにはげまし合ってきました。
  6년 동안 우리들은 서로 격려해 왔습니다.

- 担当者を呼んでまいりますので少々お待ちください。
  담당자를 불러 올 테니 잠시 기다려 주세요.

**유형2 문맥배열**

- 日本の農業も 機械化が進み だいぶ合理的に なって きた。
  일본의 농업도 기계화가 진행되어 꽤 합리적으로 되기 시작했다.

- 紅茶は保管方法によって、味や香りが 大きく 異なって きます。
  홍차는 보관방법에 따라 맛이나 향이 크게 달라집니다.

**유형3 문장흐름**

- では、なぜ「批判的」でなければならないのか。それは、テレビや新聞などのメディアが私たちに送ってくる情報に、必ず作る側の意図が反映されているからだ。
  그럼 왜 '비판적'이어야 하는 걸까. 그것은 TV나 신문 등의 미디어가 우리들에게 보내오는 정보에, 반드시 만드는 쪽의 의도가 반영되어 있기 때문이다.

## 20 〜てもかまわない[062]　~해도 상관없다(괜찮다)

**접속**　동사의 음편형(て형)・い형용사의 く＋ても, な형용사의 어간+でも

「〜てもかまわない」는 '~해도 상관없다(괜찮다)'라는 뜻으로 허가나 동의를 나타낸다. 이와 비슷한 표현으로 「〜てもいい[058]」가 있다. な형용사가 부정형으로 바뀐 형태에 붙어 출제되기도 하는데, 예를 들면 「日本語が上手だ(일본어를 잘한다)→日本語が上手で(は)ない(일본어를 잘하지 못한다)→日本語が上手でなくてもかまわない(일본어를 잘하지 못해도 상관없다)」와 같이 쓴다. 또한 「〜てかまわない」처럼 조사 「も」가 생략되기도 한다.

☑ 立ってするのが難しければ、いすに座ったまましてもかまいません
　　서서 하는 것이 어려우면, 의자에 앉은 채로 해도 상관없습니다　**2015-1회**

- テレビを見たい人は見てもかまいません。
  TV를 보고 싶은 사람은 봐도 괜찮습니다.

- いくら食べてもかまわないけれど、太っても知らないよ。
  아무리 먹어도 상관없지만, 살쪄도 난 몰라.

- このいすをちょっとお借りしてかまわないでしょうか。
  이 의자를 좀 빌려도 괜찮을까요?

- きみさえ幸せならぼくはどうなってもかまわない。
  너만 행복하다면 나는 어떻게 되어도 상관없어.

- この部屋は自由にお使いいただいてかまいません。
  이 방은 자유롭게 사용하셔도 괜찮습니다.

- 論文中にしばしば繰り返される用語は略語を用いてもかまわないが、初出の際には省略してはならない。ただし、慣用されているものは除く。
  논문 중에 자주 반복되는 용어는 약어를 사용해도 상관없지만, 처음 나올 때에는 생략해서는 안 된다. 단 관용적으로 사용되는 것은 제외한다.

問題1 次の文の（　）に入れるのに最もよいものを、1・2・3・4から一つ選びなさい。

1　昼間、コーヒーを3杯も飲んだ（　　　）、ちっとも眠くならない。
　1　うえで　　　　2　せいか　　　　3　すえに　　　　4　最中

2　彼は給料を（　　　）、銀行にあずけに行った。
　1　もらったまま　2　もらったとおり　3　もらうたび　4　もらうにあたり

3　3月11日の予約をキャンセル（　　　）。また、キャンセル料がいくらかかるかお知らせください。
　1　でございませんか　　　　　2　をくださいませんか
　3　したいんでしょうか　　　　4　させてください

4　食事は外で食べる前提でベッドで寝る（　　　）2,000円～4,000円台の価格で宿泊することができます。
　1　ばかりでよければ　　　　　2　ばかりでよくても
　3　だけでよければ　　　　　　4　だけでよくても

5　忘れ物を（　　　）って頼まれて来たんだ。
　1　取ってくる　2　取ってくるけど　3　取ってきたの　4　取ってきてくれ

6　感染症については、設備（　　　）スタッフや院内の体制などもセットで考えてほしい。
　1　だけは　　　2　だけなら　　　3　だけでも　　　4　だけでなく

7　○○○に加入すれば、通学中の電車の中でも試合を見られるし、部活の合間や悪いことですがすきを見つけた授業中（　　　）見ることができます。
　1　にまで　　　2　にだって　　　3　よりか　　　　4　のくせに

8 この猫は（　　　）、ボランティアから引き取ったの。元野良猫だけど、毛並みがきれいで健康なとてもいい子だよ。
1 買ったんじゃなくて　　　　2 買いたかったんじゃなくて
3 買うはずじゃなくて　　　　4 買うつもりじゃなくて

9 習慣にしていた水泳を（　　　）、もう10年以上経つ。
1 しないときに　　　　2 しないあいだは
3 しなくなってから　　4 しなくなったあとで

10 （　　　）、座ってしてもかまわないですが、大事なのは背筋を伸ばすことです。
1 立ったまましてもかまわないし　　2 立ってしたままでもかまわないし
3 立ったまましてはいけないが　　　4 立ってしたままではいけないが

## 問題2 次の文の ★ に入る最もよいものを、1・2・3・4から一つ選びなさい。

11 これを持ってきたお客さんも、これらの健康食品に＿＿＿＿ ＿＿＿＿ ★ ＿＿＿＿。
1 なければ当店に　　2 疑問や不満が　　3 はずです　　4 持ってこない

12 A「私がおごりますよ。」
B「いや、いつも＿＿＿＿ ＿＿＿＿ ★ ＿＿＿＿ ください。」
1 ごちそうになって　　2 ばかりですので
3 ここは私に　　　　　4 払わせて

13 海外留学は、＿＿＿＿ ★ ＿＿＿＿ ＿＿＿＿ 実り多い経験になるだろう。
1 でなく　　2 とっても　　3 若い人だけ　　4 年配の人に

14 近年は異常気象や前線の停滞などによる局地的な集中豪雨が多く発生しており、＿＿＿ ＿＿＿★ ＿＿＿ ＿＿＿浸水被害が発生しています。 047·092·078

1 などで　　　2 でなくても　　　3 住宅や地下駐車場　　　4 河川の近く

15 たいしたアドバイスはできないが、＿＿＿ ＿＿＿★ ＿＿＿ ＿＿＿出席した。 048

1 よかったら　　　2 話を聞く　　　3 と思って　　　4 だけで

16 ウォーキングのときも、ランニングと同じく正しい姿勢を意識することが大切です。＿＿＿ ＿＿＿ ＿＿＿★ ＿＿＿、次のステップに進むようにしてください。 052·112

1 ように
3 それぞれのメニューが
2 なってから
4 無理なくこなせる

17 トレーサービスは＿＿＿ ＿＿＿★ ＿＿＿ ＿＿＿いいらしく、私は遠慮なしにたくさん取らせていただきました。 039·037·117

1 好きな　　　2 だって　　　3 だけ取っても　　　4 いくら

18 ＿＿＿ ＿＿＿ ＿＿＿★ ＿＿＿んです。ただまねして体を動かして踊ってみてください。とても簡単です。 062·047·059

1 踊りが　　　2 かまわない　　　3 なくても　　　4 上手で

19 ＿＿＿ ＿＿＿★ ＿＿＿ ＿＿＿楽しかった学校生活を思い出します。 040

1 たびに　　　2 アルバムを　　　3 見る　　　4 この

20 あの子がああなったのも＿＿＿ ＿＿＿ ＿＿＿★ ＿＿＿。 033

1 家庭の　　　2 せい　　　3 です　　　4 みんな

**問題3** 次の文章を読んで、文章全体の趣旨を踏まえて、 21 から 25 の中に入る最もよいものを、1・2・3・4から一つ選びなさい。

　以前、テレビのニュースでアシモというロボットが紹介されて、とても話題になりました。このアシモはロボットなのに不自然な動きをしないで、 21 歩いたり走ったり、おどったりできるロボットです。日本ではロボットの研究がたくさん進められています。このロボットは本当の人間の動きをビデオでとって、人間と同じように動くようにコンピューターで 22 。ロボットが二本の足で立つことができるようになるまで、研究に15年かかったといわれています。そして走ったりおどったりできるようになるまで、さらに10年の研究が必要でした。

　そのニュースを見たとき、わたしは少し考えました。ロボットがこんなことをすればテレビにも出る大ニュースになります。しかし、人間は一歳になれば立って 23 。また、三歳になれば走ったりおどったりできるようになります。 24 、運動だけでなくことばも自由に話せるようになります。私たちがふだんふつうにしている生活をそのとおりロボットにさせようとすると本当にたくさんの研究が必要です。人間の体は本当にすばらしくできていることを 25 。

**21**
1 昼間のように  2 昼間のために  3 人間のように  4 人間のために

**22**
1 計算してしまいます  2 計算してあります
3 計画しておきます  4 計画しています

**23**
1 歩けるようにします  2 歩けるようになります
3 歩けることにします  4 歩けることになります

**24**
1 それに  2 それでは  3 だから  4 たとえば

**25**
1 忘れないと思います  2 忘れなければなりません
3 忘れないとだめです  4 忘れてはいけません

## 문제해결 키워드

**～だけでなく** N3 038 ~뿐만 아니라
運動だけでなくことばも 운동뿐만 아니라 말도 (10行)

**～のに** N3 094 ~는데도
このアシモはロボットなのに
이 아시모는 로봇인데도 (02行)

**～ように** N3 110 ~처럼
人間のように歩いたり走ったり
사람처럼 걷거나 뛰거나 (02行)

**～ように** N3 112 ~하도록
人間と同じように動くように
사람과 똑같이 움직이도록 (04行)

**～てあります** ~해져 있습니다
コンピューターで計算してあります
컴퓨터로 계산되어 있습니다 (05行)

**～ことができる** N3 025 ~할 수(가) 있다
二本の足で立つことができる
두 다리로 설 수 있다 (05行)

**～とおり** N3 066 ~대로
そのとおりロボットにさせようとすると
그대로 로봇에게 시키려고 하면 (12行)

**～てはいけない** ~해서는 안 되다
忘れてはいけません 잊어서는 안 됩니다 (13行)

**～ために** N3 041 ~하기 위해서, ~때문에

**～ておく** N3 051 ~해 두다

**～なければならない** N3 075 ~하지 않으면 안 되다

## 21

### 〜でも〜でも 064 ~이든 ~이든

**접속** 명사

「〜でも〜でも」는 부분열거로 '〜이든 〜이든'이라는 뜻이다. '어느 예를 들어봐도 그 종류에 속하는 것은'이라는 가정적인 뉘앙스를 포함하고 있다. 또한 運動選手でもなければ(운동선수라도 아니라면)와 같이 단독으로 쓰이는 경우도 있으며, 授業のことでも何でも(수업에 관한 것이든 무엇이든)과 같이「〜でも何でも」의 형태도 있다. 그리고「矢でも鉄砲でも(무슨 수를 쓰든), 何でもかんでも(뭐든지, 모조리)」와 같이 관용적인 표현도 있다.

✓ 授業のことでも何でも相談してください 수업에 관한 것이든 무엇이든 상담해 주세요 **2014-2회**

문법형식

- ワイン買ってきて。赤でも白でもいいけど、イタリアのワインね。
  와인 사 와. 레드든 화이트든 상관없는데, 이탈리아 와인으로.

- 彼女は「仕事でもプライベートでも一番大事なのは愛情だ」と、しきりに「愛情」を強調した。
  그녀는 '일이든 사적인 것이든 가장 중요한 것은 애정이다'라고 끊임없이 '애정'을 강조했다.

- 彼女は何でもかんでも人に頼る傾向がある。
  그녀는 뭐든지 타인에게 의지하는 경향이 있다.

문맥배열

- ラーメンの ことでも なんでも わからないことが あったら わたしに 聞いてね。
  라면에 관한 것이든 무엇이든 모르는 것이 있으면 나한테 물어봐.

- ここはコーヒーを飲みながら読書をしたりお買い物を したり、一人でも家族 でも楽しめる 空間です。
  이곳은 커피를 마시면서 독서를 하거나 쇼핑을 하거나, 혼자서든 가족과든 즐길 수 있는 공간입니다.

문장흐름

- ビルの3階建てくらいの高さはありそうに見えた。こんな所から飛び降りたら、運動選手でもなければ、ひどいけがをするだろう。運が悪ければ死ぬかもしれない。
  빌딩 3층 정도의 높이는 될 듯이 보였다. 이런 곳에서 뛰어내린다면, 운동선수라도 아니라면, 심한 상처를 입을 것이다. 운이 나쁘면 죽을지도 모른다.

## 22 ~ところだ / ~ているところだ 067

(지금부터) ~하려던 참이다 / (현재) ~하고 있는 중이다

**접속** 동사의 기본형(る형) / 동사의 진행형(ている형)

「~ところだ」는 '(지금부터) ~하려던 참이다'라는 뜻으로 「~」부분에는 동사의 기본형(る형)이 온다. 어떤 일을 하기 직전의 시점을 나타내므로 앞에는 「いまから・これから(앞으로, 지금부터)」 등이 오는 경우가 많다. これから食事に行くところなんですが(지금부터 식사를 하러 가려던 참입니다만), いまから母に電話をかけるところです(지금부터 어머니에게 전화를 걸려던 참입니다)와 같이 쓴다. 「~ているところだ」는 '~하고 있는 중이다'란 뜻으로 상황이 현재 진행중임을 나타낸다. 今、調べているところです(지금 조사하고 있는 중입니다)와 같이 쓴다.

- ✓ ごめん。ちょうど出かけるところで 미안. 마침 외출하려던 참이라 **2014-1회**
- ✓ これから開会式が行われるところです 지금부터 개회식이 거행될 참입니다 **2012-1회**

**유형1 문법형식**

- 今 仕事を探しているところです。
  지금 일을 찾고 있는 중입니다.

- 私は今、日本の小説を読んでいるところです。
  나는 지금, 일본 소설을 읽고 있는 중입니다.

- A 「荷物を取ってきてくれてありがとう。」
  B 「気にしないで。ちょうど駅へ行くところだったから。」
  A 짐을 가져다 줘서 고마워.
  B 신경 쓰지 마. 마침 역에 가려던 참이었으니까.

**유형2 문맥배열**

- 今 会議が 終わる ところです から 少々お待ちください。
  지금 회의가 끝나려던 참이니 잠시 기다려 주세요.

- 弟が暗くなっても帰らないので、今みんなで 心当たりを さがして いる ところです。
  남동생이 어두워져도 돌아오지 않아서, 지금 모두가 짐작 가는 곳을 찾고 있는 중입니다.

**유형3 문장흐름**

- 購入価格が分かる書類や権利書まで皆紛失していて、今日も前所有者のお宅へうかがうところです。
  구입가격을 알 수 있는 서류나 권리서까지 모두 분실해서, 오늘도 전 소유자의 댁에 방문하려던 참입니다.

## 23

# ～(た)ところだ⁰⁶⁸ 막 ~한 참이다

**접속** 동사의 과거형(た형)　　　　　　　　　　　　　　　　　　　　　　　　～たばかり⁰⁹⁵

「～(た)ところだ」는 '막 ~한 참이다'라는 뜻으로,「동사의 과거형(た형)」이 온다. 앞에는「いま(ちょうど) (지금 (마침))」등의 표현이 오는 경우가 많다. 예를 들어 ちょうど帰ってきたところだ(마침 막 돌아온 참이다), いまちょうど食べおわったところだから(지금 마침 다 먹은 참이니까)와 같이 쓴다. 비슷한 표현으로는「～(た)ばかり⁰⁹⁵(막 ~함)」가 있다.

- ✓ 今帰ってきたところだ 지금 막 돌아온 참이다　**2017-2회**
- ✓ ついさっき、持って行ったところです 조금 전에 막 가지고 간 참입니다　**2011-2회**

**유형1 문법형식**

- A「遅くなってどうもすみません。」
  B「いいえ、私も今来たところです。」
  A 늦어서 정말 죄송합니다.
  B 아니요, 저도 지금 막 온 참입니다.

- A「ずいぶん待った？」
  B「いや、今、来たところだよ。」
  A 많이 기다렸어?
  B 아니, 지금 막 온 참이야.

- 今、ちょうど夕食を終えたところです。
  지금 마침 막 저녁을 마친 참입니다.

**유형2 문맥배열**

- 実家へ 母に 会いに 行って 戻って きたところです。
  본가에 어머니를 보러 가서 막 돌아온 참입니다.

- いいところに来たね、ちょうど コーヒーでも いれよう と思っていた ところだ。
  적당한 때에 왔네, 마침 커피라도 끓이려고 막 생각하던 참이야.

**유형3 문장흐름**

- 今、ショーが終わったところだよ。ありがとう。君が来てくれたから特別なショーになったよ。応援してくれて本当にありがとう。
  지금 쇼가 막 끝난 참이야. 고마워. 네가 와 주어서 특별한 쇼가 되었어. 응원해줘서 정말 고마워.

110

## 24 〜としたら・〜とすれば・〜とすると 069 ~라고 (가정)하면

**접속** 동사의 기본형(る형)·과거형(た형)·부정형(ない형), い형용사의 종지형, 명사 등

「〜としたら・〜とすれば・〜とすると」는 '~라고 (가정)하면'의 뜻으로, '지금 ~한 상황은 아니지만, 만약 그 상황을 가정한다면'이라고 할 때 사용한다. 즉 '어떤 정보를 받아 그것을 기준으로 하면 ~라고 생각할 수 있다'고 표현할 때 쓴다.

✓ もし自分を色で表すとしたら何色ですか 만약 자신을 색으로 표현한다고 하면 무슨 색입니까? **2016-2회**

**유형1 문법형식**

- 一年間の休暇がとれたとしたら、どんなことがしたいですか。 09
  1년간의 휴가를 받았다고 하면 어떤 것을 하고 싶습니까?

- 約束の日までに製品が完成しないとしたら、わが社の信用がなくなってしまう。 07
  약속한 날까지 제품이 완성되지 않는다고 하면, 자사의 신용이 없어져 버린다.

- これだけの少ない予算で作るとしたら、せいぜいこれぐらいの料理しかできない。 95
  이 정도의 적은 예산으로 만든다고 하면, 고작해야 이 정도의 요리밖에 할 수 없다.

- とにかくあの本の原始社会の記述が事実とすると、どうしても一夫一婦は不合理になりますね。
  아무튼 그 책의 원시사회의 기술이 사실이라고 하면, 아무래도 일부일처제는 불합리적인 것이 되네요.

**유형2 문맥배열**

- 新しい 家を建てる としたら かなりの お金が 必要になる。 05
  새 집을 짓는다고 하면, 상당한 돈이 필요하게 된다.

- かりに私の 推測が正しい とすれば あの2人はもうすぐ 結婚するはずだ。
  가령 내 추측이 맞다고 하면 저 두 사람은 이제 곧 결혼할 것이다.

**유형3 문장흐름**

- 車を持っていないんですが、バスも本数が少ないんですね。では、バスに乗らずに歩いて行くとすれば、どのくらいかかるでしょうか。
  차를 가지고 있지 않은데, 버스도 대수가 적네요. 그럼 버스를 타지 않고 걸어서 간다고 하면 어느 정도 걸릴까요?

# 25 どんなに(どれだけ・どれほど)〜か[071] 얼마나 ~인가(인지)

**접속** 동사의 기본형(る형)·과거형(た형), い형용사의 과거형(かった형), な형용사의 어간 등 + か

「どんなに(아무리)」가 「どんなに〜か」의 형태를 취하면서 '얼마나 ~인가(인지)'라는 문법적 요소가 된 것이다. 그리고 「どれだけ・どれほど」는 '얼마만큼, 얼마나'의 뜻을 가진 부사에서 「どれだけ〜か・どれほど〜か(얼마나~인가)」라는 형태로 문법화된 것이다. 예를 들면 **どれだけ大変かわかった**(얼마나 힘든지 알았다), **金がどれほどあるか**(돈이 얼마나 있는지) 등이 있다.

- ☑ お金を稼ぐのが**どれだけ**大変**か**わかった 돈을 버는 것이 얼마나 힘든지 알았다  **2015-2회**
- ☑ おいしい野菜を育てることが**どんなに**大変なこと**か** 맛있는 채소를 기르는 일이 얼마나 힘든 일인지  **2011-1회**

 **유형1 문법형식**

- **どれだけ**心配した**か**わかってるの？
  얼마나 걱정했는지 알아?

- 私が**どんなに**ショックを受けた**か**想像もつかないでしょう。
  내가 얼마나 충격을 받았는지 상상도 못할 거예요.

- 彼女が**どれほど**きみを愛している**か**きみはわかっていない。
  그녀가 얼마나 너를 사랑하고 있는지 너는 모른다.

 **유형2 문맥배열**

- **どれほど**彼女に 感謝して いる**か** 言葉では 言い表せない。
  얼마나 그녀에게 감사하고 있는지 말로는 표현할 수 없다.

- 毎日猫と家でごろごろしている だけで よかったら **どんなに** 幸せ**か**。
  매일 고양이와 집에서 뒹굴거리고만 있어도 된다면 얼마나 행복할까.

 **유형3 문장흐름**

- 勉強し始めてみると、自分で自由に使える文字を持つことが、**どんなに楽しく、どんなに大切であるか**がわかってきました。読む速さも速くなり、いろいろな本も読めるようになりました。
  공부를 시작해보니, 자신이 자유롭게 쓸 수 있는 문자를 가지는 것이, 얼마나 즐겁고 얼마나 소중한지 알게 되었습니다. 읽는 속도도 빨라져서 여러 가지 책도 읽을 수 있게 되었습니다.

## 26 ～な [072]  ~하지 마라

**접속** 동사의 기본형(る형)

「～な」는 동사의 기본형(る형)에 붙어 '~하지 마라'라는 뜻을 나타내는데, 다른 사람에게 무언가를 하지 말라는 금지, 명령하는 표현으로 남성들이 주로 쓴다. 동사의 종류에 상관없이 「동사의 기본형+な」의 형태가 된다. 금지형이 쓰이는 경우는 군대나 스포츠 훈련 등에서 상사나 감독이 지시할 때, 교통 표지 안내나 전단지 등이다. 예를 들어 ここに車を止めるな(이곳에 차를 세우지 마시오), ここにごみを捨てるな(이곳에 쓰레기를 버리지 마시오)와 같이 쓴다.

- 街の人たちが「危険！ 池に入る**な**！」という看板を立てた
  마을 사람들이 '위험! 연못에 들어가지 마시오'라는 간판을 세웠다  **2017-1회**
- これから練習には遅刻する**な**って言われたでしょう  앞으로 연습에는 지각하지 말라고 들었지?  **2011-2회**

### 유형1 문법형식

- あまりびっくりさせる**な**よ、心臓がとまるかと思った。
  너무 놀래키지 마, 심장이 멎는 줄 알았어.

- A 「そんなやり方をする**な**よ。」
  B 「じゃあ、どうやるの。」
  A 그런 식으로 하지 마.
  B 그럼, 어떻게 해?

- 結果が出ないうちにそんなにうれしがる**な**。
  결과가 나오기 전에 그렇게 기뻐하지 마.

### 유형2 문맥배열

- いつまでも子ども みたいな ことは する**な** って 言われた。
  언제까지나 어린애 같은 짓은 하지 말라고 들었다.

- 階段を 駆け下りる**な** と 何度言ったらわかるの。
  계단을 뛰어서 내려가지 말라고 몇 번을 말해야 알겠어?

### 유형3 문장흐름

- 先輩にも人のせいにする**な**って言われた。だから、きっと私が強くならなきゃいけないんだ。弱い私が悪い。
  선배님에게도 남의 탓으로 하지 말라고 들었다. 그러니까 분명 내가 강해져야 한다. 약한 내가 나쁘다.

## 27

# ～ないでください <sup>074</sup> ～하지 마세요

**접속** 동사의 부정형(ない형)

「～ないでください」는 '～하지 마세요'라는 뜻으로 상대방에게 무언가를 하지 말도록 가볍게 지시하거나 권유, 부탁할 때 쓰는 표현이다. 동사의 부정형(ない형)에 접속하지만, 사역의 부정형에 접속하는 예도 출제되고 있다. 예를 들면 「遊ぶ(놀다)→遊ばせる(놀게 하다)→遊ばせないでください(놀게 하지 마세요)」가 된다.

**참고** 반말 표현인 「～ないでね(～하지 말아줘)」도 함께 알아두자. 大きい声で歌わないでね(큰 소리로 노래 부르지 말아줘)와 같이 쓴다.

☑ もう、びっくりさせ**ないでください**よ 정말, 놀래키지 마세요 **2010-1회**

**문법형식**

- 危ないですから、子どもを一人で遊ばせ**ないでください**。
  위험하니까 아이를 혼자서 놀게 하지 마세요.

- このことは母さんに言わ**ないでください**よ。心配させるだけだから。
  이 일은 엄마에게 말하지 마세요. 걱정만 시킬 뿐이니까.

- この薬はあまり光に当て**ないでください**。
  이 약은 너무 빛에 쏘이지 마세요.

**문맥배열**

- あなたには期待しているので 二度と がっかりさせ <u>ないで</u>* <u>ください</u>。
  당신에게는 기대하고 있으니 두 번 다시 실망시키지 마세요.

- ぼくが テレビに出る ことを そんなに <u>宣伝し</u>*<u>ないで</u> ください。
  내가 TV에 나오는 것을 그렇게 선전하지 마세요.

**문장흐름**

- 選手たちの将来における 成功を願っています。決して**自分自身を がっかりさせないでください**。そして、つねに期待されていることも **忘れないでください**。
  선수들의 장래의 성공을 빌고 있습니다. 결코 자기자신을 실망시키지 마세요. 그리고 항상 기대 받고 있는 것도 잊지 마세요.

## 28 〜直す [076] 고쳐 ~하다, 다시 ~하다

**접속** 동사의 연용형(ます형)

「〜直す」는 동사의 연용형(ます형)을 받아서, '고쳐 ~하다, 다시 ~하다'라는 뜻으로 복합동사를 만든다. 예를 들면 「やる(하다)→やり直す(다시 하다)」「読む(읽다)→読み直す(고쳐 읽다, 다시 읽다)」「見る(보다)→見直す(다시 보다, 재검토하다)」 등이다. 그리고 「書く(쓰다)→書き直す(다시 쓰다)→書き直し(다시 씀)」처럼 명사의 형태로도 쓰인다.

- 友達に電話したが、出なかったので、その日の夜にかけ直した
  친구에게 전화했는데 안 받아서, 그날 밤에 다시 걸었다 **2016-1회**

- 「家で使いますか、プレゼントですか」と言い直してくれた
  '집에서 씁니까? 선물입니까?'하고 고쳐 말해 주었다 **2014-2회**

- 今から作り直すには時間が足りない 지금부터 다시 만들기에는 시간이 부족하다 **2013-1회**

**유형1 문법형식**

- バスで行くつもりだったが考え直してタクシーで行った。
  버스로 갈 생각이었지만 다시 생각해서 택시로 갔다.

- 編集者から雑誌記事の一部の書き直しを求められた。
  편집자에게서 잡지 기사의 일부를 다시 써달라는 요청을 받았다.

- 博物館はすっかり建て直されて一般に公開された。
  박물관은 완전히 다시 지어져 일반에게 공개되었다.

**유형2 문맥배열**

- こんな漢字も読めないの？ 小学校から やり直した ほうが いい よ。
  이런 한자도 못 읽어? 초등학교부터 다시 하는 게 낫겠어.

- サービスや 料理を 見直して お客様に がっかりさせないで ください。
  서비스나 요리를 재검토해서 손님을 실망시키지 마세요.

**유형3 문장흐름**

- いま、私たちにとっていちばん大切なことは、あらためて「歴史」というものを考え直してみるということではないか。便利はけっこう。合理主義もけっこう。だが、何のための便利さ、何のための合理主義か、それを問い直すことは「歴史」を問うことなのである。
  지금 우리들에게 있어 가장 중요한 것은, 새로이 '역사'라는 것을 다시 생각해보는 일이 아닐까. 편리함은 됐고, 합리주의도 됐어. 하지만 무엇을 위한 편리함인지, 무엇을 위한 합리주의인지, 그것을 다시 묻는 것은 '역사'를 묻는 것이다.

## 29 ～ながら ⁰⁷⁷ ~하면서

**접속** 동사의 연용형(ます형)

「～ながら」는 '~하면서'라는 뜻으로 「동사 연용형(ます형)」에 접속한다. 두 가지 동작을 동시에 할 때나 장기적으로 무엇인가를 하는 경우에 쓰는데, 예를 들어 音楽を聞きながら勉強する(음악을 들으면서 공부한다). アルバイトをしながら学校に通っている(아르바이트를 하면서 학교에 다니고 있다)와 같이 쓴다.

**참고** ～ながら는 보통 순간적으로 끝나버리는 동작이나 작용을 나타내는 동사(순간동사)에는 쓰지 않는다. 순간동사에는 開ける(열다)・止まる(멈추다)・やめる(그만두다)・起きる(일어나다)・始める(시작하다)・見つける(발견하다) 등이 있다.

- ☑ もし自分が患者だったらどうしてほしいかということを考えながら
  만약 내가 환자였다면 어떻게 해주길 바라는가 라는 것을 생각하면서  **2017-2회**
- ☑ 贈る相手のことを考えながら 선물하는 상대를 생각하면서  **2015-2회**
- ☑ 表やグラフを示しながら説明すると 표나 그래프를 가리키면서 설명하면  **2014-2회**

**유형1 문법형식**

- 母は夕食の準備をしながら鼻歌を歌っていた。
  엄마는 저녁식사 준비를 하면서 콧노래를 부르고 있었다.

- わたしはたいていラジオを聞きながら勉強します。
  나는 보통 라디오를 들으면서 공부합니다.

- 犬がしっぽを振りながら私たちのほうにやってきた。
  개가 꼬리를 흔들면서 우리들 쪽으로 다가왔다.

**유형2 문맥배열**

- 彼女は3人の 子どもを 育てながら 仕事でも 成功して いる。
  그녀는 세 아이를 키우면서 일에서도 성공하고 있다.

- 運転し ながら 携帯電話を 使う のは危険だ。
  운전하면서 휴대전화를 사용하는 것은 위험하다.

**유형3 문장흐름**

- 私は本を自分のものにするためには、線を引きながら読む方法は効果的だと考えている。線を引くというのは、自分を積極的に本の内容に関わらせていく明確な行動だ。つまりどこに線を引こうかと考えながら読むことで、読みは積極的になる。
  나는 책을 자신의 것으로 하기 위해서는, 선을 그으면서 읽는 방법은 효과적이라고 생각하고 있다. 선을 긋는다는 것은 자신을 적극적으로 책의 내용에 관계 맺게 하는 명확한 행동이다. 즉 어디에 선을 그을까 생각하면서 읽는 것으로 읽기는 적극적이 된다.

## 30

### ~にくい ⁰⁸¹  ~하기 어렵다

**접속** 동사의 연용형(ます형)

「~にくい」는 「동사의 연용형(ます형)」에 접속하여 '~하기 어렵다'라는 뜻을 나타낸다. 문맥에 따라서 좋은 평가가 되기도 하고 나쁜 평가가 되기도 한다. 예를 들어 このボールペンは書きにくい(이 볼펜은 쓰기 어렵다), 単語は例文といっしょに覚えれば忘れにくい(단어는 예문과 함께 외우면 잊어버리기 어렵다)와 같이 쓴다. 반대표현은 「~やすい¹⁰⁸」로 「동사의 연용형(ます형)」에 접속하며 '~하기 쉽다'라는 뜻이다.

✓ 新聞の小さい字が見えにくくて 신문의 작은 글씨가 보기 어려워서 **2013-2회**

**유형1 문법형식**

- 山田君の説明は分かりにくかった。
  야마다 군의 설명은 이해하기 어려웠다.

- きつい顔をしているので親しみにくい。
  강해 보이는 얼굴을 하고 있어서 친해지기 어렵다.

- この山道は、足場が悪くて歩きにくいから注意してください。
  이 산길은 발 디디기가 나빠서 걷기 어려우니 주의하세요.

**유형2 문맥배열**

- 言いにくい ことだ <u>*</u> が、 きみは 間違って いると思う。
  말하기 어려운 일이지만, 너는 틀렸다고 생각해.

- 彼のような正直な男が うそを ついている とは <u>*</u> 考えにくい。
  그 사람과 같은 정직한 남자가 거짓말을 하고 있다고는 생각하기 어렵다.

**유형3 문장흐름**

- うちのドッグフードは<u>アレルギーなどになりにくい</u>材料を使用して作られています。品質管理も徹底されているので、与え続けることで<u>病気になりにくい</u>体を作り上げてくれます。
  우리 도그푸드는 알레르기 등이 되기 어려운 재료를 사용하여 제조되고 있습니다. 품질관리도 철저하게 되고 있어서, 계속 주면 병에 잘 걸리지 않는 몸을 만들어내 줍니다.

## 콕콕 실전문제 07

問題1 次の文の（　）に入れるのに最もよいものを、1・2・3・4から一つ選びなさい。

1　ヨガのことやそれ以外のこと（　　　）質問してください。
　1　か何かで　　　2　か何かに　　　3　でも何でも　　　4　にも何にも

2　商店の方たちはとてもいい人たちなので、そういう方々をがっかり（　　　）。
　1　させないでください
　2　させてください
　3　させないことにしてください
　4　させることにしてください

3　1泊2日で、家族で熱海に行ってきました。ついさっき帰って（　　　）ところです。
　1　来る　　　2　行った　　　3　行く　　　4　来た

4　いま5万円もらった（　　　）、何に使いますか。
　1　としたら　　　2　とともに　　　3　としても　　　4　というより

5　アルバイトで月5万稼ぐのがどれだけ（　　　）わかりました。
　1　大変か　　　2　大変なのが　　　3　大変だと　　　4　大変かどうか

6　老眼というと新聞や箱に書かれた小さい字が（　　　）困るというのは若い人でも想像がつくと思うけど、もっと困っていることがある。
　1　見なくて　　　2　見えにくくて　　　3　見せなくて　　　4　見られにくくて

7　母に、昼寝（　　　）って言われたのに夕方の7時まで寝ちゃった。
　1　するな　　　2　するよ　　　3　するね　　　4　するんだ

8　これから結婚式が（　　　）。みなさん、どうぞ中へお入りください。
　1　行っているところです
　2　行われているところです
　3　行われるところです
　4　行うところです

**9** おふろに入ってて出られなく10分後に（　　　）が出ない。 076
　1　かけ出す　　　2　かけ直した　　　3　かけたところだ　　　4　かけたばかりだ

**10** 携帯電話で（　　　）運転するのはやめましょう。 077
　1　話すんだったら　　　2　話しながら　　　3　話しても　　　4　話したら

**問題2** 次の文の ＿＿★＿＿ に入る最もよいものを、1・2・3・4から一つ選びなさい。

**11** 私は英語を ＿＿＿＿ ＿＿＿＿ ＿★＿ ＿＿＿＿ つもりです。 076
　1　ために　　　2　語学学校へ　　　3　通う　　　4　やり直す

**12** 彼らはコーヒーを ＿＿＿＿ ＿＿＿＿ ＿★＿ ＿＿＿＿ 話し合った。 077・021
　1　休暇中の　　　2　飲みながら　　　3　旅行の　　　4　ことを

**13** 赤ん坊は ＿＿＿＿ ＿★＿ ＿＿＿＿ ＿＿＿＿ いこうとする。 064・009
　1　かんでも　　　2　何でも　　　3　持って　　　4　口に

**14** いまからちょうど ＿＿＿＿ ＿＿＿＿ ＿★＿ ＿＿＿＿ きますね。 067
　1　買い物に　　　2　出かける　　　3　早速見て　　　4　ところなので

**15** かりに ＿＿＿＿ ＿★＿ ＿＿＿＿ ＿＿＿＿ 8000円もらえることになる。 069・028
　1　働けば　　　2　1日8時間　　　3　とすれば　　　4　時給1000円

**16** 彼女が ＿＿＿＿ ＿＿＿＿ ＿★＿ ＿＿＿＿ わからないでしょう。 071
　1　喜んでいるか　　　2　あなたに　　　3　どんなに　　　4　は

**17** 自分がされて嫌な ＿＿＿＿ ＿＿＿＿ ＿★＿ ＿＿＿＿ 言われたことないのか。 072・045
　1　するな　　　2　ことは　　　3　って　　　4　相手にも

18 ついさっき、旅行 _____ _____ ★ _____ だ。別府へ旅立ったのが先週金曜日だから、まる1週間出かけていたことになる。068・028

1 帰って　　　2 ところ　　　3 きた　　　4 から

19 1歳未満の赤ちゃんにハチミツやハチミツ入りの _____ _____ ★ _____ ください。074・078

1 飲料、お菓子　2 食べさせないで　3 などの　　4 食品は

20 子どもにとって父親 _____ _____ ★ _____ と思います。081・089

1 題材だ　　　　　　　　　2 ちょっと書きにくい
3 というのは　　　　　　　4 作文には

問題3 次の文章を読んで、文章全体の趣旨を踏まえて、 21 から 25 の中に入る最も
よいものを、1・2・3・4から一つ選びなさい。

　　留学生のキムさんはアパートの前で、となりの部屋の山田さんに会いました。山
　田さんは「キムさん、おはようございます。どちらにお出かけですか。」と言いま
　した。キムさんは 21 大学へ行くが、その前に駅前の郵便局へ行って、友だちに
　書いた手紙を出して、それから旅行会社へ行って、春休みに国へ帰るための飛行機
　のきっぷを予約する用事があることを説明しました。山田さんは、キムさんの話を
　聞きながら 22 をしていました。キムさんは春休みに国へ帰ることについて、も
　う少しくわしく説明しました。キムさんが 23 、山田さんは少し忙しそうに「そ
　うですか。いってらっしゃい。」しか言いませんでした。キムさんは、なんだかさ
　びしい 24 。
　　日本人は、道で人に会ったとき、「どちらにお出かけですか。」とよく聞きます。
　その答えは「ちょっと 25 」とか、「ちょっと買い物に」とかでだいじょうぶで
　す。この質問は、短くて決まったことばで話すあいさつと同じです。

**21**
1 それから　　2 これから　　3 それまで　　4 これまで

**22**
1 よくわからないような顔　　2 もう少し説明してほしい顔
3 たいへんいそがしそうな顔　　4 だいぶ時間がかかりそうな顔

**23**
1 くわしく説明したので　　2 くわしく説明しながら
3 くわしく説明したために　　4 くわしく説明したのに

**24**
1 気持ちを作りたいです　　2 気持ちになりました
3 気持ちもあります　　4 気持ちがほしいです

**25**
1 そこから　　2 ここから　　3 そこまで　　4 ここまで

## 문제해결 키워드

**~ながら** N3 077 ~하면서
話を聞きながら 이야기를 들으면서 (05行)

**お+동사의 ます형+です** ~하시다 〈존경〉
どちらにお出かけですか
어디에 외출하십니까? (02行)

**~ための** N3 041 ~위한
国へ帰るための飛行機のきっぷ
고국에 돌아가기 위한 비행기표 (04行)

**~ようだ** N3 110 ~인 것 같다
よくわからないような顔
이해가 잘 안 가는 듯한 표정 (06行)

**~について** N3 088 ~에 대해서
国へ帰ることについて
고국에 돌아가는 것에 대해서 (06行)

**~のに** N3 094 ~는데도
くわしく説明したのに 자세하게 설명했는데도 (07行)

**~そうだ** N3 035 ~한 듯하다 〈양태〉
少し忙しそうに 조금 바쁜 듯이 (07行)

**~てほしい** N3 058 ~하길 바라다

## 31

### ~にする ⁰⁸⁵ ~로 정하다, ~하게 하다

**접속** 명사

「~にする」는 '~로 정하다, ~하게 하다'라는 뜻으로, 무언가를 선택하거나 결정해야 하는 상황에서 '~으로 하기로 마음 먹었다'는 의지 표현으로 사용한다. 말하는 사람의 적극적인 자세를 나타내며, 특히 쇼핑하거나 주문할 때 자주 볼 수 있는 표현이다. 예를 들어 こちらのホテルにしましょう(이 호텔로 정합시다), お昼はパンと牛乳にした(점심은 빵과 우유로 했다)와 같이 쓴다. 또한 사람이나 물건을 '~로 만들다'라는 뜻으로도 사용된다. 예를 들어 彼女をリーダーにした(그녀를 리더로 삼았다), 箱をいすにする(상자를 의자로서 사용하다) 등이 있다.

- ジャムにしてもおいしい 잼으로 만들어도 맛있다 2017-2회
- どれにするか選ぶ時間も楽しい 어느 것으로 할지 고르는 시간도 즐겁다 2015-2회
- わたしは、おなかすいてないから、コーヒーだけにする 나는 배가 고프지 않으니, 커피만으로 할게 2010-1회

**유형1 문법형식**

- A 「なにになさいますか。」
  B 「ステーキにします。」
  A 무엇으로 하시겠습니까?
  B 스테이크로 하겠습니다.

- 予約を5名ではなく4名にしたいのですが。
  예약을 5명이 아니라 4명으로 하고 싶은데요.

- 赤ちゃんの笑顔はまわりの人を幸せにしてくれる。
  아기의 웃는 얼굴은 주위 사람을 행복하게 해 준다.

**유형2 문맥배열**

- 彼女は子どもも 自分のように ピアニストに しよう と 思っている。
  그녀는 자식도 자신처럼 피아니스트로 만들려고 생각하고 있다.

- 子どもを 医者に したがる 親が 多い らしい。
  자식을 의사로 만들고 싶어 하는 부모가 많은 것 같다.

**유형3 문장흐름**

- 母親は彼女をプロのピアニストにしようと厳しく育て上げたのですが、結局プロにはなれずウィーンにある音楽院で教授として働いています。
  어머니는 그녀를 프로 피아니스트로 만들려고 엄하게 키웠습니다만, 결국 프로는 되지 못하고 비엔나에 있는 음악원에서 교수로서 일하고 있습니다.

# 32 ～に対し(て) / ～に対する 086

①~에 대해(서)  ②~에게  ③~에 비해(서) / ~에 대한

**접속** 명사, 접속 조사 「なのに」, 동사 진행형+の, な형용사 なの 등

「～に対し(て)」는 '①~에 대해(서), ②~에게'라는 뜻으로 동작이나 감정이 향하는 대상을 나타내며, 상대방에게 직접 동작이 미칠 때 사용한다. 또 '③~에 비해(서)'라는 뜻도 있는데, 어떤 일에 대해서 두 개의 상황을 대비시켜 말할 때 쓴다. 「～に対する+명사」는 '~에 대한 ~'라는 뜻이다.

**참고** 응용표현에「～に対しては(~에게는, ~에 대해서는)」「～に対しても(~에게도, ~에 대해서도)」가 있으며, 「目上の人に対しては(손윗사람에게는)」「どんな人に対しても(어떤 사람에게도)」 등과 같이 쓰인다.

- 海外に留学する学生に対して奨学金を支給している
  해외에 유학하는 학생에게 장학금을 지급하고 있다 **2016-1회**

**유형1 문법형식**

- 地方では人口が減っているのに対して、都市部では人口が急激に増えている。 09
  지방에서는 인구가 줄고 있는 것에 비해서, 도시부에서는 인구가 급격하게 늘고 있다.

- 戦争に対して、批判の声が次第に高まっている。 04
  전쟁에 대해서 비판의 목소리가 점차 고조되고 있다.

- 公害を出す企業に対する批判が強くなっている。 92
  공해를 배출하는 기업에 대한 비판이 거세지고 있다.

- それは、子どもが大人に対して使っていい言葉ではない。 90
  그건 아이가 어른에게 사용해도 되는 말이 아니다.

- 父が短気なのに対して、母の方は気が長い。
  아버지가 성미가 급한 것에 비해, 어머니 쪽은 성미가 느긋하다.

**유형2 문맥배열**

- 先日の 会議では 彼の説明 に対して 質問が集中した。 01
  일전의 회의에서는 그의 설명에 대해 질문이 집중되었다.

- この店では、特に お客 に対する 言葉づかい や態度に注意をはらっている。 95
  이 가게에서는 특히 손님에 대한 말씨나 태도에 주의를 기울이고 있다.

- 彼は 仕事に対する 真剣な 構え方が 認められ、同僚より早く昇進した。
  그는 업무에 대한 진지한 자세가 인정되어 동료보다 빨리 승진했다.

**유형3 문장흐름**

- 日本は外国に対して市場をもっと開放するべきだ。そうすれば、価格競争が起きて消費者の生活が楽になる。
  일본은 외국에 대해 시장을 좀더 개방해야 한다. 그렇게 하면 가격 경쟁이 일어나 소비자의 생활이 넉넉해진다.

- 彼は、先月新しいカメラを購入してから毎日何十枚も写真を撮っている。彼のカメラに対する情熱は、当分冷めそうもない。
  그는 지난달 새 카메라를 구입한 후 매일 몇 십장이나 사진을 찍고 있다. 그의 카메라에 대한 정열은 당분간 식지 않을 것 같다.

---

### 유사표현 비교

#### 「~に対して」 vs 「~について」

「~に対して」에는 대상으로부터 조금 떨어진 지점에서 대상을 파악하고, 그 대상에게 어떤 물리적·심리적 작용을 미치기를 바라는 의도가 포함되어 있다. 그렇기 때문에 뒤에는 대립 관계를 나타내는 말이 오는 경우가 많다. 이에 반해 「~について[088]」는 대상을 깊이 파고든다는 뉘앙스가 있다.

- (○) 警官に対して抵抗する。 경찰관에게 저항하다.
- (×) 警官について抵抗する。
- (○) 日本文学について研究する。 일본 문학에 대해 연구하다.
- (×) 日本文学に対して研究する。

또한, 「Aに対してB」의 A는 B의 행위의 대상을 나타내고, 「AについてB」의 A는 B의 행위의 내용을 나타낸다.

- (○) 患者に対して話す。 환자에게 이야기하다. (이야기하는 상대가 환자)
- (○) 患者について話す。 환자에 대해 이야기하다. (이야기의 내용이 환자에 관한 것)

## 33

# ～について / ～につき 088
~에 관해서 / ①~이므로, ~이라서 ②~당

**접속** 명사

～に関して 079

「～について」는 '~에 관해서'라는 뜻으로 행위의 내용을 나타내며, 뒤에는 보통 언어 활동이나 사고 활동에 관계되는 말(言う·聞く·考える·書く·調べる 등)이 오는 경우가 많다. 유사 표현으로 「～に関して 079」(~에 관해서)가 있다. 뒤에 조사가 붙어 「～については(~에 관해서는)」, 「～についても(~에 관해서도)」, 「～についての+명사(~에 관한 ~)」 등의 형태도 쓰인다.

「～につき」는 명사와 접속해 '①~이므로, ~이라서'라는 이유를 나타내는데, 주로 알림이나 게시·벽보 등에서 자주 볼 수 있다. 그리고 비율을 나타내는 단어 뒤에 붙었을 때는 '②~당'이라는 뜻도 나타낸다.

- ☑ この映画ほど人生について考えさせられる映画はない
  이 영화만큼 인생에 대해서 생각하게 하는 영화는 없다  **2012-1회**

- ☑ 腰の痛みにどのくらい効果があるのかについて 허리 통증에 얼만큼 효과가 있는가에 관해서  **2010-1회**

**유형1 문법형식**

- アルバイト料は昼は一時間につき800円ですが、深夜は1000円です。
  아르바이트비는 낮에는 1시간당 800엔이지만, 심야는 1000엔입니다.  **09**

- 昼休みにつき、事務所は1時まで休みです。  **02**
  점심 시간이라서 사무실은 1시까지 쉽니다.

- この問題についてはもう少しみんなでよく考えてみてください。  **93**
  이 문제에 관해서는 모두가 좀더 잘 생각해 보세요.

- 卒業後の進路について、両親と話し合った。
  졸업 후의 진로에 관해서 부모님과 의논했다.

**유형2 문맥배열**

- 大学では 日本文学史 について 研究したい と思っています。  **07**
  대학에서는 일본문학사에 관해서 연구하고 싶습니다.

- 水道代は 一か月 につき 3000円 かかります。  **96**
  수도요금은 한 달마다 3000엔 듭니다.

**유형3 문장흐름**

- 韓国の日本文化開放について、レポートを書くことになった。幸い、私の兄が日本の音楽が大好きなので、詳しい話を聞くことができそうだ。いいレポートが書けるといいのだけれど。
  한국의 일본 문화 개방에 관해서 리포트를 쓰게 되었다. 다행히 우리 오빠가 일본 음악을 아주 좋아해서, 자세한 이야기를 들을 수 있을 것 같다. 괜찮은 리포트를 쓸 수 있으면 좋겠는데.

## 34

# ～にとって 〜에게, 〜에게 있어서

**접속** 명사

「〜にとって」는 '〜에게, 〜에게 있어서'라는 뜻으로, 판단하거나 평가하는 입장·시점을 나타낼 때 사용한다. 그 밖에 「〜にとっては(〜에게는, 〜에게 있어서는)」「〜にとっても(〜에게도, 〜에게 있어서도)」「〜にとっての+명사(〜에게 있어서의 〜)」의 형태로도 많이 쓰인다. 대표적인 예로 健康な人にとっては(건강한 사람에게는), 外国人にとっても (외국인에게 있어서도), 60歳以上の人にとっての戦後(60세 이상인 사람에게 있어서의 전후) 등과 같이 쓰인다.

- ✓ 自分にとって人生で一番大切なのは 나에게 있어 인생에서 가장 중요한 것은  N2 2017-1회
- ✓ 毎日車を運転する私にとって 매일 차를 운전하는 나에게  2013-2회
- ✓ わたしにとって、今一番大切なものは 나에게 있어서 지금 가장 소중한 것은  2012-1회

**유형1 문법형식**

- 改正された法律は、ほとんどの国民にとってあまり役に立たない。 07
  개정된 법률은, 대부분의 국민에게 그다지 도움이 되지 않는다.

- この時計は古いのですが、私にとってとても大切なものなのです。 05
  이 시계는 낡았지만, 제게 무척 소중한 것입니다.

- 私にとっては金のことは大した問題ではない。
  나에게 있어서는 돈은 큰 문제가 아니다.

- 婚姻は当事者だけでなく、それぞれの家族にとっても大切な問題である。
  혼인은 당사자 뿐만 아니라, 각각의 가족에게도 중요한 문제이다.

**유형2 문맥배열**

- 花つくりは わたし にとって 一番の 楽しみ である。 96
  화초 재배는 내게 제일의 즐거움이다.

- 健康な人には普通のことでも 体の 不自由な人に とっては 大変な ことが多い。
  건강한 사람에게는 보통 일이라도 몸이 불편한 사람에게는 힘든 경우가 많다.

**유형3 문장흐름**

- 少子化は世界のどの国にとっても深刻な問題であるが、正面から立ち向かうだけでなく、側面から対策を講じることも重要だ。
  저출산 현상은 세계의 어느 나라에 있어서도 심각한 문제이지만, 정면에서 맞설 뿐만 아니라 측면에서 대책을 강구하는 것도 중요하다.

## 35

# ~に~に 090 ~에 ~에, ~며 ~며

**접속** 명사

「~に~に」는 '~에 ~에, ~며 ~며'라는 뜻으로, 열거와 병기를 나타낸다. 이 표현은 앞서 열거한 것에 추가해서 다른 것을 열거하거나 어느 특정한 것을 이것저것 배합하여 예를 드는 형식으로 사용된다. 다시 말해 앞서 열거한 것에 추가하여 다른 것을 열거한다는 뜻에서 생각이 나는 대로 열거한다는 인상이 느껴진다. 예를 들면 パンにミルクにたまご(빵에 우유에 달걀), ビールにサイダーに(맥주며 사이다며)와 같이 쓴다.

☑ おすし**に**カレー**に**ラーメン、なんでもありますよ 초밥에 카레에 라면, 뭐든지 있어요 **2012-1회**

문법형식

- ラーメン**に**カレー**に**牛丼**に**、山田くんといろいろ食べたな。
  라면에 카레에 규동에, 야마다 군과 이것저것 먹었네.

- 彼女は、ダイエットをした後、テレビ**に**ラジオ**に**活躍されているようです。
  그녀는 다이어트를 한 후, TV에 라디오에 활약하시고 있는 듯합니다.

- 日本旅行ではいろいろな都市を訪ねたわ。東京**に**横浜でしょ、それから大阪**に**京都も行ったわ。
  일본 여행에서는 여러 도시를 방문했어. 도쿄에 요코하마에, 그리고 오사카에 교토도 갔어.

문맥배열

- ハンバーグ<u>に</u> エビフライ <u>に</u> オムライス、よく 食べる ね。
  햄버그 스테이크에 새우튀김에 오므라이스, 잘 먹네.

- たまねぎ<u>に</u> にんじん <u>に</u>、えーとそれから トマトを もらおうかしら。
  양파에 당근에, 음 그리고 토마토를 받을까?

문장흐름

- マンガを描くときにさまざまな道具が必要ですね。紙**に**鉛筆**に**消しゴム**に**ペン**に**インク**に**定規**に**…、全部そろえるのは本当に大変です。
  만화를 그릴 때에 다양한 도구가 필요하죠. 종이에 연필에 지우개에 펜에 잉크에 자에…, 전부 갖추는 것은 정말 힘듭니다.

## 36 ～には ① ~하려면  ② ~하기에는

**접속** 동사의 기본형(る형)

「～には」는 '①~하려면'이라는 뜻으로, '그렇게 하기 위해서는, 그렇게 하고 싶다고 생각한다면'이라는 의미를 나타낸다. 이와 비슷한 표현으로 「～ためには」(~하기 위해서는)가 있다. 또 「～には」는 '②~하기에는'이란 뜻으로 조사 「に+は」의 용법으로 쓰이기도 한다.

**참고** 「～には」는 명사에 붙으면 「春には(봄에는)」처럼 때를, 「私にはわからない(나는 모르겠다)」처럼 평가의 기준을 나타낸다.

✓ 今から作り直すには時間が足りない 지금부터 다시 만들기에는 시간이 부족하다  **2013-1회**

**유형1 문법형식**

- 国際交流を進めるには、相手を理解しようとする姿勢が欠かせない。 05
  국제교류를 진행시키려면, 상대를 이해하려고 하는 자세를 빠뜨릴 수 없다.

- あの人を納得させるには頭を使わなければだめだ。
  그 사람을 납득시키려면 머리를 쓰지 않으면 안 된다.

- この本を読むのはわたしにはむずかしいです。
  이 책을 읽는 것은 제게는 어렵습니다.

- サッカーをするには人数が足りない。
  축구를 하기에는 인원이 부족하다.

**유형2 문맥배열**

- 東京駅 に行くには そこの角を 曲がった 方が近いですよ。 02
  도쿄역에 가려면 거기 있는 모퉁이를 도는 것이 가까워요.

- 9時に そこに 着く には 7時に 出なければならない。
  9시에 그곳에 도착하려면 7시에 나가야 한다.

- 試合に勝つ には やっぱり練習する しか ないでしょう。
  시합에 이기려면 역시 연습할 수밖에 없겠지요.

**유형3 문장흐름**

- ただ、大型犬を飼うにはある程度の広さの家が必要です。マンションなどで飼うのは不向きと言えるでしょう。
  단, 대형견을 기르기에는 어느 정도 넓이의 집이 필요합니다. 맨션 등에서 기르는 것은 적합하지 않다고 할 수 있습니다.

# 37

## ～ばいい 095  ①~하면 좋겠다 〈바람〉  ②~하면 좋다 〈추천〉

**접속** 동사의 가정형(ば형)

「～ばいい」는 '①~하면 좋겠다'라는 뜻으로, 어떤 일이 실현되면 좋겠다는 의미로 사용된다. 「～ば」 대신「～と・～たら」로 바꿔서 써도 무방하다. 또 「～ばいい」는 '②~하면 좋다'라는 뜻으로 좋은 방법이라고 생각하는 것을 추천하는 뜻으로도 쓰인다. 「～ばいい」는 「～ば良い」로 써도 무방하다.

☑ すぐに歯医者に行けばいいのだろうが 바로 치과에 가면 좋겠지만  **2010-1회**

**유형1 문법형식**

- 素直にごめんなさいと言えばいいのに、すぐ口答えをしてしまう。
  솔직하게 죄송해요 라고 말하면 되는데, 금새 말대꾸를 하고 만다.

- 小児科、耳鼻科どっちに受診すればいいか迷ったことはたくさんあると思います。
  소아과, 이비인후과 어느 쪽 진료를 받으면 좋을지 갈피를 못 잡은 경우는 많다고 생각합니다.

- 本当に子どもを連れてパリに行ける日が来るといいと思います。
  정말로 아이를 데리고 파리에 갈 수 있는 날이 오면 좋겠어요.

**유형2 문맥배열**

- 学生のときに もっと 勉強して おけば よかった。
  학생일 때 더 공부해 두었으면 좋았다.

- 3連休が控えているのだから、その際に 行けば いいの だろう が、混雑は目に見えている。
  3일 연휴를 앞두고 있어서, 그 때 가면 좋겠지만, 혼잡은 뻔하다.

**유형3 문장흐름**

- うちの父は短気な人で、願う時は大急ぎにごたごたお願いするけれども、あなたは、ゆっくりお暇なときしてくだされればいいのよ。
  우리 아버지는 성미가 급한 사람이라, 부탁할 때는 아주 급하고 어수선하게 부탁하지만, 당신은 천천히 시간 있을 때 해 주시면 돼요.

## 38

### 〜はじめる 097  ~하기 시작하다

**접속** 동사의 연용형(ます형)

「〜はじめる(始める)」는 '~하기 시작하다'라는 뜻으로, 동작·작용의 개시를 나타내는 표현이다. 시작과 끝이 있는 동작이나 작용, 자연현상, 습관 등이 시작된다는 의미로, 대개 순간동사에는 붙지 않고 계속동사에만 붙는다. 계속동사는 어떤 시간 계속되는 동작이나 작용을 나타내는 동사로「いる・使う・待つ・作る・書く・降る・吹く・読む」등이 있다. 塾を通いはじめた(학원을 다니기 시작했다), 風が強く吹きはじめる(바람이 세게 불기 시작하다)와 같이 쓴다.

- 昨日からピアノを習い**はじめた**が 어제부터 피아노를 배우시 시작했는데 **2015-2회**

**문법형식**

- 急に空がくらくなって強い風がふき**はじめた**。 99
  갑자기 하늘이 어두워지고 강한 바람이 불기 시작했다.

- このごろあまいものをよく食べるので、ふとり**はじめました**。 96
  요즘 단 것을 자주 먹기 때문에 살이 찌기 시작했습니다.

- 彼女は3か月前にスペイン語を習い**始めた**。
  그녀는 석 달 전에 스페인어를 배우기 시작했다.

**문맥배열**

- 書道は プロに なってから 習い**はじめた**が、集中力の 訓練にもなる。
  서예는 프로(기사)가 되고 나서 배우기 시작했는데, 집중력 훈련도 된다.

- 彼女は会議のあと 疲れ を 感じ **はじめて** いた。
  그녀는 회의가 끝난 후 피로를 느끼기 시작했다.

**문장흐름**

- フルートは何歳くらいから習い始めるのですか。娘がフルートを習いたがっていて、もう2年ぐらい言い続けています。4歳から大手の音楽教室に通い始めて、現在7歳です。
  플루트는 몇 살 정도부터 배우기 시작하나요? 딸이 플루트를 배우고 싶어 해서, 벌써 2년 정도 계속 말하고 있어요. 4살부터 대형 음악교실에 다니기 시작해서, 지금 7살이에요.

# 39

## ～はずがない ⁰⁹⁸　~할 리가 없다

**접속** 동사의 종지형, い형용사의 종지형, な형용사의 な형・である, 명사+の・である, そんな 등

「～はずがない」는 '~할 리가 없다'라는 뜻으로, 대개 동사의 기본형에 접속하여 부정의 추측을 나타낸다. 어떤 사실을 근거로 '그럴 가능성이 없다'라고 말할 때 쓰며, 말하는 사람의 주관적인 판단을 나타낸다. ひどいことをするはずがない(심한 짓을 할 리가 없다), 旅行にくるはずがない(여행에 올 리가 없다)와 같이 쓴다. 「～はずがない」는 회화체에서 「が」가 생략되어 「～はずない」가 되는 경우가 많으며, 「～はずはない(~할 리는 없다)」의 형태로 쓰이기도 한다.

☑ 同じでいい**はずがない**　같은 것으로 괜찮을 리가 없다　N2 2017-1회

- その子はまだ幼いのでそんなことをする**はずがない**。
  그 아이는 아직 어리기 때문에 그런 짓을 할 리가 없다.

- 彼女が昨夜そこにいた**はずがない**。
  그녀가 어젯밤 거기에 있었을 리가 없다.

- 毎日たばこを吸っていて、体にいい**はずがない**。
  매일 담배를 피워서 몸에 좋을 리가 없다.

- あわてて結婚したけれど、彼女が あんな 夫に 満足している **はずがない**。
  서둘러 결혼했지만, 그녀가 그런 남편에게 만족할 리가 없다.

- きみは太郎の親友だから 太郎がだれと つき合っているか 知らない **はずがない**。
  너는 다로의 친구니까 다로가 누구랑 사귀고 있는지 모를 리가 없어.

- もちろん、すぐさま就業先というようなものが決定できれば特に問題ないでしょうが、簡単に就職というものが**確定するはずはない**と思います。
  물론 당장 직장이라는 것이 결정된다면 딱히 문제없겠지만, 쉽게 취직이라는 것이 확정될 리는 없다고 생각합니다.

## 40

# ～はずだ⁰⁹⁹  ~일 터이다, ~일 것이다

**접속** 활용어의 종지형, 명사+の

「～はずだ」는 '~일 터이다, ~일 것이다'라는 뜻으로, 필연·추측·납득 등을 서술하는 표현이다. 객관적인 이유가 있어서 추측에 상당한 확신이 있을 때 쓰며, 약속 또는 예정이 되어 있는 것을 나타내기도 한다. 그리고「どうりで～はずだ(어쩐지 ~하더라)」라는 표현도 잘 익혀두자. どうりで日本語が上手なはずだ(어쩐지 일본어가 능숙하더라)와 같이 쓴다.

- ☑ 高い指輪だったら、会社にしてこないはずだよ 비싼 반지라면 회사에 하고 오지 않을 거야 **2012-2회**
- ☑ あなたがいちばんご存じのはずだ 당신이 가장 잘 알고 계실 것이다 **N2 2010-2회**
- ☑ どうりですいてるはずだ 어쩐지 비어 있더라 **N1 2010-1회**

**문법형식**

- この薬を飲めば病気はなおるはずです。
  이 약을 먹으면 병은 나을 것입니다.

- 彼女はもう家に着いているはずだ。
  그녀는 벌써 집에 도착했을 것이다.

- この学習法はまじめに取り組めば効果があるはずだ。
  이 학습법은 성실하게 몰두하면 효과가 있을 터이다.

**문맥배열**

- どこかで彼に 会っている はずだが どうしても 名前が思い 出せない。
  어딘가에서 그를 만났을 터인데, 도무지 이름이 떠오르지 않는다.

- きみは両親 に対して もっと敬意を 表しても いいはず だ。
  너는 부모님에게 좀더 경의를 표해도 좋을 것이다.

**문장흐름**

- 主任の先生から、「反省会で、『特にありません』とは言わないように。『特にない』というのは何も学習していないということです。でも、そんなことはないでしょう。気づいた点があるはずです。」と言われ、ぎくっとした。
  주임선생님이 '반성회에서 "딱히 없어요"라고 말하지 않도록. "딱히 없다"라는 것은 아무것도 학습하지 않았다는 말입니다. 하지만 그럴 리는 없겠지요. 깨달은 점이 있을 것입니다.'라고 하셔서 움찔했다.

問題 1 次の文の（　）に入れるのに最もよいものを、1・2・3・4から一つ選びなさい。

1　その点に（　　　）、この本にくわしく説明されている。
　　1　して　　　　2　ついては　　　3　とって　　　　4　したがって

2　渋谷から六本木方面に行く（　　　）、都バスが便利です。
　　1　かは　　　　2　とは　　　　　3　のが　　　　　4　には

3　A「どっちのラケットにしますか。」
　　B「こっちに（　　　）。」
　　1　します　　　2　います　　　　3　なります　　　4　あります

4　社長が事業拡大に積極的なの（　　　）、副社長は消極的だ。
　　1　において　　2　に対して　　　3　について　　　4　によって

5　算数、国語、英語を5歳の12月から（　　　）が、3歳くらいからすればよかったと思った。
　　1　習いつづけた　　　　　　　　2　習わせてほしかった
　　3　習いはじめた　　　　　　　　4　習わせたかった

6　ずっと前から存じ上げていたような気がするのですが、そんな（　　　）ですよね。
　　1　ばかりはない　2　ほどはない　　3　だけはない　　4　はずはない

7　それは私（　　　）重要な問題だった。
　　1　では　　　　2　からは　　　　3　にとって　　　4　によって

8　そこの食堂は、ラーメン（　　　）カレー（　　　）そば、何でもありますよ。
　　1　で / で　　　2　が / が　　　　3　に / に　　　　4　は / は

9  ぼくが助けを呼びに（　　　）、それまでにこの人を救命する必要がある。

1　行かなくてもいいのだろうが　　　　2　行かなくてもいいようだが
3　行けばいいのだろうが　　　　　　　4　行ければいいようだが

10  彼女は今ごろはもう仕事を終えている（　　　）。

1　はずだ　　　2　ことができる　　　3　つもりはない　　　4　こともある

11  先月の売り上げ50万（　　　）今月は300万を超えている。

1　によって　　　2　にとって　　　3　に対して　　　4　にあたって

12  A「何になさいますか。」
B「ぼくは、おなかがすいていないから、紅茶（　　　）します。」

1　だけ　　　2　だけで　　　3　だけを　　　4　だけに

13  A「彼女とのデートをすっぽかしちゃった。」
B「どうりで怒る（　　　）。」

1　こともある　　　2　に決まってる　　　3　に違いない　　　4　はずだ

14  昨日、文房具屋でノート（　　　）本（　　　）、いろいろ使えるブックカバーを買った。

1　が / が　　　2　は / は　　　3　で / で　　　4　に / に

15  A「夜中に騒いじゃいけないという法律はないよ。」
B「あのね。法律違反でなければ（　　　）もんじゃないだろ。」

1　いいかい　　　2　いいって　　　3　いいのを　　　4　いいだって

16  チェックインを済ませたら、そのままベッドに直行ということになりがちですが、まだまだ（　　　）には早すぎます。

1　寝る　　　2　寝た　　　3　寝て　　　4　寝ながら

17 先生が（　　　）はじめると皆おしゃべりをやめた。097
1　話す　　　　2　話し　　　　3　話して　　　　4　話した

18 その数学の試験はわたしに（　　　）やさしかった。089
1　対しては　　2　比べては　　3　おいては　　　4　とっては

19 A「彼、亡くなったんだ。」
　 B「そんな（　　　）。3日前に会ったばかりだ。」098・096
1　ものがない　2　ものだ　　　3　はずがない　　4　はずだ

20 電気代は1か月に（　　　）5千円かかります。088
1　とって　　　2　わたり　　　3　かけ　　　　　4　つき

問題2 次の文の ＿★＿ に入る最もよいものを、1・2・3・4から一つ選びなさい。

21 環境＿＿＿＿＿★＿＿＿＿＿＿＿＿＿ことが重要です。088
1　子どもたちを　2　教育する　　3　問題に　　　　4　について

22 A「どちらのシャツになさいますか。」
　 B「こっち＿＿＿＿＿＿＿＿★＿＿＿＿します。」085
1　の　　　　　2　白い　　　　3　に　　　　　　4　ほう

23 エネルギー資源の問題は＿＿＿＿＿＿★＿＿＿＿重要な課題だ。089
1　国に　　　　2　とっても　　3　世界の　　　　4　どの

24 通常大阪から＿＿＿＿＿＿＿★＿＿＿＿比較的少ないかとは思います。091
1　飛行機で行くのが　　　　　2　北海道に行くには
3　一番早いので　　　　　　　4　新幹線で北海道まで行く人は

**25** 私たちは何をすればいいのですか、ここで ＿＿＿ ＿＿＿ ★ ＿＿＿ のですか。096

1　いい　　　　2　いれば　　　　3　して　　　　4　ぶらぶら

**26** 雨から雪に変わるのは、当初は昼前の ＿＿＿ ＿＿＿ ★ ＿＿＿ はじめた。097

1　予想でしたが　2　予想より　　3　雪が降り　　4　２時間早くから

**27** 国は、早急に ＿＿＿ ★ ＿＿＿ ＿＿＿ 迫られている。086

1　対する　　2　講じる必要に　　3　この災害に　　4　応急措置を

**28** この車は性能もデザインもよく、おまけに安い。これ ＿＿＿ ★ ＿＿＿ ない。098

1　では　　　　2　売れない　　　　3　が　　　　4　はず

**29** 普通、お酒にラーメンに ＿＿＿ ＿＿＿ ★ ＿＿＿ 中途半端になりがちですが、ここのお店は違います。090・045・N2 020

1　いろいろやってる　　　　2　お店って
3　どれも味が　　　　　　　4　カレーにと

**30** 山田は今席を ＿＿＿ ＿＿＿ ★ ＿＿＿ です。099

1　はず　　　2　はずして　　　3　すぐに戻る　　　4　いますが

**問題3** 次の文章を読んで、文章全体の趣旨を踏まえて、 31 から 35 の中に入る最もよいものを、1・2・3・4から一つ選びなさい。

「ことわる」とか「反論する」ということは、どんな場合でもむずかしい。上手にことわる、相手の気持ちをそこねないように反論する、 31 高度なコミュニケーション技術である。

何かの頼みをことわる際には、「できない」「やれない」というような否定的なことばを使わず、どういう条件ならできるのかを相手に伝える。 32 、"自分ができること"の提案に変えることが有効である。さらに、ことわる前に重要なことは、「自分の限界を知っておくこと」である。 33 、「努力します」「頑張ります」などと言って、相手に期待させ、その結果がNGであったら、 34 、信用を失う。「ことわる勇気」と「受ける決断」。ここが、しっかりと見きわめられるようになると、自然と自分がのぞむいい仕事に出合える 35 。

**31**
1　といっては　　2　というのは　　3　というには　　4　というよりは

**32**
1　ところで　　2　しかし　　3　ところが　　4　つまり

**33**
1　無理な要求によって　　　　　2　簡単な要求によって
3　無理な要求に対して　　　　　4　簡単な要求に対して

**34**
1　ますます　　2　それこそ　　3　つまり　　4　すなわち

**35**
1　チャンスが拡大していく　　　　　2　サービスが拡大していく
3　チャンスがないに決まっている　　4　サービスがないに決まっている

## 문제해결 키워드

**~に対して** N3 086 ~에 대해서
無理な要求に対して 무리한 요구에 대해 (07行)

**~ないように** N3 112 ~하지 않도록
相手の気持ちをそこねないように
상대의 기분을 상하게 하지 않도록 (02行)

**~というのは** ~이라는 것은
反論する、というのは 반론하다, 라는 것은 (02行)

**~際には** ~할 때에는
何かの頼みをことわる際には
뭔가 부탁을 거절할 때에는 (04行)

**~なら** ~라면
どういう条件なら 어떤 조건이라면 (05行)

**~ておく** N3 051 ~해 두다
自分の限界を知っておくこと
자신의 한계를 알아두는 것 (07行)

**~である/~でない** N3 047 ~이다/~이 아니다
その結果がNGであったら 그 결과가 좋지 않다면 (08行)

**~ようになる** N3 115 ~하게(끔) 되다
しっかりと見きわめられるようになると
확실히 구분할 수 있게 되면 (09行)

**~によって** N3 092 ~에 의해, ~에 따라

**~に決まっている** N3 080 분명(반드시) ~이다

# 41 ～ほか(に) / ～ほかは[102]  ~외에 / ~외에는

**접속** 명사+の, 명사, その, 동사의 과거형(た형) 등

「～ほか」는 '~외, ~밖'이라는 뜻으로, 앞에 서술한 것 이외에 다른 것도 있다고 첨가하거나 추가해서 말하고 싶을 때 주로 사용한다. 예를 들어 「本のほかに」(책 외에), そのほかに(그 외에, 그 밖에), 英語のほかに(영어 외에), 月曜日のほかは(월요일 외에는)」 등이 있다. 또한 「ほか(の)～」라는 형태로 '다른 ~'라는 뜻으로 사용되기도 한다. 예를 들면 「ほかの店(다른 가게), 社長ほか(사장 외), ほかに何かないか(그 밖에 무언가 없는지)」 등과 같이 쓴다.

✓ 本のほかに、雑誌やCDなども置いてある  책 외에 잡지나 CD 등도 놓여져 있다  **2015-2회**

**문법형식**

- 花子さんは英語のほかにフランス語も話せます。
  하나코 씨는 영어 외에 프랑스어도 말할 수 있습니다.

- 雨が少し降ったほかは楽しい遠足でした。
  비가 조금 내린 외에는 즐거운 소풍이었습니다.

- その事件でその会社の社長ほか3名が辞職しました。
  그 사건으로 그 회사의 사장 외 3명이 사직했습니다.

**문맥배열**

- この夏は 伊豆に 1泊旅行した ほかは ずっと家に いました。
  이번 여름에는 이즈에 1박 여행한 외에는 계속 집에 있었습니다.

- 彼女は 女優業の ほかに 画家 としても 活躍しています。
  그녀는 여배우 일 외에 화가로서도 활약하고 있습니다.

**문장흐름**

- 電車に乗るのが好きな「鉄」は「乗り鉄」というように、それぞれの内容に対応した呼び名がある。「乗り鉄」のほか、写真を撮るのが好きな「撮り鉄」、車両や鉄道がある風景を描く「描き鉄」、鉄道の模型が好きな「模型鉄」などだ。 **N2 2011-1회**
  전철 타는 것을 좋아하는 '철도 매니아'는 '타는 철도 매니아'라고 하듯이, 각각의 내용에 대응한 통칭이 있다. '타는 철도 매니아' 외에 사진 찍는 것을 좋아하는 '찍는 철도 매니아', 차량이나 철도가 있는 풍경을 그리는 '그리는 철도 매니아', 철도 모형을 좋아하는 '모형 철도 매니아' 등이다.

## 42

# ～前(まえ)に [104] ~하기 전에

**접속** 동사의 기본형(る형), 명사+の

「～前に」는 '~하기 전에'라는 뜻으로 '시간관계의 전후'를 나타낸다. 「～前に」의 앞뒤 동작 중 뒤의 동작을 먼저 한다. 本をかりる前にカードを作る(책을 빌리기 전에 카드를 만든다), 寝るまえに歯をみがく(자기 전에 이를 닦는다)와 같이 쓴다.

✓ 年を取って体が動かなくなるまえに 나이가 들어 몸이 움직이지 않게 되기 전에 **2012-1회**

**유형1 문법형식**

- 日本に来るまえに日本に関する本をいろいろ読みました。
  일본에 오기 전에 일본에 관한 책을 여러 가지 읽었습니다.

- 食事のまえにこの薬を飲んでください。
  식사 전에 이 약을 드세요.

- 姉はいつも寝る前にストレッチングをします。
  언니는 항상 자기 전에 스트레칭을 합니다.

**유형2 문맥배열**

- ある日 突然体が 動かなくなる まえに 定期的に 当院の治療を受けて予防をしておきましょう。
  어느 날 갑자기 몸이 움직이지 않게 되기 전에 정기적으로 저희 병원의 치료를 받아 예방을 해 둡시다.

- 今回は、再生できなくなる 前に ぜひともやって おきたい、ビデオテープをデジタル化する方法を大きく2つに分けてご紹介します。
  이번에는 재생이 불가능하게 되기 전에 꼭 해두고 싶은, 비디오테이프를 디지털화하는 방법을 크게 2가지로 나누어 소개하겠습니다.

**유형3 문장흐름**

- この病気は治療できません。難病です。体が動かなくなる前にもう一度来てください。体が動かなくなる前の症状としては、手足がしびれ、物が持てなくなり、歩くことが難しくなって、最後の症状としては寝たきりになります。
  이 병은 치료할 수 없습니다. 난치병입니다. 몸이 움직이지 않게 되기 전에 다시 한 번 오세요. 몸이 움직이지 않게 되기 전의 증상으로서는, 손발이 저리고, 물건을 집을 수 없게 되며, 걷는 것이 어려워지고, 마지막 증상으로서는 죽 누워 있게 됩니다.

# 43

## 〜までに[105] ~까지, ~안으로

**접속** 명사, 동사의 종지형

「〜まで」와 「〜までに」는 우리말로 표현하면 모두 '~까지'가 되지만, 그 쓰임에는 다소 차이점이 있다. 즉 「AまでBする」는 시간 A가 될 때까지 줄곧 계속되는 행위 B를 나타내지만, 「AまでにBする」는 A가 되기 이전에 B의 행위가 완료되는 것을 나타낸다. 예를 들어 8時までにこの教室に来てください(8시까지(8시 안으로) 이 교실로 오세요)와 같이 쓴다.

- ☑ これまでに発表されてきた彼の曲と大きく違う 이제까지 발표된 그의 곡과 크게 다르다 **2016-1회**
- ☑ 会議は11時半までには終わると思いますよ 회의는 11시반 안으로는 끝날 것 같아요 **2011-1회**

**문법형식**

- 今日は6時までに家に帰らなければなりません。
  오늘은 6시까지 집에 돌아가야 합니다.

- 来年度の事業計画案をあしたまでに作りあげてください。
  내년도 사업계획안을 내일까지 완성해 주세요.

- 所得の申告は、3月15日までにしなければなりません。
  소득 신고는 3월 15일 안으로 해야 합니다.

**문맥배열**

- 夜泣きは6か月を 過ぎたころに 始まり 2歳までに は 終わると言われます。
  밤중에 우는 것은 6개월을 지났을 즈음 시작해서 2살 안으로는 끝난다고들 합니다.

- 大学を卒業する までに 必要な学費は いくらぐらい だろうか。
  대학을 졸업하기까지 필요한 학비는 얼마 정도일까?

**문장흐름**

- 1914年にオーストリアがセルビアに宣戦布告して始まった第1次世界大戦はクリスマスまでには終わると楽観的に考えられていた。この戦争はその後4年以上も続くことになり、20世紀に入って戦争は「総力戦」になったのだ。
  1914년에 오스트리아가 세르비아에 선전포고하여 시작된 제1차 세계대전은 크리스마스 안으로는 끝난다고 낙관적으로 생각되고 있었다. 이 전쟁은 그 후 4년 이상이나 이어지게 되어, 20세기에 들어서 전쟁은 '총력전'이 된 것이다.

## 44 ～(た)まま[106] ~한 채로

**접속** 동사의 과거형(た형), 명사+の, この・その 등

「～(た)まま」는 '한 채로, ~의 상태를 바꾸지 않고'라는 뜻으로, 어떤 상황이 계속되고 있거나 어떤 동작을 한 후 상태를 바꾸지 않고 그 상태에서 다른 동작을 한다는 의미로 쓰인다. 예를 들어 朝出かけたまま(아침에 외출한 채로), 眼鏡をかけたまま寝てしまった(안경을 쓴 채로 자버렸다), くつをはいたまま入らないでください(신발을 신은 채로 들어오지 마세요)와 같이 쓴다. 동사의 과거형(た형) 외에 「명사+の+まま」는 관용적인 표현으로 쓰일 때가 많다. 예를 들어「くつのまま(신을 신은 채로), はだかのまま(알몸인 채로)」, この・その가 붙어「このまま(이 상태로, 이대로), そのまま(그 상태로, 그대로)」와 같이 쓴다. 또한「もらえないまま(받지 못한 채로)」와 같이 동사의 과거형이 아닌 형태로 쓰이는 경우도 있다.

- ✓ テレビをつけたまま TV를 켠 채로 **2017-2회**
- ✓ いすに座ったまましてもかまいません 의자에 앉은 채로 해도 상관없습니다 **2015-1회**
- ✓ 書いたまま出すのを忘れていた友人への手紙 쓴 채로 부치는 것을 잊고 있었던 친구에게 보낼 편지 **2014-1회**

**유형1 문법형식**

- 彼は帽子をかぶったまま教室に入ってきた。
  그는 모자를 쓴 채로 교실에 들어 왔다.

- その事件は未解決のままです。
  그 사건은 미해결된 채로 남아 있습니다.

**유형2 문맥배열**

- 彼女は視線をじっと訪問記者に 注いだ まま 戦争体験を 語り始めた。
  그녀는 시선을 지그시 방문기자에게 쏟은 채 전쟁체험을 말하기 시작했다.

- ただ疲れただけです。しばらく この ままに させて ください。
  그저 피곤할 뿐입니다. 잠시 이대로 있게 해 주세요.

**유형3 문장흐름**

- 花子さんが時間を忘れて楽しんでいるあいだ、彼は、何の連絡も もらえないまま1人で 待っていました。
  하나코 씨가 시간을 잊고 즐기고 있는 동안, 그는 아무 연락도 받지 못한 채 혼자서 기다리고 있었습니다.

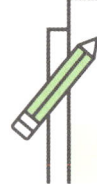

# 45

## ～みたいに / ～みたいだ [107] (마치) ~처럼, ~같이 / ~같다

**접속** 활용어의 종지형, 명사

「～みたいに」는 '(마치) ~처럼, ~같이'라는 뜻이고, 「～みたいだ」는 '(마치) ~같다, ~인 것 같다'라는 뜻이다. 이 표현은 비유·예시·추측을 나타내며 주로 회화체로 사용한다. 문장체에도 사용되지만, 상당히 스스럼없는 표현이다. 그러므로 딱딱한 문장이나 격식을 차린 장면에서는 「～ようだ」[110](~인 것 같다, ~와 같다)」를 사용하는 것이 무난하다. 한편 명사를 수식할 때는 「～みたいな～(~같은~)」의 형태가 된다. 또한 「～みたいだ」의 경우 「～みたい」처럼 「だ」를 생략해도 무방하다.

- ☑ 最初からきれいに包まれたみたいでした 처음부터 예쁘게 포장된 것 같았습니다 **2014-2회**
- ☑ もう一生会えないみたいに言うのは 이제 평생 만날 수 없는 것처럼 말하는 것은 **N2 2010-2회**

- なんだか熱っぽいの。風邪をひいたみたい(だ)。
  왠지 열이 있는 거 같아. 감기에 걸린 것 같아.

- この岩は人の顔みたいに見えるね。
  이 바위는 사람의 얼굴처럼 보이네.

- コーヒーみたいな刺激の強いものは、寝るまえには飲まないほうがいい。
  커피같은 자극이 강한 음료는 자기 전에는 마시지 않는 게 좋다.

- 妹は、体操の 選手 みたいに 体が やわらかい。 **09**
  여동생은 체조 선수처럼 몸이 유연하다.

- 男は いくつ になっても 子ども みたいな ところがあります。
  남자는 몇 살이 되어도 어린애 같은 데가 있습니다.

- 君 みたいな 優秀な 学生なら 半年で ドイツ語をマスターできる。
  자네 같은 우수한 학생이라면 반년이면 독일어를 마스터할 수 있어.

- 初対面と言っていいくらいのぼくに、まるで親友みたいに声をかけてくれた友人を、ぼくは考える間もなく好きになっていた。
  초면이라고 해도 좋을 정도인 나에게, 마치 친한 친구처럼 말을 걸어 준 친구를 나는 생각할 겨를도 없이 좋아졌다.

## 46

# ～やすい [108]  ~하기 쉽다

**접속** 동사의 연용형(ます형)

「～やすい」는 동사의 연용형(ます형)에 접속하여 '~하기 쉽다' 또는 '~하기에 용이하다, 그런 경향이 있다'는 뜻을 나타낸다. 문맥에 따라서 좋은 평가가 되기도 하고 나쁜 평가가 되기도 한다. 예를 들어 このくつははきやすい(이 신발은 신기 쉽다), 今の季節は病気になりやすい(지금 계절은 병에 걸리기 쉽다)와 같이 쓴다. 반대표현은 「～にくい」[081]로 동사의 연용형(ます형)에 접속하며 '~하기 어렵다'라는 뜻이다.

- ☑ このくつは歩きやすくて  이 신발은 걷기 편해서  **2017-2회**
- ☑ のどを温めると、高い声も出しやすくなる  목을 따뜻하게 하면, 고음도 내기 쉬워진다  **2016-1회**
- ☑ 表やグラフを示しながら説明するとわかりやすくなります
  표나 그래프를 가리키면서 설명하면 이해하기 쉬워집니다  **2014-2회**

**문법형식**

- 東京は生活しやすいところだと思いますか。 94
  도쿄는 생활하기 좋은 곳이라고 생각합니까?

- この掃除機は機械が苦手な人も扱いやすい。
  이 청소기는 기계가 서투른 사람도 다루기 쉽다.

- 集めた資料を項目別に整理して、後で調べやすいようにしておいてください。
  모은 자료를 항목별로 정리해서, 나중에 조사하기 쉽도록 해 두세요.

**문맥배열**

- 雨で 道が すべり やすい★ から、気をつけてください。 00
  비때문에 길이 미끄러지기 쉬우니 조심하세요.

- 論文のような客観的な文章 には パソコンの文字 のほうが 読み やすい★ と思う。
  논문과 같은 객관적인 문장에는 컴퓨터 글씨가 더 읽기 쉽다고 생각한다.

**문장흐름**

- 人間も栄養バランスが整っていないと健康状態が悪化し、風邪をひいたり病気になることがあります。これと同じように犬の場合も栄養バランスが整っていないと病気になりやすくなります。
  사람도 영양의 균형이 갖추어지지 않으면 건강상태가 악화되어 감기에 걸리거나 병이 나는 경우가 있습니다. 이것과 마찬가지로 개의 경우에도 영양의 균형이 갖추어지지 않으면 병이 나기 쉬워집니다.

# 47 〜ようなら(ば)¹¹¹ ~할 것 같으면, ~할 경우에는

**접속** 동사의 기본형(る형)・부정형(ない형), い형용사의 사전형, な형용사의 연체형(な형) 등

「〜ようなら(ば)」는 '~할 것 같으면, ~할 경우에는'이라는 뜻이다. 이 표현은 「〜ようだ¹¹⁰(~인 것 같다, ~와 같다)」의 조건을 나타내는 형태로, '그와 같은 경우에는'이라는 뜻을 나타낸다. 문장체로는 「〜ようであれば」가 사용되며, 회화체로는 「〜ようだったら・〜ようでしたら」가 사용된다.

- ☑ 明日になっても熱が下がらないようであれば 내일이 되어도 열이 내려가지 않을 경우에는 N2 2014-1회
- ☑ 同じことが何度も繰り返されるようならば 같은 일이 몇 번이고 반복될 경우에는 N2 2012-2회
- ☑ 9時過ぎるようなら、迎えに行くから、電話しろよ 9시가 지날 것 같으면 데리러 갈테니까 전화해 2011-1회

**유형1 문법형식**

- やってもだめなようなら、もう無理しなくていいからね。
  해도 안될 것 같으면, 이제 무리하지 않아도 되니까.

- 遅れるようでしたら前もって電話で連絡してください。
  늦어질 것 같으면 미리 전화로 연락해 주세요.

- このコンピューターがまだ直るようでしたら、修理見積書を送ってください。
  이 컴퓨터가 아직 고쳐질 것 같으면, 수리 견적서를 보내 주세요.

- もし、寒いようなら現地のツアー会社で防寒具を借りることができます。
  만약 추울 경우에는 현지의 투어 회사에서 방한구를 빌릴 수 있습니다.

**유형2 문맥배열**

- 明日もまた 仕事を 休む ようなら 会社を やめてもらいます。 03
  내일도 또 일을 쉴 것 같으면 회사를 그만두십시오.

- お忙しい ようなら 会合 には 私が 代わりに 参ります。
  바쁘실 것 같으면 회합에는 제가 대신 가겠습니다.

**유형3 문장흐름**

- 万が一、謝っても許してくれないようなら本格的な話し合いをする必要があります。お互いに冷静になるまで時間を置き、あらためて話をする機会を設けるようにしてください。
  만일 사과해도 용서해 주지 않을 경우에는 본격적으로 서로 이야기할 필요가 있습니다. 서로 냉정해질 때까지 시간을 두고, 다시 이야기를 할 기회를 마련하도록 하세요.

## 48

# ～ようにいう / ～ようにいわれる [113]

~하도록 말하다 / ~하라는 말을 듣다

**접속** 동사의 기본형(る형)

「～ようにいう」는 '~하도록 말하다'라는 뜻으로, 간접화법으로 의뢰·지시·충고 등의 내용을 나타내는 표현이다. 「～」에는 「言う(말하다)・書く(쓰다)・頼む(부탁하다)・お願いする(부탁하다)・注意する(주의하다)・命令する(명령하다)」 등의 동사가 온다. 「～ようにいう」는 지시를 하는 의미가 있으므로 윗사람에게는 사용하지 않는 편이 좋다. 부탁을 할 때에는 「～ように」 앞의 동사를 「～てくださる」와 같은 정중한 형태로 만들어서 사용하는 것이 좋다. 즉 「先生にゆっくり話すように」 보다는 「先生にゆっくり話してくださるように(선생님에게 천천히 이야기해 주시도록)」가 더 좋은 표현이다. 「～ようにいわれる」는 '~하라는 말을 듣다', 「～ないようにいう」는 '~하지 말라고 말하다'라는 표현이다.

✓ 医者からたばこをやめる**ように言われている**のだが 의사에게서 담배를 끊으라는 말을 듣고 있지만  **2010-1회**

**유형1 문법형식**

- かならず電話する**ように言って**ください。 **96**
  반드시 전화하도록 말해 주세요.

- 学生は先生の部屋に来る**ように言われました**。 **93**
  학생은 선생님의 방으로 오라는 말을 들었습니다.

- 先生は私たちに静かにする**ように言った**。
  선생님은 우리들에게 조용히 하도록 말했다.

**유형2 문맥배열**

- 田中さんに あまり お酒を飲ま**ない** ★**ように** 言って ください。 **93**
  다나카 씨에게 너무 술을 먹지 말라고 말해 주세요.

- 木村君に すぐ本を 返す ★**ように** 言って ください。
  기무라 군에게 바로 책을 반납하도록 말해 주세요.

**유형3 문장흐름**

- おたがい仕事終わりにデートすることになりました。ただ、わたしは職場の飲み会があったため夜10時に待ち合わせになりました。彼は仕事が終わったあと適当に遊んで待っているので飲み会が終わったら**連絡するように言われました**。
  서로 일이 끝날 때 데이트하게 되었습니다. 단지, 나는 회사의 회식이 있었기 때문에 밤 10시에 만나기로 되었습니다. 그는 일이 끝난 후 적당히 놀며 기다리고 있을테니 회식이 끝나면 연락하라고 했습니다.

# 49

## ～より～ほうが <sup>116</sup> ~보다 ~(쪽)이

**접속** 「명사+より 명사+のほうが」, 「동사의 기본형(る형)+より 동사의 종지형(る형, た형 등)+ほうが」

「～より～ほうが」는 '~보다 ~(쪽)이'라는 뜻으로, 두 개를 비교하여 한쪽이 다른 한쪽보다 정도가 높거나 낮다고 말할 때 사용한다. 일반적으로 부정형으로는 쓰지 않는다. 「～より～ほうが」는 「～は～より」로 바꿀 수 있다. 즉 「あの店よりこの店のほうが安いです(저 가게보다 이 가게 쪽이 싸요)=この店はあの店より安いです(이 가게는 저 가게보다 싸요)」가 된다. 또한 「～ほうが～より(~쪽이 ~보다)」라고 사용될 때도 있으며, 「～ほうが(~쪽이)」 단독으로 사용되기도 한다.

- ☑ 大学に入ってからのほうがもっと大変だった 대학에 들어간 후가 더 힘들었다 **2017-1회**
- ☑ 何もしないでいるよりチャレンジして失敗するほうがいい
  아무것도 하지 않고 있기보다 도전해서 실패하는 쪽이 낫다 **2012-2회**

문법형식

- そっちよりあっちのほうが品がいいですよ。
  그쪽보다 저쪽이 물건이 좋아요.

- 甘やかすより厳しく叱ったほうが子どものためになる。
  응석받이로 두기보다 엄하게 혼내는 편이 자식을 위한 것이 된다.

- 新しい物を買うほうが、古いのを直すより安くつくことがある。
  새 것을 사는 쪽이 낡은 것을 고치기보다 싸게 치일 때가 있다.

문맥배열

- E学園に通ったほうが、通わないでいるよりも確実にあなたの目標へ早く近づくことができると思います。
  E학원에 다니는 편이 다니지 않고 있기보다도 확실히 당신의 목표에 빨리 다가갈 수 있다고 생각합니다.

- 何に対してもやらないで後悔するよりやったほうがいいと自分は思っています。
  무엇에 대해서도 하지 않고 후회하기보다 하는 편이 좋다고 나는 생각하고 있습니다.

문장흐름

- とにかくビジネスについては、決めないでいるよりも決めたほうがいい。決断して動いたら結果が出て間違っていればわかる。迷っているうちに時間がたつのが最悪と考えれば思い切って判断できるだろう。
  어쨌든 비즈니스에 관해서는 결정하지 않고 있기보다도 결정하는 편이 낫다. 결단하고 움직이면 결과가 나오고 틀리다면 알 수 있다. 망설이고 있는 동안에 시간이 가는 것이 최악이라고 생각한다면 주저하지 않고 판단할 수 있을 것이다.

## 50 ～らしい[117]  ①~인 것 같다  ②~답다

**접속** ①동사·い형용사의 종지형, 명사·な형용사의 어간, 것 등  ②명사, ~さん

「～らしい」는 '①~인 것 같다'라는 뜻인데, 외부 정보에 근거를 둔 추측 표현으로, 들은 내용·본 것 또는 전문(伝聞) 정보를 판단 재료로 해석해서 객관적으로 판단할 때 사용한다. 이와 비슷한 표현으로 「～ようだ」[110]가 있는데, 「～ようだ」는 주로 자신의 오감이나 감촉을 통해 직감적으로 판단할 때 사용한다. 또 「～らしい」는 「명사+らしい」라는 형태로 '②~답다'라는 의미를 나타내는 접미사로도 쓰인다.

☑ 動物が好きな田村さんらしい部屋だ 동물을 좋아하는 다무라 씨다운 방이다 **2014-1회**

 **유형1 문법형식**

- 彼は帰る途中どこかで時計を落としたらしい。
  그는 돌아가던 중 어딘가에서 시계를 떨어뜨린 것 같다.

- 彼女がそんな女らしい服を着るのは珍しい。
  그녀가 그런 여성스러운 옷을 입는 것은 드물다.

- 彼の話によるとかなり大変らしい。
  그의 이야기에 의하면 상당히 힘든 것 같다.

 **유형2 문맥배열**

- この店は従業員のしつけが 足りない らしく 客に 対して とても 不愛想だ。
  이 가게는 종업원 교육이 부족한 듯 손님에게 아주 무뚝뚝하다.

- 町に公園をつくるという話は その後自然に 消滅して しまった らしい。
  동네에 공원을 만든다는 이야기는 그 후 자연스럽게 소멸해버린 것 같다.

- ビル内をくまなく探したが、爆破装置あるいは それ らしい ものの 気配は なかった。
  빌딩 내를 샅샅이 찾았지만, 폭파장치 혹은 그와 비슷한 것의 낌새는 없었다.

 **유형3 문장흐름**

- ワインが好きで友だちを呼んでパーティーをよく行っている伊藤さんらしい部屋の雰囲気を演出しています。
  와인을 좋아해서 친구를 불러 파티를 자주 하는 이토 씨다운 방의 분위기를 연출하고 있습니다.

# 콕콕 실전문제 09

問題1 次の文の（　）に入れるのに最もよいものを、1・2・3・4から一つ選びなさい。

1　今は17時45分お迎えだから18時すぎる（　　）連絡してください。
　1　らしいなら　　2　らしいのに　　3　ようなら　　4　ようなのに

2　田中さんは言語学（　　）心理学の博士号も持っています。
　1　によって　　2　に比べて　　3　のことで　　4　のほかに

3　朝8時から撮影しており、オープンの10時半（　　）終わると思います。
　1　までは　　2　までには　　3　までも　　4　までにも

4　現在では、インターネットの発達もあり、部屋の中で（　　）まま、情報を大量に集めることができる。
　1　座るの　　2　座ったの　　3　座る　　4　座った

5　わたしはさかな（　　）肉のほうが好きです。
　1　から　　2　より　　3　ほど　　4　にも

6　花子さんはひどく落ちこんでいる（　　）けどどうしたの。
　1　みたいだ　　2　みたいんだ　　3　みたかったんだ　　4　みたがった

7　私は旅行に（　　）まえにデパートでかばんを買いました。
　1　行く　　2　行った　　3　行くの　　4　行ったの

8　このごろは（　　）やすい気候ですから、体に気をつけてください。
　1　変わる　　2　変わった　　3　変わり　　4　変わって

9　山田教授に1人でこの実験を（　　）ように言われた。
　1　つづける　　2　つづけた　　3　つづけなく　　4　つづけたら

10 花子さんの部屋は、弁護士さんのような難しい本ばかり並んでいて、勉強熱心な花子さん（　　　）部屋ですね。 117·110

1　である　　　　2　そうな　　　　3　らしい　　　　4　ばかりの

11 私は部屋の電気をつけた（　　　）寝てしまうことがよくある。また、テレビをだらだらと見ていることもある。 106·056·023

1　あいだ　　　　2　まま　　　　　3　だけ　　　　　4　ながら

12 図書館は月曜日（　　　）毎日あいています。 102

1　のほかは　　　2　のことで　　　3　にくらべて　　4　によって

13 これからは外国の品物がもっと入って（　　　）らしいですよ。 117·054

1　きて　　　　　2　きた　　　　　3　くる　　　　　4　きたの

14 花子さんの到着予定時刻をあとで教えてくださいね。遅れる（　　　）場所とっておきますよ。 111·051

1　そうなのに　　2　そうなら　　　3　ようなのに　　4　ようでしたら

15 雨の日は遊びに行くより家にいるほう（　　　）いい。 116

1　が　　　　　　2　で　　　　　　3　は　　　　　　4　に

問題2 次の文の ＿＿＿★＿＿＿ に入る最もよいものを、1・2・3・4から一つ選びなさい。

16 たびたび ＿＿＿＿ ＿＿★＿ ＿＿＿＿ 手かと思います。 111·059

1　遅刻する　　　　　　　　　　2　強迫性障害を疑って
3　ようなら　　　　　　　　　　4　みるのも

17 太ってしまってここに ＿＿＿＿ ＿＿★＿ ＿＿＿＿ ＿＿＿＿ ありません。 102·056

1　ズボンが　　　2　ある　　　　　3　はける　　　　4　ほかに

**18** すいません、忘れてしまっていました。＿＿＿ ＿＿＿ ＿★＿ ＿＿＿ 終わると思います。105・056

1　12時まで　　　　　　　　2　ので
3　には　　　　　　　　　　4　今から取りかかる

**19** その窓は ＿＿＿ ＿＿＿ ＿★＿ ＿＿＿ ください。106・051

1　まま　　　2　にして　　　3　あけた　　　4　おいて

**20** 体を ＿＿＿ ＿＿＿ ＿★＿ ＿＿＿ ほうが健康のためにはいいだろう。116・073・041

1　動かさないで　2　動かした　3　適当に　　　4　いるよりも

**21** それは、幽霊みたいに存在感のないぼくが眼中に ＿＿＿ ＿＿＿ ＿★＿ ＿＿＿ あっさりと自然に受け入れてくれたのだった。107・065・047

1　昔からの顔なじみ　　　　　2　みたいに
3　なかったという意味　　　　4　ではなくて

**22** 友人からジェットコースターに ＿＿＿ ＿＿＿ ＿★＿ ＿＿＿ 誘いを受け、テーマパークへ行った。104・065

1　乗れなくなる　　　　　　　2　まえに
3　テーマパークに行こう　　　4　という

**23** ＿＿＿ ＿＿＿ ＿★＿ ＿＿＿ むずかしいです。108

1　年ごろの　2　子どもを　3　扱うのは　4　感じやすい

**24** 鈴木君にあした ＿＿＿ ＿＿＿ ＿★＿ ＿＿＿ ください。113

1　伝えて　　2　11時に　　3　ここへ来る　4　ように

**25** 彼女の不機嫌はどうやら ＿＿＿ ＿＿＿ ＿★＿ ＿＿＿ 。117

1　原因している　2　らしい　3　昨日の　4　パーティーに

問題3 次の文章を読んで、文章全体の趣旨を踏まえて、26 から 30 の中に入る最もよいものを、1・2・3・4から一つ選びなさい。

　現代は「絶食の時代」といわれている。食生活が豊かになって、好きなものを好きなだけ食べられる時代である。 26 、こんな時代に、かえって栄養バランスをくずし、栄養不足におちいっている人が増えている。国民栄養調査の結果を見てみると、どの年齢層においても、 27 カルシウム不足の傾向が続き、その不足は特に若い層で目立っている。これは若い人たちの食事のみだれやかたよりが原因であると考えられる。カルシウムは骨を形成する大切な栄養素であり、 28 、いらいらしやすくなることがよく知られている。カルシウムを多くふくむ食品は乳製品や小魚類などであるが、この中でも 29 、一日に三回とる運動が提唱されている。朝は牛乳をコップ一杯。昼はお弁当のデザートにヨーグルトをえらぶ。また、夜のビールのおつまみにはチーズを積極的に食べる。生活習慣の中でちょっと気をつかうだけで、カルシウム不足を 30 というわけである。

**26**
1 それに  2 そのうえ  3 実は  4 しかし

**27**
1 たとえば  2 ところで  3 したがって  4 とりわけ

**28**
1 心配すると  2 工夫すると  3 不足すると  4 料理すると

**29**
1 比較的とりやすい乳製品を  2 あまり栄養になりかねる食事を
3 比較的とりにくい乳製品を  4 あまり栄養になりかねない食事を

**30**
1 おぎなうはずがない  2 おぎなうことができる
3 おぎなうわけがない  4 おぎなうことができない

## 문제해결 키워드

- **~やすい** N3 108 ~하기 쉽다
  いらいらしやすくなる 불안하고 초조해지기 쉽다 (06行)
  とりやすい乳製品を 섭취하기 쉬운 유제품을 (08行)

- **~てみる** N3 059 ~해 보다
  調査の結果を見てみると 조사 결과를 보면 (03行)

- **~においても** N2 107 ~에서도
  どの年齢層においても 어느 연령층에서도 (04行)

- **~だけで** N2 057 ~하기만 해도
  ちょっと気をつかうだけで
  조금 신경쓰기만 해도 (10行)

- **~ことができる** N3 024 ~할 수(가) 있다
  カルシウム不足をおぎなうことができる
  칼슘 부족을 보충할 수 있다 (11行)

- **~わけだ** N2 153 ~한 셈이다, ~한 것이다
  おぎなうことができるというわけである
  보충할 수 있다는 셈이다 (11行)

- **~かねる** N3 015 ~하기 어렵다

- **~かねない** N3 015 ~할지도 모른다

- **~はずがない** N3 098 ~할 리가 없다

- **~わけがない** N3 118 ~일 리가 없다

# N3 문법 30

2010년부터 지금까지 출제된 일본어 능력시험 N3 기출문법을 철저히 분석하여 앞으로 출제 가능성이 높은 출제3순위 문법 30개를 선정하였다. 기능어의 접속 및 쓰임새를 잘 파악하여 시험에 대비하자. 기능어 우측의 숫자는 부록 「JLPT N3 문법 출제표」의 번호를 나타낸다.

# 01

## いくら～ても・どんなに～ても 002 아무리 ~해도

**접속** 동사의 음편형(て형)+ても, い형용사 くて형+ても, 명사+でも

「いくら」는 '얼마, 어느 정도'라는 명사에서, 「どんなに」는 「どんな(어떠한, 어떤)」라는 연체사에 「に」가 붙어서 문법화된 것이다. 「いくら～ても・どんなに～ても」는 '아무리 ~해도'라는 뜻으로, 시험에서는 특히 「～ても」를 넣는 문제가 종종 출제되었다. 예를 들어 「いくら寝ても(아무리 자도), いくら泣いても(아무리 울어도), どんなに忙しくても(아무리 바빠도), どんなに楽しくても(아무리 즐거워도)」와 같이 쓴다. 또한 「いくら～でも(아무리 ~라도)」의 형태로도 쓰인다.

**유형1 문법형식**

- 彼女は好きな歌手の話をいくらしても飽きない。
  그녀는 좋아하는 가수의 이야기를 아무리 해도 질리지 않는다.
- 手紙の返事はどんなに早くても、早すぎることはありません。
  편지 답장은 아무리 빨라도 지나치게 빠른 일은 없습니다.
- キノコはノーカロリーだからいくら食べても太らない。
  버섯은 0칼로리라서 아무리 먹어도 살이 찌지 않는다.
- いくら子供でもしてよいことと悪いことがあるのよ。
  아무리 어린애라도 해서 좋은 것과 나쁜 것이 있는 법이야.

**유형2 문맥배열**

- いくら科学や 技術が 発達した といっても、人間はまだ木の葉一枚つくれない。
  아무리 과학이나 기술이 발달했다고 해도, 인간은 아직 나뭇잎 하나 만들 수 없다.
- 親には どんなに 感謝しても しすぎる ことはない と思っています。
  부모님에게는 아무리 감사해도 지나치는 일은 없다고 생각하고 있습니다.

**유형3 문장흐름**

- 私が時間通りに行動することを大事に思っているのがわかっているのに、いくら言ってもわかってくれないね。
  내가 시간대로 행동하는 것을 중요하게 생각하고 있는 것을 알면서도, 아무리 말해도 이해해 주지 않네.

## ～以上(は) 003　~한 이상(에는)

**접속**　동사의 기본형(る형)·과거형(た형), 명사+である

「~以上(は)」는 '~한 이상(에는)'이라는 뜻으로, 이유를 들어 화자의 판단이나 결의, 권유 등을 나타낸다. 따라서 뒤에는 주로 추측이나 판단, 결의, 마음가짐과 같은 화자의 의지를 나타내거나 추천·금지 등을 나타내는 문장이 온다. 「동사의 과거형(た형)」에 접속한 것이 대부분 출제되지만, 「~である+以上(~인 이상)」 「~がいる+以上(~이 있는 이상)」 「동사의 기본형+以上(~하는 이상)」의 형태로도 쓸 수 있다.

- 自分でこの仕事を選んだ以上　스스로 이 직업을 택한 이상　N2 2016-2회
- お客様に食事をお出しする以上　손님에게 식사를 내놓는 이상　N1 2011-1회

- エネルギーの問題がこれほど深刻になった以上、世界各国が協力して、ただちに対策をたてるべきだ。　09
  에너지 문제가 이토록 심각해진 이상 세계 각국이 협력해서 즉시 대책을 세워야 한다.

- 留学する以上は、勉強だけでなく、その国の文化を学んだり交流をしたりしたいと思う。　05
  유학하는 이상에는 공부뿐만 아니라 그 나라의 문화를 배우거나 교류를 하고 싶다고 생각한다.

- 学生である以上、アルバイトのやりすぎはよくないと思います。
  학생인 이상, 지나친 아르바이트는 좋지 않다고 생각합니다.

- いったん 仕事を 引き受けた 以上は 途中で 止めることはできない。
  일단 일을 맡은 이상에는 도중에 그만둘 수는 없다.　01

- もう 酒は 飲まない と決めた 以上は どんなに 誘われても 絶対に それを守りたい。　95
  이제 술은 마시지 않겠다고 결심한 이상에는, 아무리 권유를 받아도 꼭 그것을 지키고 싶다.

- 私が いる 以上 そんな 心配は しなくてもいい。
  내가 있는 이상, 그런 걱정은 하지 않아도 된다.

- この学校に入った以上は校則を守らなければいけない。他の学校に比べて厳しい方だが、それが嫌なら退学するしかないだろう。
  이 학교에 들어간 이상에는 교칙을 지켜야 한다. 다른 학교에 비해 엄격한 편이지만, 그게 싫다면 자퇴할 수밖에 없을 것이다.

## 03 〜一方(で) 004  ~하는 한편(으로)

**접속** 동사의 기본형(る형), である 등

「〜一方(で)」는 '~하는 한편(으로)'라는 뜻이다. 어떤 사항에 대해 ①두 가지 면을 대비시켜 나타낼 때 쓰기도 하고, ②어떤 일을 하는 것과 병행해서 다른 일도 한다고 할 때도 쓴다. 예를 들어 **車は便利である一方で、環境的ではよくない**(자동차는 편리한 한편으로 환경적으로는 좋지 않다), **会社で働く一方、夜は学校にも通っている**(회사에서 일하는 한편, 밤에는 학교도 다니고 있다)와 같이 쓴다.

**참고** N2문법에서 다룰 「〜一方だ N2 005」는 '오로지 ~할 뿐이다'란 뜻인데, 이 표현이 중지형으로 바뀌면 「〜一方で」와 형태가 같아지기 때문에 해석에 주의해야 한다. 예를 들어, **物価は上がる一方で、サラリーマンの給与はちっとも上がらない**(물가는 오르기만 하고, 직장인의 급여는 조금도 오르지 않는다)와 같이 쓰이므로, 구별해서 알아두자.

☑ インターネットで買い物をするのは便利である**一方で** 인터넷으로 쇼핑을 하는 것은 편리한 한편으로  **2017-1회**

---

**유형1 문법형식**

- 収入が減る**一方で**、教育費などの支出は増えていくのだから、節約するしかない。 **06**
  수입이 줄어드는 한편으로, 교육비 등의 지출은 늘어나기 때문에 절약할 수밖에 없다.

- 平均寿命がのびる**一方(で)**、子どもの数は年々減っている。
  평균 수명이 늘어나는 한편(으로), 아이들의 수는 해마다 줄어들고 있다.

**유형2 문맥배열**

- 仕事を する **一方で** 遊ぶ ことも 忘れない、そんな若者が増えている。 **93**
  일을 하는 한편으로 노는 것도 잊지 않는, 그런 젊은이가 늘고 있다.

- 作曲家を 志す **一方で** 4人の 家族を 養うという現実がある。
  작곡가를 지향하는 한편으로 4인 가족을 부양한다는 현실이 있다.

**유형3 문장흐름**

- 山田先生は学生を厳しく指導する**一方で**、困った時には相談に乗ってくれる。山田先生こそ、真の教育者だと思う。僕は先生を尊敬している。
  야마다 선생님은 학생을 엄하게 지도하는 한편으로, 힘들 때에는 함께 의논을 해 준다. 야마다 선생님이야말로, 진정한 교육자라고 생각한다. 나는 선생님을 존경하고 있다.

## 04 ～うえ(で) 〜한 후에

**접속** 동사의 과거형(た형), 명사+の, その 등

「～うえ(で)」는 '~한 후에, ~한 뒤에'라는 뜻으로, 전자의 동작을 한 후 그 결과에 따라 다음 동작을 하겠다고 할 때 쓰는 표현이다. 이 표현은 「동사의 과거형(た형)」과 「명사+の」에 붙어 같은 뜻을 나타낸다. 즉,「相談したうえで＝相談のうえで(의논한 후에)」가 된다. 한자로「～上(で)」라고 표기하는 경우도 있으며,「～(た)上での+명사(~한 후에 내린 ~)」의 응용 표현도 있다.

**참고** 「～うえ(で)」는 '~하는 데 있어서'라는 뜻도 있는데,「～」에는 동사의 기본형(る형)이 오며 중요한 목적을 나타낸다. 예를 들어 レポートを作成するうえで(리포트를 작성하는 데 있어서)와 같이 쓴다.

- ✓ 利用規約をご覧になった上で 이용규약을 보신 후에  N1 2013-1회
- ✓ お電話でご予約のうえ 전화로 예약하신 후에  N2 2010-2회

**유형1 문법형식**

- 私が皆様のご意見をうかがったうえで、来週ご報告いたします。 03
  제가 여러분의 의견을 들은 후에, 다음 주에 보고 드리겠습니다.

- 書類に必要事項をご記入の上、係員にお渡しください。
  서류에 필요사항을 기입하신 후에 담당자에게 건네 주세요.

- 酔った上での軽率な言葉が、パーティーをめちゃくちゃにしてしまった。
  취한 후에 한 경솔한 말이 파티를 엉망진창으로 만들고 말았다.

**유형2 문맥배열**

- 説明を よく聞いた うえで 旅行のコースを 選びたい と思います。 01
  설명을 잘 들은 후에, 여행 코스를 선택하고 싶습니다.

- 部屋の中を 見た うえで 借りるか どうか を決めたい。 96
  방 안을 본 후에 빌릴지 말지를 결정하고 싶다.

- 退学する決心をした。両親と 相談の 上で 出した 結論だ。
  자퇴할 결심을 했다. 부모님과 의논한 후에 낸 결론이다.

**유형3 문장흐름**

- 多くのメディアに囲まれて暮らしている私たちとしては、メディアの情報が、「真実や事実を再構成したもの」であるということを十分に理解したうえで、自分自身の判断を加えながら読み取ることが大事だと思う。
  많은 미디어에 둘러싸여 살고 있는 우리들로서는 미디어의 정보가 '진실이나 사실을 재구성한 것'이라는 것을 충분히 이해한 후에 자기자신의 판단을 더하면서 파악하는 것이 중요하다고 생각한다.

# 05

## 〜(よ)うではないか[007] (함께) ~하자, ~하자꾸나

**접속** 동사의 의지형(よう・う형)

「〜(よ)うではないか」는 '(함께) ~하자, ~하자꾸나, ~하지 않을래?'라는 뜻이다. 이 표현은 상대방에게 무언가를 권유할 때 쓰는데, 상대방의 의견을 묻는 질문의 형태를 취하기 때문에 강제력이 약하며 제안하는 것 자체에 중점이 있다. 특히 불특정 다수에게 함께 행동할 것을 제안하는 경우에 많이 쓰인다. 문어적인 표현이며, 구어체로 쓸 때는 「〜(よ)うじゃないか」가 된다.

- 世間を驚かせてやろうじゃないか 세상을 놀라게 해 주자  **N2 2014-1회**

### 유형1 문법형식

- 食料不足で困っている人たちに、できる限りの援助をしようじゃないか。 **08**
  식재료 부족으로 곤란을 겪고 있는 사람들에게 할 수 있는 모든 원조를 하자.

- この本にのっているレストランはとてもおいしそうだ。みんなで行ってみようじゃないか。 **04**
  이 책에 실려 있는 레스토랑은 무척 맛있어 보인다. 함께 가 보자꾸나.

- どんなことがあっても恐れずに前に進もうではないか。
  어떤 일이 있어도 두려워하지 말고 앞으로 나아가자.

- 世間にむかって「正義社会の実現」を叫ぼうじゃありませんか。
  세상을 향해 '정의사회의 실현'을 외치지 않겠습니까?

### 유형2 문맥배열

- 家にばかりいないで 映画でも 見に 行こう じゃない か。 **96**
  집에만 있지 말고 영화라도 보러 가자.

- 計画をなんとしても 成功させる ために みんなで がんばろう ではないか。
  계획을 어떻게든 성공시키기 위해서 모두 함께 힘내자.

### 유형3 문장흐름

- 私は、同じ被害なんだから、共同で、このひどい公害に立ち向かおうではないかと呼びかけているところです。
  나는 같은 피해자니까 공동으로, 이 심한 공해에 맞서자고 호소하고 있는 중입니다.

## 06 ～がたい 〜하기 어렵다, 〜하기 힘들다

**접속** 동사의 연용형(ます형)

「〜がたい」는 '〜하기 어렵다, 〜하기 힘들다'라는 뜻이다. 이 표현은 그 동작을 하거나 그 상태에 있는 것이 곤란하다고 말하고 싶을 때 쓴다. 「〜」에는 「信じる(믿다)・許す(용서하다)・理解する(이해하다)・想像する(상상하다)・受け入れる(받아들이다)」 등의 동사가 자주 오며, 주의해야 할 것은 '능력면에서 볼 때 불가능하다'라는 의미로는 쓰지 않는다는 점이다.

(×) 山田さんの字は読みがたい。
(O) 山田さんの字は読みにくい。 야마다 씨의 글씨는 읽기 어렵다.

✓ わたしたち国民には理解しがたい 우리들 국민에게는 이해하기 힘들다 **N2 2010-1회**

---

**유형1 문법형식**

- どのコンピュータを買ったらよいか、なかなか一つには決めがたい。03
  어느 컴퓨터를 사면 좋을지, 좀처럼 한 개를 결정하기 어렵다.

- 彼が不合格だったなんて信じがたいことだ。
  그가 불합격이었다니 믿기 힘든 일이다.

- １週間後には私の寂しさは耐えがたいほどになった。
  1주일 후에는 나의 외로움은 참기 힘든 정도가 되었다.

- このCDには60年代の忘れがたい名曲が集めてあります。
  이 CD에는 60년대의 잊을 수 없는 명곡이 모아져 있습니다.

**유형2 문맥배열**

- あの人がそんなことを 言った なんて ちょっと 信じがたい ことだ。97
  저 사람이 그런 말을 했다니, 좀 믿기 힘든 일이다.

- 困難な仕事を成しとげた 時の喜びは なにもの にも かえがたい。
  힘든 업무를 끝까지 해냈을 때의 기쁨은 무엇과도 비꿀 수 없다.

**유형3 문장흐름**

- 警察署は○○市は県内では少年の飲酒補導は少ないほうだとする一方で、これから卒業式シーズンなどで増えるのではないかと懸念する。それにしても、深夜の午前３時過ぎに中学生が酒を飲んで出歩いているなんて信じがたいことだ。
  경찰서는 ○○시는 현내에서는 청소년의 음주 보도는 적은 편이라고 하는 한편, 앞으로 졸업식 시즌 등으로 늘어나는 것은 아닌지 걱정한다. 그렇다 치더라도 심야의 오전 3시 넘어 중학생이 술을 마시고 돌아 다니다니 믿기 힘든 일이다.

# 07

## ～かどうか ⁰¹⁴  ~는지 어떤지

**접속** 동사의 종지형(る형・ている형・た형), い형용사의 종지형, なの, べき 등

「～かどうか」는 '~는지 어떤지'라는 뜻이다. 「～」 부분에는 주로 「喜ぶ(기뻐하다)・来る(오다)・ある(있다)・空いている(비어 있다)」 등의 동사가 오며, 뒤에는 「知っていますか・わかりません・教えてください」 등이 온다. 예를 들어 図書館が空いているかどうか知っていますか(도서관이 비어 있는지 어떤지 알고 있나요?), ここに来るかどうかわかりません(이곳에 올지 어떨지 모릅니다)와 같이 쓴다.

- ☑ 最後まで取り組めるかどうかにある 마지막까지 몰두할 수 있는지 어떤지에 있다  N2 2016-2회
- ☑ 自分が本当にその大学に行きたいのかどうか 자기가 정말로 그 대학에 가고 싶은 것인지 어떤지  N2 2011-2회

**유형1 문법형식**

- 彼の申し出を受け入れるべきかどうかよくわかりません。
  그의 신청을 받아들여야 할지 어떨지 잘 모르겠습니다.

- 彼がもう日本をたったかどうかご存じですか。
  그가 이미 일본을 떠났는지 어떤지 아십니까?

- まだチケットがとれるかどうか聞いてみましょう。
  아직 티켓을 끊을 수 있는지 어떤지 물어 봅시다.

**유형2 문맥배열**

- 子どもが病気の場合、学校に行かせるかどうかは、その症状が深刻だ と感じる かどうか によって 決まります。
  아이가 아픈 경우, 학교에 보낼지 어떨지는, 그 증상이 심각하다고 느끼는지 어떤지에 따라 정해집니다.

- もし 頼んでやってもらったのだったら、こんなに うれしくなった かどうか わからない。
  만약 부탁해서 해 준거라면, 이렇게 기뻤을지 어떨지 모르겠다.

**유형3 문장흐름**

- もし、子どもの症状が重くなり、咳が長く続いている場合はもう一度医師の診察を受け、学校を休ませたほうがよいかどうか、医師の判断を尋ねてください。
  만약 아이의 증상이 심해져, 기침이 오래 지속되고 있는 경우에는 다시 한 번 의사의 진찰을 받고 학교를 쉬게 하는 편이 좋을지 어떨지, 의사의 판단을 여쭤 주세요.

## 08 ～かねる / ～かねない  015  ~하기 어렵다, ~할 수 없다 / ~할지도 모른다

**접속** 동사의 연용형(ます형)

「～かねる」는 '~하기 어렵다, ~할 수 없다'라는 뜻이다. 이것은 「동사의 연용형(ます형)」에 붙어 심정적인 거부감이 있어 '~하기 어렵다, ~할 수 없다'라고 할 때 쓴다. 또한, 서비스업 등에서 손님의 희망에 응할 수 없음을 완곡하게 말할 때에도 자주 사용된다. 그밖에 「待ちかねて(기다리다 못해), 見るに見かねて(보다 못해)」 등은 관용표현으로 외워 두기 바란다. 부정표현인 「～かねない」는 '~할지도 모른다, ~할 법도 하다'라는 뜻이므로 구별해서 알아두어야 한다. 예를 들어 そんなに働きすぎると、体を壊しかねない(그렇게 지나치게 일하면 몸이 상할지도 모른다)와 같이 쓴다.

☑ 現時点では判断しかねる 현시점에서는 판단하기 어렵다  N2 2016-1회

**유형1 문법형식**

- そのようなことを聞かれてもちょっと答えかねる。 99
  그런 질문을 받아도 대답하기 좀 어렵다.

- 労働条件の変更について会社から説明を受けたが、私はどうも納得しかねる。 96
  노동 조건의 변경에 대해 회사로부터 설명을 들었지만, 나는 도저히 납득할 수 없다.

- このままでは地球温暖化で人類は滅びかねない。
  이대로는 지구온난화로 인류는 멸망할지도 모른다.

**유형2 문맥배열**

- そのことは 私には わかり かねます から、部長にお聞きになってください。
  그 일은 저는 알 수 없으니, 부장님에게 물어보세요.

- 老人が立っているのを 見るに 見かねて 1人の若者が 席を ゆずった。
  노인이 서있는 것을 보다 못해 한 젊은이가 자리를 양보했다.

- 頂上をめざすべきか どうか 判断を くだし かねて いた。
  정상을 목표로 해야 할지 어떨지 판단을 내리기 어려웠다.

**유형3 문장흐름**

- 盗難、事故などの被害に遭われましても、主催側は一切の責任を負いかねます。ご了承ください。
  도난, 사고 등의 피해를 당하셔도, 주최측은 일절 책임을 지지 않습니다. 양해해 주세요.

## 09 ～きれない / ～きれる 018  다 ~할 수 없다 / (끝까지) ~할 수 있다

**접속** 동사의 연용형(ます형)

「～きれない」는 '다 ~할 수 없다'라는 뜻으로, '완전하게는 ~할 수 없음'을 나타낸다. 「동사의 연용형(ます형)」에 접속한다. 한편, 「～きる」는 '전부 ~하다, 완전히 ~하다', 「～きれる」는 '(끝까지) ~할 수 있다'라는 뜻이다. 한자로 「～切れない / ～切れる」로 쓰기도 한다.

- ✓ たった3時間では全部の作品を見切れなかった 단 3시간으로는 작품 전부를 다 볼 수 없었다 **N2 2015-2회**
- ✓ どうしてもあきらめきれなくてね 아무리 해도 포기할 수 없어서 말야 **N2 2014-1회**

**문법형식**

- こんなに長い小説は、1日では読みきれない。 **07**
  이렇게 긴 소설은 하루에는 다 읽을 수 없다.

- こんなにごちそうがならぶと、とても食べきれません。 **94**
  이렇게 맛있는 음식이 차려져 있으면, 도저히 다 먹을 수 없습니다.

- この海峡を泳ぎきれる人はいないだろう。
  이 해협을 끝까지 헤엄칠 수 있는 사람은 없을 것이다.

- 言いたいことはとても1ページでは書き切れなかった。
  말하고 싶은 것은 도저히 한 페이지로는 다 쓸 수 없었다.

**문맥배열**

- とても この本の 内容を 説明し きれない。 **03**
  도저히 이 책의 내용을 다 설명할 수 없다.

- お祝いの手紙をたくさんもらったが、忙しくて 返事が 書き きれない。 **98**
  축하 편지를 많이 받았지만, 바빠서 답장을 다 쓸 수 없다.

- 彼は 生涯で 使いきれない ほどの お金を 手に入れた。
  그는 평생 다 쓸 수 없을 만큼의 돈을 손에 넣었다.

**문장흐름**

- 父は、毎日疲れきって会社から帰ってくる。だから、父のために、マッサージ器をプレゼントすることにした。
  아버지는 매일 녹초가 되어 회사에서 돌아온다. 그래서 아버지를 위해서 마사지기를 선물하기로 했다.

## 10 〜ことがある / 〜こともある ~할 때가 있다 / ~할 때도 있다

**접속** 동사의 기본형(る형)·부정형(ない형)

「〜ことがある」는 '~할 때가 있다', 「〜こともある」는 '~할 때도 있다'라는 뜻으로 「〜」부분에는 동사의 기본형(る형)이 온다. 예를 들어 日本の歌を歌うことがある(일본 노래를 부를 때가 있다)와 같이 쓴다. 또 앞에 「ときどき(가끔)」를 넣어 「〜ことが(も)ときどきある(~할 때가(도) 가끔 있다)」와 같이 제시되기도 하는데, 名前が思い出せないこともときどきある(이름이 생각나지 않을 때도 가끔 있다)와 같이 쓴다. 혼동하기 쉬운 표현에 「〜(た)ことがある(~한 적이 있다)」가 있는데, 이 표현은 동사의 과거형(た형)에 접속하여 경험의 유무를 나타낸다. 구별해서 알아두자.

☑ 音がしてうるさいと思う**こともあった** 소리가 나서 시끄럽다고 생각할 때도 있었다 **2014-2회**

### 유형1 문법형식

- 冬、暖房を使わない**ことがときどきあります**。
  겨울에 난방을 사용하지 않을 때가 가끔 있습니다.

- 善意でやったことが相手を怒らせる**こともある**。
  선의로 한 일이 상대를 화나게 만드는 때도 있다.

- お酒を飲んだあと、電車の中にかさを忘れる**ことがあります**。
  술을 마신 뒤에, 전철 안에 우산을 두고 내릴 때가 있습니다.

- たいてい私が食事の支度をしますが、たまに夫が作ってくれる**ことがあります**。
  대체로 내가 식사 준비를 하는데, 가끔 남편이 만들어 줄 때가 있습니다.

### 유형2 문맥배열

- 乾期に入ると2か月以上も 雨が 降らない **ことが** ある。
  건기에 들어가면 두 달 이상이나 비가 내리지 않을 때가 있다.

- 人から読書を 強いられると かえって本が 嫌いになる **ことも** ある。
  다른 사람으로부터 독서를 강요당하면 오히려 책이 싫어질 때도 있다.

### 유형3 문장흐름

- 前から、ついさっきのことが**思い出せないことがときどきありました**が、ずっと忙しいせいだと思っていました。しかし生活が安定して余裕が出てきたのにもかかわらず、ちょっとした**記憶が飛ぶことがあります**。
  전부터 바로 조금 전의 일이 생각이 나지 않을 때가 가끔 있었지만, 계속 바쁜 탓이라고 생각하고 있었습니다. 하지만 생활이 안정되고 여유가 생겼음에도 불구하고, 별거 아닌 기억이 없어질 때가 있습니다.

정답과 해석 QR코드로 바로 확인!!

**問題 1** 次の文の（　）に入れるのに最もよいものを、1・2・3・4から一つ選びなさい。

1　山田さんは（　　　）必死にやっても毎回失敗してしまいます。
　1　いくら　　　2　いくつ　　　3　どうして　　　4　どのぐらい

2　よく（　　　）うえで態度を決めたいと思います。
　1　考えた　　　2　考えられた　　　3　考えさせる　　　4　考えている

3　彼はわたしに会合に出られる（　　　）聞いた。
　1　かによって　　　2　かどうか　　　3　かにしたがって　　　4　かどうかによって

4　私はときどき電車の中で寝てしまうことが（　　　）。
　1　いる　　　2　する　　　3　ある　　　4　なる

5　日本に来た（　　　）、日本語をしっかり勉強したい。
　1　うちは　　　2　うえで　　　3　以上は　　　4　したで

6　父は本屋を経営する（　　　）、小説も書いている。
　1　以上で　　　2　ほどか　　　3　一方で　　　4　までか

7　会社をよくするためにみんなで力を（　　　）ではないか。
　1　合わす　　　2　合わそう　　　3　合わしよう　　　4　合わさない

8　これは正解ではないが、まちがっているとも（　　　）。
　1　言いがたい　　　　　　　2　言いかねない
　3　言うしかない　　　　　　4　言ってしかたがない

9　それについてまだ賛成とも反対とも（　　　）います。
　1　決めえて　　　　　　　　2　決めかねて
　3　決めざるをえなくて　　　4　決めることになって

10　こんなにたくさんあると、どうやっても全部食べ（　　　）。
　1　かねない　　　2　あがりない　　　3　しまいない　　　4　きれない

問題2 次の文の ＿＿★＿＿ に入る最もよいものを、1・2・3・4から一つ選びなさい。

11 彼が宝くじで10億円あてたなんて ＿＿ ＿★＿ ＿＿ ＿＿ ことだ。
1 には　　　　2 すぐ　　　　3 信じ　　　　4 がたい

12 自分で ＿＿ ＿＿ ＿★＿ ＿＿ 最後までやり通したいと思う。
1 決心した　　2 以上は　　　3 そう　　　　4 しようと

13 環境を守るために ＿＿ ＿＿ ＿★＿ ＿＿ か。
1 じゃない　　2 できる　　　3 始めよう　　4 ことから

14 すもうの ＿＿ ＿★＿ ＿＿ ＿＿ 日本人の横綱誕生をのぞむ声も年々大きくなってきている。
1 国際化を　　2 一方で　　　3 声がある　　4 歓迎する

15 息子に ＿＿ ＿＿ ＿★＿ ＿＿ 決断できなかった。
1 べきか　　　2 真実を　　　3 どうか　　　4 言う

16 何人かが来ないと ＿＿ ＿＿ ＿★＿ ＿＿ ない。私は妻とふたりで食べたが、食べきれず持ち帰りにした。
1 食べきれる　2 では　　　　3 とても　　　4 もの

17 ＿＿ ＿★＿ ＿＿ ＿＿ 彼女は笑顔を絶やさなかった。
1 つらい　　　2 あっても　　3 ことが　　　4 どんなに

18 日本の ＿＿ ＿★＿ ＿＿ 思いきった対策を立てる必要がある。
1 現状を　　　2 ふまえた　　3 経済の　　　4 うえで

19 そんなにたくさんの仕事を ＿＿ ＿＿ ＿★＿ ＿＿ 。
1 1週間　　　2 かねます　　3 では　　　　4 いたし

20 天気のいい日に ＿＿ ＿＿ ＿★＿ ＿＿ 、ふだんは運動しません。
1 散歩する　　2 ことがある　3 ぐらいで　　4 子どもと

**問題3** 次の文章を読んで、文章全体の趣旨を踏まえて、21 から 25 の中に入る最もよいものを、1・2・3・4から一つ選びなさい。

　私たちは自分の体のことをどれぐらい知っているでしょうか。現代は医学や科学がすすんで、人間の体のことをくわしく 21 。人間を科学的に研究しようとすると、人間をまるで機械のように考えてしまうことがあります。 22 、機械は人間と同じではありません。

　このあいだ、家の洗濯機がこわれてしまいました。いつも洗濯するときにガタガタという音がしていたので、「もうすぐこわれるだろう」と思っていました。 23 ある日、突然動かなくなってしまいました。そこで洗濯機の中を開けて、部品をバラバラにして、古い部品と新しい部品を取りかえてみました。だいじょうぶか、また動くか心配でしたが、スイッチを入れてみると、洗濯機はガタガタ音を立てながら、動きました。お金を出せば新しい洗濯機を 24 が、この古い洗濯機でもまだ洗濯ができるので、つぎにこわれるまで、新しい洗濯機を買うつもりはありません。

　このように、機械はこわれても上手に部品を取りかえれば、また使えるようになります。しかし、人間は一度死んでしまったら、どんなに体の部品を取りかえても、今の技術をどんなに使っても、 25 のです。

**21**
1　研究できるようにしました　　2　研究できるようになりました
3　研究できることにしました　　4　研究できることになりました

**22**
1　実は　　2　それに　　3　そのうえ　　4　しかし

**23**

1　すると　　　2　ところが　　　3　ただし　　　4　つまり

**24**

1　買うことがあります　　　2　買ったことがあります
3　買うことができます　　　4　買えるようになります

**25**

1　生きかえらせることはできない　　　2　生きかえらせることができる
3　生きかえらせないほうがいい　　　　4　生きかえらせたほうがいい

## 문제해결 키워드

**〜ことがある** N3 022　〜할 때가 있다
考えてしまうことがあります
생각해버릴 때가 있습니다 (03行)

**どんなに〜ても** N3 002　아무리 〜해도
どんなに体の部品を取りかえても
아무리 몸의 부품을 교체해도 (13行)

今の技術をどんなに使っても
현대의 기술을 아무리 써도 (14行)

**〜ようになる** N3 115　〜하게(끔) 되다
研究できるようになりました
연구할 수 있게 되었습니다 (02行)

また使えるようになります
다시 쓸 수 있게 됩니다 (12行)

**〜ように** N3 112　〜처럼, 〜같이
まるで機械のように　마치 기계처럼 (03行)

**〜てしまう** N3 056　〜하고 말다, 〜해버리다
洗濯機がこわれてしまいました
세탁기가 고장나고 말았습니다 (05行)

人間は一度死んでしまったら
사람은 한 번 죽어버리면 (13行)

**〜てみる** N3 059　〜해 보다
新しい部品を取りかえてみました
새 부품을 교체해 보았습니다 (08行)

スイッチを入れてみると　스위치를 켜보니 (09行)

**〜ことができる** N3 025　〜할 수(가) 있다
洗濯機を買うことができます
세탁기를 살 수 있습니다 (10行)

生きかえらせることはできない
다시 살아 돌아오게 할 수는 없다 (14行)

**〜つもりはない** N3 046　〜할 생각은 없다
新しい洗濯機を買うつもりはありません
새 세탁기를 살 생각은 없습니다 (11行)

##  〜ことから [025]  ~로 인해, ~때문에

**접속** 동사의 기본형(る형)·과거형(た형)·진행형(ている형), い형용사의 기본형 등

「〜ことから」는 '~로 인해, ~때문에, ~이 원인이 되어'라는 뜻으로, 근거나 유래를 나타내는 표현이다. 어감이 다소 딱딱해서 주로 문장체로 쓰인다. 이 표현은 「AことからB」의 꼴로 'A가 근거·이유가 되어 B'라는 용법과 'A가 기인(起因)이나 유래(由来)가 되어 B라는 상태가 되었다'는 용법으로 주로 사용된다. 또한 「〜ことから(始まる)」(~하는 것부터 (시작되다))라는 뜻으로 사용되는 경우도 있다. 예를 들면 参考資料を集めることから始まった(참고자료를 모으는 것부터 시작되었다)와 같이 쓴다.

☑ 人の耳のような形に見えることから 사람의 귀와 같은 모양으로 보이기 때문에　**2015-1회**

**유형1 문법형식**

- 電話機も小さくなり、性能もよくなったことから携帯電話の利用者は増える一方だ。 **95**
  전화기도 작아지고, 성능도 좋아졌기 때문에 휴대전화의 이용자는 늘기만 한다.

- 雨の日に彼女の傘に入れてもらったことから、僕たちの交際は始まった。
  비 오는 날에 그녀가 우산을 씌워준 일로 인해, 우리들의 교제는 시작되었다.

- この町は学生が多いことから、本屋が至るところにある。
  이 동네는 학생이 많기 때문에, 서점이 도처에 있다.

**유형2 문맥배열**

- 彼は 何でも よく 知っている ことから、友達に「博士」と呼ばれている。 **09**
  그는 뭐든지 잘 알고 있기 때문에 친구에게 '박사'라고 불리고 있다.

- 人と人との コミュニケーションを はかる ことから、お互いの 信頼関係がきずかれる。 **95**
  사람과 사람과의 커뮤니케이션을 도모함으로 인해, 서로의 신뢰 관계가 구축된다.

**유형3 문장흐름**

- 折り紙は千年ほど前、和紙を使って贈り物を美しく包装するために折り方を工夫することから始まったそうです。
  종이접기는 1000년 정도 전, 일본 전통 종이를 사용해서 선물을 예쁘게 포장하기 위해서 접는 방법을 궁리하는 것으로 시작되있다고 합니다.

## 12 ～ことだ / ～ことはない　026　~하는 것이 상책이다, ~해야 한다 / ~할 필요는 없다

**접속** 동사의 기본형(る형)·부정형(ない형)

「～ことだ」는 '~하는 것이 상책이다, ~해야 한다, ~할 일이다'라는 뜻으로, 상대방을 위해 그렇게 하는 것이 필요, 또는 당연하다고 하는 화자의 판단을 나타낸다. 즉 특정 상대에 대한 권고·충고·요구·주장 등을 나타낸다. 이 표현은 회화체에서 사용되는 경우가 많으며, 다소 명령적 또는 충고적 뉘앙스가 있다. 「～ことはない」는 '~할 필요는 없다'라는 뜻으로 그렇게 하지 않아도 된다, 그런 일은 하지 않는 것이 좋다고 조언하거나 충고하는 표현이다.

**유형1 문법형식**

- 上手になりたければ、毎日短い時間でもいいから練習を続ける**ことだ**。
  능숙해지고 싶으면, 매일 짧은 시간이라도 좋으니 연습을 계속해야 한다. 09

- すぐにあきらめない**ことです**。これが私からのアドバイスです。
  바로 단념하지 않는 것이 상책입니다. 이것이 제가 드리는 충고입니다.

- 健康になりたいなら、毎日運動する**ことだ**。
  건강해지고 싶다면, 매일 운동해야 한다.

- わざわざ会員名簿を作り直す**ことはない**。
  일부러 회원 명부를 다시 만들 필요는 없다.

- お母さんの病気はすぐによくなるから、そんなに心配する**ことはありません**よ。
  어머님의 병은 금세 나아질 테니, 그리 걱정할 필요는 없어요.

**유형2 문맥배열**

- 体をじょうぶにしたかったら、好ききらいを しないで 何でも 食べる ことだ。01
  몸을 튼튼하게 하고 싶으면, 편식을 하지 말고 뭐든지 잘 먹어야 한다.

- これが口で言うほど簡単なことかどうか、まず 自分で やってみる こと だ。98
  이것이 말로 할만큼 쉬운 일인지 어떤지, 먼저 스스로 해 보는 것이 상책이다.

**유형3 문장흐름**

- 病院にいるあいだは、仕事のことなどさっぱり忘れて十分に休養することだ。休めばいずれ回復すると思う。
  병원에 있는 동안에는 업무 같은 건 다 잊고 충분히 휴양해야 한다. 쉬면 언젠가 회복될 거라고 생각한다.

171

## 13 〜だらけ [042] ~투성이

**접속** 명사

「〜だらけ」는 '~투성이'라는 뜻으로, 「〜」이 많거나, 그것이 달라붙어 더럽혀진 모양을 나타낸다. 보통 눈에 보이는 것으로서 바람직하지 않은 것에 사용한다. 대표적인 예로 「間違いだらけ(실수투성이), ごみだらけ(쓰레기투성이), ほこりだらけ(먼지투성이)」 등이 있다.

**유형1 문법형식**

- 試合を終えたサッカー選手の顔はみんな泥だらけだ。 00
  시합을 끝낸 축구 선수의 얼굴은 전부 흙투성이다.

- 欠点だらけの人間でもどこかにいい所があるはずだ。
  결점투성이인 사람이라도 어딘가 좋은 점이 있을 것이다.

- せっかく新しいスカートをはいたのに、犬に飛びつかれて毛だらけになってしまった。
  모처럼 새 스커트를 입었는데, 개가 달려들어서 털투성이가 되어 버렸다.

- 警察は全力をあげて、なぞだらけの事件を究明しようとしている。
  경찰은 전력을 다해 수수께끼 투성이인 사건을 구명하려고 하고 있다.

- しばらく猫と遊んだら服が毛だらけになってしまった。
  잠깐 고양이와 놀았더니 옷이 털투성이가 되고 말았다.

**유형2 문맥배열**

- 壁という 壁が 絵葉書 だらけ になって しまった。 93
  벽이란 벽이 모두 그림엽서투성이가 되고 말았다.

- 夕方、息子は どろ だらけ になって 帰ってきた。
  저녁 때, 아들은 흙투성이가 되어 돌아왔다.

- 次の世代に ごみだらけ の地球を 残さない ために も、自分にできることをがんばりたい。
  다음 세대에게 쓰레기투성이인 지구를 남기지 않기 위해서도, 내가 할 수 있는 일을 열심히 하고 싶다.

**유형3 문장흐름**

- 病院に運ばれたとき、その男の顔は血だらけだった。医療チームが懸命に手当てを行った結果、幸い一命をとりとめたそうだ。
  병원에 실려왔을 때, 그 남자의 얼굴은 피투성이였다. 의료팀이 열심히 치료를 한 결과, 다행히 목숨을 건졌다고 한다.

## 14 〜だろう 044  ~일 것이다, ~일까?

**접속** 동사의 기본형(る형)·부정형(ない형), い형용사의 종지형, だれ, ため, のではない, 명사 등

「〜だろう」는 '~일 것이다, ~일까?'라는 뜻으로 추측을 나타내는 표현이다. 비슷한 표현인 「〜でしょう」는 「〜だろう」의 공손한 표현으로 가능성은 80~90%정도이며 일기예보 등에서도 자주 들을 수 있다. 대표적인 예로 今ごろだれだろう(이 시간에 누굴까?), たぶん雨が降るだろう(아마 비가 올 것이다), あしたも風が強いでしょう(내일도 바람이 세겠습니다) 등이 있다. 또한, 「〜だろうか(~일까?)」의 형태도 익혀 두자.

☑ すぐに歯医者に行けばいいのだろうが 바로 치과에 가면 좋겠지만  2010-1회

**유형1 문법형식**

- 子どもの病気を治すためなら、母親は何でもするだろう。
  자식의 병을 고치기 위해서라면, 엄마는 무엇이든 할 것이다.

- こんなところに箱があるけど、何だろう。
  이런 곳에 상자가 있는데, 뭐지?

- パソコンが普及し、インターネットでニュースを読む人が増えたためだろう。
  컴퓨터가 보급되어 인터넷으로 뉴스를 읽는 사람이 늘었기 때문일 것이다.

**유형2 문맥배열**

- 長い目で見ればそれは 決してむだな 投資には ならない★ だろう。
  긴 안목으로 보면 그것은 결코 쓸모없는 투자가 되지는 않을 것이다.

- 「あなたの人生のターニングポイントはどこですか」と聞かれたら、ぼくはまず その日 のことを★ 答える だろう。
  '당신 인생의 터닝포인트는 어디입니까?'라고 질문을 받으면, 나는 우선 그날의 일을 답할 것이다.

**유형3 문장흐름**

- いらいらと腕時計を確かめ、きっときみはまだ寝ているに違いないと思いながら、まあ、恋人でもないからしかたないけれど、20年を超える友人にたいしてちょっと冷たすぎるのではないだろうか。
  조바심이 나서 손목시계를 확인하고, 분명 너는 아직 자고 있는 것이 틀림없다고 생각하면서, 뭐 애인도 아니니까 어쩔 수 없지만, 20년이 넘는 친구에게 좀 너무 냉정한 것은 아닐까?

# 15

## ～ていく ~해 나가다, ~해 가다

**접속** 동사의 음편형(て형)

「～ていく」는 '~해 나가다, ~해 가다'라는 뜻을 나타내며, 말하는 사람이 직면한 시점이 현재에서 미래로 변화하거나 계속될 때 사용한다. 예를 들어 いろいろな経験をしていく(다양한 경험을 해 나가다), 色が変わっていく(색상이 변해 가다)와 같이 쓴다. 또한「いく」대신에「ゆく」를 써도 무방하다.

참고 과거에서 현재까지 계속 변하고 있는 것을 표현할 때는「～てくる054」를 쓴다.

**문법형식**

- 彼は難問もすらすらと解いていきました。
  그는 어려운 문제도 척척 풀어 나갔습니다.

- その計画はどんどん進めていってください。
  그 계획은 계속 진행해 나가세요.

- 風邪で熱が上がったり震えや眠気がある場合は学校を休ませて病院に連れていってください。
  감기로 열이 오르거나 떨림이나 졸음이 오는 경우에는 학교를 쉬게 하고 병원에 데려가 주세요.

**문맥배열**

- この研究は 卒業後も 続けて いく つもり です。
  이 연구는 졸업 후에도 계속해 나갈 생각입니다.

- 私は仕事関係、大学、高校、と次々と記憶のフォルダーを開けてゆき、その中で 彼と 合致する 顔がないか 検索していった。
  나는 업무관계, 대학, 고등학교로 차례차례 기억의 폴더를 열어 가며, 그 안에서 그 사람과 일치되는 얼굴이 없는지 검색해 나갔다.

**문장흐름**

- イギリス、フランスの紅茶ブランドの数が多いですが、数が少ないながらも人気のあるブランドを有している国もあります。ここではそんな人気の高い世界の紅茶ブランドまとめを紹介していきます。
  영국, 프랑스의 홍차 브랜드 수가 많은데, 수가 적으면서도 인기 있는 브랜드를 보유하고 있는 나라도 있습니다. 여기서는 그런 인기가 높은 세계의 홍차 브랜드 요약편을 소개해 나가겠습니다.

## 16 ～てからでないと ⁰⁵³ ~한 후가 아니면, ~하지 않고서는

**접속** 동사의 음편형(て형)

「～てからでないと」는 '~한 후가 아니면, ~하지 않고서는'이라는 뜻이다. 이것은 '미리 ~할 필요가 있다'라고 하는 경우에 쓰며 「～てからでなければ」로 바꿔 쓸 수 있다. 「동사의 음편형(て형)」에 접속하고 뒤에는 부정의 의미를 갖는 표현이 온다.

### 유형1 문법형식

- 今日の宿題が終わってからでないと、遊びに行けない。 08
  오늘 숙제가 끝난 후가 아니면 놀러 갈 수 없다.

- もう少し具体的な説明を聞いてからでないと、その計画には賛成できません。
  좀 더 구체적인 설명을 듣지 않고서는, 그 계획에는 찬성할 수 없습니다. 00

- この仕事は訓練を受けてからでないと無理でしょう。
  이 일은 훈련을 받은 후가 아니면 무리일 것입니다.

- 通常、住宅ローンの残っている住宅は、残高をすべて返済してからでなければ売却できません。
  보통 주택론이 남아 있는 주택은, 잔고를 모두 변제하지 않고서는 매각할 수 없습니다.

### 유형2 문맥배열

- となりのうちでは、そうして からでないと 遊びに 行かせて もらえないのだ。 04
  옆집에서는 그렇게 한 후가 아니면 놀러 나가지 못한다.

- 発疹がある場合、感染病のおそれがあるために 医師の 診察を 受けてから でないと 登校できません。
  발진이 있는 경우, 전염병의 우려가 있기 때문에 의사의 진료를 받은 후가 아니면 등교할 수 없습니다.

### 유형3 문장흐름

- 会社の方針として、商品が倉庫に入ってからでないと、商品代金を支払うことができない。今回だけは、商品が倉庫から出荷する準備になってから商品代金を支払うことができる。
  회사의 방침으로써, 상품이 창고에 입고된 후가 아니면 상품 대금을 지불할 수 없다. 이번만은 상품이 창고에서 출하할 준비가 되고 나서 상품 대금을 지불할 수 있다.

# 17 ～てしかたがない・～てしょうがない 055

~해서 어쩔 수가 없다, 너무 ~하다

**접속** い형용사의 어간+く, 동사의 음편형(て형), ～たい형 등

「～てしかたがない・～てしょうがない」는 '~해서 어쩔 수가 없다, 너무 ~하다'라는 뜻으로, 어떤 감정이나 몸의 감각이 너무 강해서 억누를 수 없을 때 쓴다. 3인칭에 쓰는 경우에는 문말에 「～ようだ・～らしい・～のだ」 등을 붙여줘야 한다. 「思える(생각되다, 느끼다)・泣ける(자꾸 눈물이 나오다)」 등의 자발을 나타내는 동사와 함께 쓰이는 일이 많다. 「～てしかたがない」는 「～てしょうがない」보다 체념 정도가 적어 표현이 좀 더 냉정해진다.

**유형1 문법형식**

- ゆうべ徹夜したので、眠くてしょうがない。 08
  어젯밤 철야했기 때문에 너무 졸립다.

- ぼくは彼のことがうらやましくてしかたがない。 91
  나는 그 사람이 너무 부럽다.

- あすひさしぶりに彼に会えると思うと、彼女はうれしくてしかたがなかった。
  내일 오래간만에 그를 만날 수 있다고 생각하니, 그녀는 기뻐서 어쩔 수가 없었다.

- 行きたくて行きたくてしょうがなくて毎日学校へ通っている子どもはほとんどいないようだ。
  가고 싶어서 너무 가고 싶어서 매일 학교에 다니는 아이는 거의 없는 것 같다.

**유형2 문맥배열**

- 勉強中、眠くて しょうがない ときは 濃い お茶を飲むといい。 99
  공부 중에 너무 졸릴 때에는 진한 차를 마시면 좋다.

- 自分に大切な習慣を作ってくれる、教えてくれるって どれほどの 喜びだったろう かと思うと 泣けてしかたがない。
  자신에게 중요한 습관을 만들어 주고 가르쳐 주는 것은 얼마나 기쁨이었을까 생각하면 너무 눈물이 난다.

**유형3 문장흐름**

- 寂しくてしょうがない時ってありますよね。あなたが寂しさを感じているのと同じように、私も1人でいると寂しさを感じることが多いです。ですから、あなたの気持ちはよくわかります。
  너무 외로울 때가 있죠? 당신이 외로움을 느끼고 있는 것과 마찬가지로, 저도 혼자 있으면 외로움을 느낄 때가 많습니다. 그래서 당신의 마음은 잘 압니다.

## 18 ～ではないか / ～のではないか 057

~하지 않은가? 〈놀람〉 / ~이 아닌가? 〈확인·추측〉

**접속** 동사, い형용사 같은 활용어의 종지형, な형용사의 어간 및 체언(명사), ～ころ 등

「～では(じゃ)ないか」는 '~하지 않은가?, ~잖아'라는 뜻으로, 예상 외의 일에 놀란 기분을 나타낸다. 종조사적인 역할을 하며「～ではありませんか」「～じゃありませんか」「～でございませんか」등의 정중체와「～じゃねえか」의 비하체가 있다. 여성의 경우는「～じゃないの」「～じゃない(?)」의 형태를 취하는 경우가 많다.「～のでは(じゃ)ないか」는 '~이 아닌가?'라는 뜻으로, 주로「～(な)の＋ではないか」의 형태로 사용되며, '당신도 그렇게 생각하지 않습니까?'라고 상대방에게 자신의 추측을 확인하는 경우에 사용하거나 화자의 불확실한 추측을 나타낼 때 사용한다. 독백처럼 사용될 때는「～(ん)じゃないかな」「～(ん)じゃないかしら」등의 형태도 있다.

✓ そろそろ買い替えてもいいんじゃない? 슬슬 새로 사도 되지 않아? **2013-1회**

**유형1 문법형식**

- A 「佐藤さんは昨日来たかなあ。」
  B 「さあ、来たんじゃないかと思うけど。」 91
  A 사토 씨는 어제 왔을까?
  B 글쎄, 오지 않았을까 생각하는데.

- それだけのお金があるんだったら、外車が買えるじゃないか。
  그만큼의 돈이 있다면 외제차를 살 수 있지 않은가.

- もう仲直りしてもいいころじゃないか。
  이제 화해해도 좋을 때잖아.

**유형2 문맥배열**

- よく考えた上で決めたことだから たとえ 失敗しても いいじゃ ないか。
  잘 생각한 후에 정한 일이니까 설사 실패해도 괜찮잖아.

- 自分にも孫じゃないか、文句を いうより来て かわいがって やれば いい じゃないか。
  자신에게도 손자가 아닌가, 불평을 하기보다 와서 귀여워해 주면 되지 않는가.

**유형3 문장흐름**

- ぼくの頭の中は、驚きと疑問でいっぱいだったけど、それよりもただうれしかった。夢を見たんじゃないか、と思ったくらいに。
  내 머릿속은 놀람과 의문으로 가득했지만, 그것보다도 그저 기뻤다. 꿈을 꾼 게 아닐까 하고 생각할 정도로.

## 19 ～てもしかた(が)ない 063  ~해도 어쩔 수(가) 없다, ~해도 의미가 없다

**접속** い형용사의 어간+く, 동사의 음편형(て형)

동사「する(하다)」가「～方(하는 방법)」와 연결되어「し方(하는 방법)」가 되었다. 여기에「～ても(~해도)」와「しかたがない(할 방법이 없다)」가 결합하여「～てもしかた(が)ない(~해도 어쩔 수(가) 없다, ~해도 의미가 없다)」라는 새로운 문법 형태가 생긴 것이다. 예를 들면 ケンカをしていてもしかたがない(싸우고 있어도 어쩔 수 없다(의미가 없다)), 怒られてもしかたがない(야단을 맞아도 어쩔 수가 없다) 등과 같이 쓰인다. 회화체에서는「～たってしかたがない」의 형태로 쓰이기도 한다.

문법형식

- いつまでもこんな議論をしていてもしかたがない。
  언제까지고 이런 의논을 하고 있어도 의미가 없다.

- きみは悪いことをしたのだから怒られてもしかたがない。
  너는 나쁜 짓을 했으니까 야단을 맞아도 어쩔 수가 없다.

- 美しくなかったら生きていたってしかたがない。
  아름답지 않다면 살아 있어도 의미가 없다.

문맥배열

- あまり勉強してないんだから不合格になってもしかたがない。
  별로 공부를 안 했으니까 불합격이 되어도 어쩔 수 없다.

- 正直、いじめられてもしかたがないと思ったこともある。でもやっぱり集団でいじめるのはいけない。
  솔직히 괴롭힘을 당해도 어쩔 수 없다고 생각한 적도 있다. 하지만 역시 집단으로 괴롭히는 것은 안 된다.

문장흐름

- 子どもに科学を好きになってもらいたいご両親、多いと思います。でも、子どもに正しくわかってもらおうと、つい大人に説明するときのように、数学的な話や、専門的な話をしていませんか。子どもには難しい話をしてもしかたがありません。言葉でくわしく説明するよりも、実際に経験させることが大切なんです。
  아이가 과학을 좋아했으면 하는 부모님, 많다고 생각합니다. 하지만 아이가 바르게 이해하길 바라는 마음에, 어른에게 설명할 때처럼 그만 수학적 이야기나 전문적인 이야기를 하고 있지 않습니까? 아이에게는 어려운 이야기를 해도 의미가 없습니다. 말로 자세하게 설명하기보다도 실제로 경험하게 하는 것이 중요합니다.

## 20 〜とおり(に)・〜どおり(に)  066  ~대로

**접속** 동사의 기본형(る형)·진행형(ている형)·과거형(た형), 명사+どおり(に) 등

「〜とおり(に)」는 '~대로'라는 뜻으로, 앞에 수식어를 동반해서 그와 같은 상태나 방법임을 가리킨다. 명사에 접속할 때는 「명사+どおり(に)」의 형태를 취한다. 그리고 「思ったとおりの人(생각했던 그대로의 사람)」와 같이 「〜とおりの+명사(~그대로의~)」의 형태도 잘 알아 두자. 한자표기는 「〜通り(に)」이다.

- ☑ スケジュールどおりに仕事を進める 스케줄대로 일을 진행하다  N2 2015-1회
- ☑ 本に書いてあるとおりに作ってもみた 책에 쓰여 있는대로 만들어도 보았다  N2 2014-1회

**유형1 문법형식**

- 説明書どおりに組み立ててみたのですが、動かないんです。 05
  설명서대로 조립해 봤습니다만 작동하지 않습니다.

- 実験してみると、予想したとおりの結果が出ました。
  실험해 보니 예상한 그대로의 결과가 나왔습니다.

- みんなも認めているとおり、事実彼は非常に頭のいい青年です。
  여러분도 인정하고 있는 대로, 사실 그는 상당히 머리가 좋은 청년입니다.

- 彼が時間どおりに仕事ができるかどうかあやしい。
  그가 시간대로 일을 할 수 있을지 어떨지 의심스럽다.

**유형2 문맥배열**

- これから 私が 言う とおりに パソコンを 操作してください。 09
  지금부터 내가 말하는 대로 컴퓨터를 조작해 주세요.

- 娘の結婚相手は、私が 思った とおりの 人だった ので安心した。 93
  딸의 결혼 상대는 내가 생각했던 그대로의 사람이어서 안심했다.

- 計画を 予定 どおり 実行する には 20万円以上の費用がかかります。
  계획을 예정대로 실행하려면 20만 엔 이상의 비용이 듭니다.

**유형3 문장흐름**

- 今の自分を信じて自分の思ったとおりに行動してみてください。周りに流されて変に方向転換してしまうと自分を見失ってしまいます。
  지금의 자신을 믿고 자신이 생각한 대로 행동해 보세요. 주위에 휩쓸려 이상하게 방향 전환을 해버리면 자신을 놓치고 맙니다.

# 콕콕실전문제 11

정답과 해석 QR코드로 바로 확인!

問題1　次の文の（　）に入れるのに最もよいものを、1・2・3・4から一つ選びなさい。

1　会社に（　　）、帰国できない。
　1　連絡する以上は　　　　　　2　連絡してからでないと
　3　連絡しようものなら　　　　4　連絡してはじめて

2　この辺は外国人が多い（　　）、外国語の看板が目立つ。
　1　ことに　　2　ものから　　3　ためから　　4　ことから

3　家族が多いので、家が（　　）。
　1　狭くないではいられない　　2　狭いものではない
　3　狭くてはいられない　　　　4　狭くてしょうがない

4　機械を長持ちさせたければ、手入れをよくする（　　）。
　1　ことだ　　2　わけだ　　3　はずだ　　4　ほどだ

5　機械の掃除をしたので、手が油（　　）になった。
　1　なんか　　2　だらけ　　3　のまま　　4　ぬき

6　これはわたしが考えていた（　　）のデザインです。
　1　はず　　2　よう　　3　べき　　4　とおり

7　ほかのみんなが話をしているときに、腕を組んでじっとだまっていた（　　）。
　1　じゃないか　　2　にきまっている　　3　そうにない　　4　とでもしようか

8　新幹線が開通すると、駅前には大きなマンションがいくつもできあがって（　　）。
　1　おいた　　2　みた　　3　いった　　4　した

**9** 彼が試験で100点だって？ 何かの間違い（　　　）。
　1　ようだ　　　　2　ことか　　　　3　そうだ　　　　4　だろう

**10** 結果としてだましてしまったのだからうそつきと（　　　）しかたがない。
　1　言わせなくて　2　言われても　　3　言えなかったら　4　言いながら

**11** 本当に理解したいと思うなら、まず自分でやってみる（　　　）。
　1　ほどだ　　　　2　はずだ　　　　3　ことだ　　　　4　わけだ

**12** 長いこと掃除をしていなかったらしく、ゆかもつくえの上もほこり（　　　）。
　1　だらけだ　　　2　ぎみだ　　　　3　だけだ　　　　4　ばかりだ

**13** この球場は、大きなたまごの形をしている（　　　）、「ビッグ・エッグ」と呼ばれています。
　1　ことから　　　2　ためから　　　3　ものから　　　4　うえから

**14** 同僚に対する彼の態度には腹が立って（　　　）。
　1　かまわない　　2　かなわない　　3　やむをえない　4　しかたがない

**15** 説明書に書いてある（　　　）操作すれば問題はないはずです。
　1　ことで　　　　2　わけで　　　　3　とおりに　　　4　おきに

**問題2** 次の文の ＿＿★＿＿ に入る最もよいものを、1・2・3・4から一つ選びなさい。

**16** そんなにのろのろしていたのでは ＿＿＿ ＿＿＿ ★ ＿＿＿ よ。
　1　しかたがない　2　ばかり　　　　3　かかって　　　4　時間

**17** 日本語がうまくなりたければ、毎日短い時間 ＿＿＿ ★ ＿＿＿ ＿＿＿ 。
　1　でもいい　　　2　から　　　　　3　ことだ　　　　4　勉強する

18 彼はとても金持ちだと思われているが、実は ＿＿ ＿★＿ ＿＿ ＿＿。
1 なん　　2 だらけ　　3 借金　　4 だ

19 車や ＿＿ ＿＿ ＿★＿ ＿＿、温泉に浸かった時の、あのジワーッと温まってくる感覚は格別だ。
1 電車で行けば　　2 走ったあと
3 寒い時期だからこそ　　4 いいのだろうが

20 まだこれから ＿＿ ＿＿ ＿★＿ ＿＿ のでみなさん、ご協力をお願いいたします。
1 いく　　2 回収を　　3 も　　4 続けて

21 もうしわけございませんが、上司に ＿＿ ＿＿ ＿★＿ ＿＿ さしあげられません。
1 ご返事を　　2 相談してから　　3 はっきりした　　4 でないと

22 このためにぼくは ＿＿ ＿＿ ＿★＿ ＿＿、そう思うくらいにすばらしい場所に出会った。
1 この　　2 街に　　3 ないか　　4 来たんじゃ

23 私ばかりが「日本の俳優」 ＿＿ ＿＿ ＿★＿ ＿＿、そろそろ他にも良い日本の俳優さんを紹介するべきだと思っています。
1 いても仕方が　　2 として　　3 ないので　　4 海外に紹介されて

24 彼の会社は ＿＿ ＿＿ ＿★＿ ＿＿ 予定している。
1 50名の一時解雇を　　2 ことから
3 非常に悪い　　4 経営状態が

25 予定 ＿＿ ＿＿ ＿★＿ ＿＿ を実施します。
1 どおり　　2 7月末に　　3 移動教室　　4 今年も

**問題3** 次の文章を読んで、文章全体の趣旨を踏まえて、26 から 30 の中に入る最も よいものを、1・2・3・4から一つ選びなさい。

　先週、日本料理の店でとてもめずらしいてんぷらを 26 。てんぷらのなかは、つめたくておいしいアイスクリームです。私はとても不思議でした。てんぷらはとてもあついあぶらであげたはずなのに、なかのアイスクリームはつめたいのです。この料理は 27 のでしょうか。お店の店長に作りかたを聞いてみました。

　まず、カステラをうすく切って、アイスクリームにまきます。それを冷凍庫でよくひやします。よくひやしてかたくなったら、てんぷらこをつけてあついあぶらで10びょうあげます。あぶらから出したら、すぐに食べます。

　うちへ帰ってから、店長に聞いたとおりに、アイスクリームのてんぷらを 28 。アイスクリームを冷凍庫でひやして、あぶらのなかに入れるときまではだいじょうぶでした。 29 、あついあぶらのなかのてんぷらは5びょうくらいで大きな音を出して爆発してしまいました。

　これはカステラでちゃんとアイスクリームをまかなかったからだと思います。やっぱりてんぷらはむずかしいです。かわだけになったてんぷらを食べながら、私は 30 と思いました。

**26**
1 食べます 2 食べました
3 食べません 4 食べませんでした

**27**
1 どうして食べてしまう 2 どうやって食べる
3 どうして作ってしまう 4 どうやって作る

**28**
1 作ってみました 2 作ってあります
3 作っておきました 4 作ったままです

**29**
1 そのうえ 2 実は 3 しかし 4 それに

**30**
1 お店で食べたほうがいい 2 おうちで食べたほうがいい
3 お店で食べたようにする 4 おうちで食べたようにする

## 문제해결 키워드

- **~とおりに** N3 066 ~대로
 店長に聞いたとおりに 점장에게 들은 대로 (08行)

- **~はずだ** N3 099 ~일 터이다
 あついあぶらであげたはずなのに
 뜨거운 기름에 튀겼을 텐데 (03行)

- **~かた** ~하는 방법
 作りかたを聞いてみました
 만드는 법을 물어 보았습니다 (04行)

- **~てみる** N3 059 ~해 보다
 アイスクリームのてんぷらを作ってみました
 아이스크림 튀김을 만들어 보았습니다 (08行)

- **~くらいだ** ~정도이다
 てんぷらは5びょうくらいで 튀김은 5초 정도에 (10行)

- **~てしまう** N3 056 ~하고 말다
 爆発してしまいました 폭발하고 말았습니다 (11行)

- **~ながら** N3 077 ~하면서
 てんぷらを食べながら 튀김을 먹으면서 (13行)

- **~ほうがいい** N3 101 ~하는 편이 좋다(낫다)
 お店で食べたほうがいい
 가게에서 먹는 편이 낫다 (14行)

# ～に関して(は) / ～に関する [079]  ~에 관해서(는) / ~에 관한

**접속** 명사

～について(は) [088]

「～に関して(は)」는 '~에 관해서(는)'이라는 뜻이다. 이 표현은 「～について(は) [088] (~에 관하여, ~에 대하여)」와 마찬가지로 언어 및 사고 활동에 관계되는 말이 뒤에 오는 경우가 많다. 이외에 「～に関する+명사(~에 관한 ~)」의 형태도 잘 익혀 두자. 事件に関する情報(사건에 관한 정보), 日本文法に関する研究書(일본 문법에 관한 연구서)와 같이 쓰인다.

**참고** 「～に関して」와 「～について」는 둘 다 '~에 관해서'라는 의미로 쓰인다. 하지만, 「～について」는 대상과의 긴밀도가 높은 반면 「～に関して」는 글자 그대로 '관계를 갖는다'는 정도로 대상과의 관련성을 명시하는 데 그친다. 「～に関して」가 「～について」보다 격식 차린 표현이다.

**유형1 문법형식**

- この国の経済に関しては、今後も注目していく必要がある。 91
  이 나라의 경제에 관해서는 앞으로도 주목해 나갈 필요가 있다.

- 山田さんは自動車に関する知識が豊かです。
  야마다 씨는 자동차에 관한 지식이 풍부합니다.

- ねずみの生態に関して最も権威があると言われるのがA大学の田中教授です。
  쥐의 생태에 관해서 가장 권위가 있다고 불리는 사람이 A대학의 다나카 교수입니다.

**유형2 문맥배열**

- コンピューターの 使い方 に関して 質問が ある方は、私のところまでどうぞ。 00
  컴퓨터 사용법에 관해서 질문이 있는 분은 제게 오세요.

- 学校の保健室 では 医療や健康に 関する 雑誌を 何種類かとっています。
  학교 양호실에서는 의료나 건강에 관한 잡지를 몇 종류 구독하고 있습니다.

**유형3 문장흐름**

- 先月、20代から50代の働く女性を対象に、ストレスと香りに関するアンケート調査を行ったんですが、なんらかのストレスを感じる、と答えた人のほうが、香りを重視してシャンプーを購入していました。
  지난달 20대부터 50대의 일하는 여성을 대상으로 스트레스와 향기에 관한 앙케트 조사를 실시했는데요, 어떤 스트레스를 느낀다고 답한 사람이 더 향기를 중시해서 샴푸를 구입하고 있었습니다.

## 22 ～に決(き)まっている 080 분명(반드시) ~이다, ~할 게 뻔하다

**접속** 동사의 기본형(る형)·과거형(た형)·부정형(ない형), い형용사의 기본형, な형용사의 어간, 명사(+である) 등

「～に決(き)まっている」는 '분명(반드시) ~이다, ~할 게 뻔하다, ~임이 당연하다'라는 뜻으로, 필연·당연을 나타낸다. '~임에 틀림없다'라는 뜻의 「～に違(ちが)いない」087「～に相違(そうい)ない」보다 확실성이 높고 단정에 가깝다. 즉 「～に決(き)まっている」는 말하는 사람이 단정하고 싶을 정도로 확신을 가지고 있는 추측 또는 주장을 나타낸다.

**문법형식**

- 子どもが大人と相撲をしたって、負ける**にきまっています**。 03
  아이가 어른과 씨름을 해 봤자 질 게 뻔합니다.

- 今度の選挙では、実力も人気もあるあの若い候補が勝つ**に決まっている**。 02
  이번 선거에서는 실력도 있고 인기도 있는 저 젊은 후보가 분명 이긴다.

- 熱が38度もあるのに旅行に行こうなんて無理**にきまっている**。
  열이 38도나 되는데 여행을 가자고 하다니 무리인 게 당연하다.

- 雨の日に運動会なんてできない**に決まっている**。
  비 오는 날에 운동회라니 불가능할 게 뻔하다.

**문맥배열**

- 同じ値段なら、質がいいほうが たくさん 売れる **にきまって** いる。 06
  같은 가격이라면, 질이 좋은 편이 많이 팔리는 게 당연하다.

- だれにも負けた ことがない から 優勝する に決まって いますよ。 98
  누구에게도 진 적이 없으니 반드시 우승할 거예요.

- こんなに天気がいいのだから、1人で留守番なんかしているより お使いに行った ほうがいい にきまっている じゃない。
  이렇게 날씨가 좋으니까, 혼자서 빈집 따위 지키고 있는 것보다 심부름을 가는 편이 좋은 게 당연하잖아.

**문장흐름**

- 他人の家の玄関の前にわざと車を停めるなんて、また**あの男がやったに決まっている**。今度こそつかまえて文句を言ってやらないと、気がすまない。
  남의 집 현관 앞에 일부러 차를 주차하다니, 또 그 남자가 한 것이 분명해. 이번에야말로 붙잡아서 한마디 안 하면 직성이 안 풀려.

## 23 〜にしたがって・〜にしたがい 083 ~함에 따라, ~에 따라

**접속** 동사의 기본형(る형), 명사    〜につれて N2 121, 〜にともなって N1 119

「〜にしたがって・〜にしたがい」는 '~함에 따라, ~에 따라'라는 뜻이다. 이 표현은 한쪽의 동작이나 작용, 변화가 함께 진행됨에 따라 다른 한쪽의 동작, 작용, 변화도 함께 진행됨을 나타낸다. 이와 비슷한 표현으로는 상위 문법인 「〜につれて N2 121(~함에 따라)」「〜にともなって N1 119(~함에 따라)」 등이 있다. 한자 표기인 「〜に従って・〜に従い」도 함께 알아 두자.

- ✓ 仕事に慣れるにしたがって、笑顔でお客様と話せるようになってきた
  일에 익숙해짐에 따라 웃는 얼굴로 손님과 말할 수 있게 되었다 **2017-1회**

**유형1 문법형식**

- 会議での決定にしたがい、来月から新製品の生産を開始することになった。 09
  회의에서의 결정에 따라, 다음 달부터 신제품 생산을 시작하게 되었다.

- 社長の命令にしたがって、彼はただちに日本に飛んだ。
  사장님의 명령에 따라, 그는 즉시 일본으로 떠났다.

- 文明が進むにしたがい、人間のストレスが多くなる。
  문명이 발달함에 따라 사람의 스트레스가 많아진다.

- 子どもの数が減るにしたがい、小学校の統廃合が増えてきた。
  자녀수가 줄어들면서 초등학교의 통폐합이 늘어났다.

**유형2 문맥배열**

- 医学が 進歩する にしたがって 平均寿命が 延びた。 98
  의학이 진보함에 따라 평균 수명이 길어졌다.

- 国の経済が 発展する にしたがって 人々の 暮らしも よくなってきた。
  나라의 경제가 발전함에 따라 사람들의 생활도 좋아졌다. 93

- 年を 取るに したがって 新しい環境に 慣れるのは 難しくなる。
  나이가 들면서 새로운 환경에 익숙해지는 것은 어려워진다.

**유형3 문장흐름**

- 収入が増えるにしたがって、支出も増える。だから、収入が増えてもきちんと家計管理をしなければ、貯金を増やすのはなかなか難しい。
  수입이 증가함에 따라 지출도 증가한다. 따라서 수입이 늘어도 착실히 가계 관리를 하지 않으면, 저금을 늘리는 것은 상당히 어렵다.

## 24 ～にすぎない ⁰⁸⁴ ~에 불과하다, ~에 지나지 않다

**접속** 명사, 동사의 기본형(る형)·과거형(た형) 등

「～にすぎない」는 '~에 불과하다, ~에 지나지 않다'라는 뜻으로, '그 이상은 아니다, 단지 그 정도이다'라는 정도가 낮음을 강조하는 표현이다. 「～」 부분에는 「一部(일부)・まだ3か月(아직 3개월)・たんなる口実(단지 구실)・ほんの1割程度(그저 10% 정도)・氷山の一角(빙산의 일각)・一介の会社員(일개 회사원)」 등의 단어가 주로 온다. 이 표현은 제삼자를 말할 때는 비판적인 기분이 들어가게 되고, 자신에 대해 말할 때는 겸양(겸손)을 나타내는 경우가 많다.

**문법형식**

- これは、多くの不正の一つにすぎない。 08
  이것은 많은 부정 중 하나에 불과하다.

- 料理の勉強を始めたといっても、まだ3か月にすぎない。 01
  요리 공부를 시작했다고 해도 아직 3개월에 불과하다.

- それはたんなる口実にすぎない。 95
  그것은 단지 구실에 지나지 않는다.

- 駅ができる前は、このあたりは広い田畑があるにすぎなかった。
  역이 생기기 전에는, 이 부근은 넓은 논밭이 있는 것에 불과했다.

**문맥배열**

- 今回の事件で明らかになったことは、実際に 起こった ことの 一部 に すぎない。 04
  이번 사건으로 밝혀진 사실은 실제로 일어난 일의 일부에 지나지 않는다.

- 女性の管理職が増えたといわれているが、まだ ほんの 1 割程度に すぎない。 91
  여성의 관리직이 늘었다고들 하지만, 아직 그저 10% 정도에 지나지 않는다.

- 京都へ行ったことがあると いっても 出張で 一泊した にすぎない。
  교토에 간 적이 있다고 해도, 출장으로 1박한 것에 불과하다.

**문장흐름**

- 東京の一人あたりの公園の面積は、わずか2.2平方メートルにすぎない。東京がいかに緑が少ないか、分かってもらえただろうか。
  도쿄의 1인당 공원 면적은 불과 2.2평방미터에 지나지 않는다. 도쿄가 얼마나 녹음이 적은지 알게 되었을까.

## 25 〜に違いない 087 ~임에 틀림없다

**접속** 동사의 기본형(る형)·과거형(た형), 명사 등

「〜に違いない」는 '~임에 틀림없다'라는 뜻이다. 이 표현은 사실이라고 단정할 수는 없지만, 화자가 그것을 사실이라고 강하게 확신하고 있음을 나타낸다. 자신의 생각이나 추측 등을 자기 스스로 확인·납득하는 식의 독백적인 경우에 쓰이는 것이 보통이다. 따라서 대화문보다는 지문에 많이 보이는 것이 특징이다. 비슷한 표현에 「〜に相違ない(~임에 틀림없다)」가 있다.

**유형1 문법형식**

- だれかが計算を間違えたにちがいない。 09
  누군가가 계산을 틀리게 했음에 틀림없다.

- 地球環境はますます悪くなるにちがいない。 05
  지구 환경은 점점 악화될 것임에 틀림없다.

- まじめなあの人のことだから、時間どおりに来るに違いない。 98
  성실한 그 사람이니까, 시간대로 올 것임에 틀림없다.

- おかしいぞ、これは何か特別のしかけがあるに違いない。
  이상한데, 이건 뭔가 특별한 장치가 있음에 틀림없어.

**유형2 문맥배열**

- 笑顔だったところをみると、すべて うまく いった にちがいない。 02
  웃는 얼굴이었던 것을 보면 모두 잘 되었음에 틀림없다.

- 彼は、私が借金を 抱えている ことを 知っている にちがいない。 02
  그는 내가 빚을 떠안고 있는 것을 알고 있음에 틀림없다.

- あの男が 犯人に 違いない と思って いたが、やっぱりそうだった。
  저 남자가 범인임에 틀림없다고 생각하고 있었는데, 역시 그러했다.

**유형3 문장흐름**

- それでは、方言は、これから使われなくなってしまうでしょうか。いいえ、決してそうはならないでしょう。同じ土地で育った人たちの間で使うことばとしては、これからも生き続けるにちがいありません。
  그럼 사투리는 앞으로 쓰이지 않게 되어 버릴까요? 아니요, 결코 그렇게는 되지 않을 것입니다. 같은 지역에서 자란 사람들 사이에서 사용하는 언어로서는, 앞으로도 계속 살아 있음에 틀림없습니다.

## 26

# 〜のだ[093] ~인 것이다

**접속** 동사의 종지형, 명사·な형용사·から 등+な

「〜のだ」는 '~인 것이다'라는 뜻으로, 회화체에서는 「〜んだ」로 사용되며, 명사·な형용사·조사「から」등에 접속할 때는 「〜なのだ」의 형태가 된다. 이 표현은 회화체에서 많이 사용되며 여러 가지 뜻을 갖고 있다. 구체적인 사정·이유, 해석, 귀결, 발견, 설명, 단정, 결의 등을 설명할 때 쓰인다.

- ☑ ごみを分けずに出してしまったのです 쓰레기를 분리하지 않고 내놓아버린 것입니다  2015-2회
- ☑ パーティーに納豆を持ってきてくださったのです 파티에 낫토를 가지고 와 주신 것입니다  2013-1회
- ☑ せっかく海外に来たのだから 모처럼 해외에 온 것이니까  2013-1회
- ☑ しゃべる自動販売機は本当にあるのです 말하는 자동판매기는 정말로 있는 것입니다  2010-1회

**문법형식**

- すべての商品が左利きの人のためのものなんです。
  모든 상품이 왼손잡이인 사람을 위한 것입니다.

- こちらのお店には日常使うものからパソコンのキーボードなどの電気製品、ギターなどの楽器まであるんですよ。
  이쪽 가게에는 늘 쓰는 것부터 컴퓨터의 키보드 등의 전자제품, 기타 등의 악기까지 있어요.

**문맥배열**

- 自分もその場所に立ちたいと思い、選手を育てる のは もう少し 先でもいい と思った んです。
  자신도 그곳에 서고 싶다고 생각해서, 선수를 키우는 것은 좀 더 나중이어도 된다고 생각한 것입니다.

- 移動しつづける旅の中で、ほんとうの 旅を味わう のは 一息ついた 夜なの であろう。
  계속 이동하는 여행 안에서 진정한 여행을 맛보는 것은 한숨 돌리는 밤일 것이다.

**문장흐름**

- 5年生男子といったら、たいていはソフトボールや野球に関わっていると思うけど、ぼくには今までそんな機会がなかった。たまにテレビでプロ野球を観たりすることもあったから興味がないわけではなかったのだけど、ただ本当にそういう機会にめぐまれなかったのだ。
  5학년 남자아이라고 하면 보통은 소프트볼이나 야구와 관계가 있다고 생각하지만, 나는 지금까지 그런 기회가 없었다. 가끔 TV에서 프로야구를 보거나 하는 일도 있어서 흥미가 없는 것은 아니었지만, 그저 정말로 그럴 기회를 갖지 못한 것이었다.

## 27 〜ようがない[109] ~할 수가 없다, ~할 방법이 없다

**접속** 동사의 연용형(ます형)

「〜ようがない」는 '~할 수가 없다, ~할 방법이 없다'라는 뜻으로, '그렇게 하고 싶지만 그 수단·방법이 없어서 불가능하다'라는 의미이다. 강조할 때는 「〜ようもない(~할 수도 없다)」의 형태가 된다. 특히 주의해야 할 것은 접속 방법이다. 이것은 「동사의 연용형(ます형)」에 접속하며, 「동사의 의지형(〜(よ)う형)」과 혼동해서는 안 된다. 그리고 「〜ようのない+명사(~할 수(가) 없는~)」의 형태가 되는 경우도 있다.

✓ こんなにひどく壊れていると、直しようがない 이렇게 심하게 망가져 있으면 고칠 수가 없다  N2 2010-2회

**문법형식**

- 故障した機械を直してくれと頼まれたが、部品がなくては修理しようがない。 07
  고장난 기계를 고쳐 달라고 부탁을 받았는데, 부품이 없으면 수리할 수가 없다.

- あんなに巨大な建物を人が造ったとは、不思議としか言いようがない。 06
  저렇게 거대한 건물을 사람이 지었다니, 불가사의하다고밖에 말할 수 없다.

- なぜ彼女を好きになってしまったのかは、説明のしようがない。 01
  왜 그녀를 좋아하게 돼 버렸는지는 설명할 방법이 없다.

- 私は彼の態度に言いようのない怒りを覚えた。
  나는 그의 태도에 말할 수 없는 분노를 느꼈다.

**문맥배열**

- ゴミがこれほど散らかっていたら、一人 で 全部 集めよう もない。
  쓰레기가 이 정도로 어지러져 있으면, 혼자서 전부 모을 수도 없다. 02

- その知らせを受け取ったときの 顔と いったら たとえよう がない。
  그 소식을 받았을 때의 표정으로 말할 것 같으면 뭐라고 비유할 수가 없다. 98

- なんと言ったらいいか 言いよう も ない ほど 美しい。
  뭐라고 하면 좋을지 말할 수도 없을 만큼 아름답다.

**문장흐름**

- パイロットになるのが夢とはいっても、こんなひどい成績ではどうしようもない。もっと勉強しなければ無理だよ。
  파일럿이 되는 것이 꿈이라고는 해도, 이렇게 형편없는 성적으로는 어떻게 할 수도 없어. 좀 더 공부하지 않으면 무리야.

# 28

## ～わけがない [118] ~일(할) 리가 없다

**접속** 동사의 기본형(る형)・부정형(ない형)・가능형

～っこない N2 042

「～わけがない」는 '~일(할) 리가 없다'라는 뜻이다. 이것은 어떤 사실을 근거로 하여 '그럴 리가 없다'라고 할 때 쓰며, '어떤 일이 일어날 가능성이 전혀 없다'는 화자의 주관적인 판단을 나타낸다. 강조할 때는 「～わけはない・～わけもない」라는 표현을 쓴다. 비슷한 표현에 「～はずがない [098] (~할 리가 없다)」가 있다.

**유형1 문법형식**

- お酒の好きな田中さんが来るんだから、これだけで足りる**わけがない**。 07
  술을 좋아하는 다나카 씨가 오니까, 이것만으로 충분할 리가 없다.

- こんなに働かされては平気でいられる**わけがない**。 96
  이렇게 일을 시키면 멀쩡하게 있을 수 있을 리가 없다.

- 彼女がそんなひどいことを言う**わけがない**。
  그녀가 그런 심한 말을 할 리가 없다.

- こんなやさしい仕事が君にできない**わけがない**。
  이런 쉬운 일을 자네가 못할 리가 없다.

**유형2 문맥배열**

- このマンガは若い人の間ですごくはやっているので、高校生が 知らない わけが ない。 09
  이 만화는 젊은이들 사이에서 굉장히 유행하고 있기 때문에 고등학생이 모를 리가 없다.

- あの正直な彼がうそをついて人を だましたり する わけが ない。 02
  그 정직한 그 사람이 거짓말을 해서 다른 사람을 속이거나 할 리가 없다.

- こんなむずかしい問題は だれにも 答えられる わけが ない。 93
  이렇게 어려운 문제는 누구도 대답할 수 있을 리가 없다.

**유형3 문장흐름**

- 雑誌のアンケートで旅行券が当たったけれど、こんな忙しい時期に **旅行に行けるわけがない**。もったいないけど、知人にあげることにした。
  잡지 앙케트에서 여행권이 당첨되었지만, 이런 바쁜 시기에 여행을 갈 수 있을 리가 없다. 아깝지만 아는 사람에게 주기로 했다.

## 29

# ～をきっかけに(して) [119] ~을 계기로 (해서)

**접속** 동사의 과거형(た형)+の, 명사

～を契機に(して)・～を機に N1 157

「～をきっかけに(して)」는 '~을 계기로 (해서)'라는 뜻으로, 어떤 일을 시작하는 기회나 원인, 동기를 말할 때 쓴다. 「Aをきっかけに B」의 형태로, A는 B가 된 단순한 발단·시작을 나타내며, 회화 등에서 자주 사용된다. 응용표현인 「～をきっかけとして(~을 계기로 해서)・～がきっかけで(~이 계기로)」도 함께 알아 두자. 한편 N1 문법에서 다룰 「Aを契機にB(A를 계기로 B)」의 A는 고비가 되는 큰 사건을 나타내는 딱딱한 표현이다. 더 딱딱한 표현인 「～を機に(~을 계기로)」도 같이 익혀두자.

**유형1 문법형식**

- それをきっかけに、田中さんはその女性と交際を始めたそうだ。 03
  그것을 계기로, 다나카 씨는 그 여성과 교제를 시작했다고 한다.

- 先月の日本旅行をきっかけにして、日本語の勉強を始めたんです。
  지난달의 일본 여행을 계기로 해서 일본어 공부를 시작했습니다.

- 今度の事件をきっかけに宗教に関心を持つ人が増えている。
  이번 사건을 계기로 종교에 관심을 가지는 사람이 늘어나고 있다.

- それがきっかけで彼らは親しい友だちになりました。
  그것이 계기로 그들은 친한 친구가 되었습니다.

**유형2 문맥배열**

- 恵まれない 子どもたちの 姿を見た のが きっかけで、この支援活動を始めたのです。 08
  불우한 아이들의 모습을 본 것이 계기로, 이 지원 활동을 시작한 것입니다.

- 胃を 手術したの をきっかけに 健康に 注意する ようになった。 00
  위를 수술한 것을 계기로 건강에 주의하게 되었다.

**유형3 문장흐름**

- 病気で入院したのをきっかけに、たばこをやめることにした。今ではあとの祭りかもしれないが、何もしないよりはましだと思う。「健康は元気なうちに」という言葉がしみじみと感じられる。
  병으로 입원한 것을 계기로 담배를 끊기로 했다. 이제 와서는 소잃고 외양간 고치는 일일지도 모르지만, 아무 것도 안 하는 것보다는 나을 것 같다. '건강은 건강할 동안에'라는 말이 절실히 느껴진다.

# 30

## ～を中心に(して) ~을 중심으로 (해서)

**접속** 명사

「～を中心に(して)」는 '~을 중심으로 (해서)'라는 뜻으로, 어떤 일의 주된 사물이나 사람을 나타낼 때 쓴다. 응용표현인「～を中心として(~을 중심으로)」,「～を中心とする(~을 중심으로 하는)」의 형태도 알아두자. 예를 들어 大企業を中心として(대기업을 중심으로), 山田先生を中心とする勉強会(야마다 선생님을 중심으로 하는 스터디)와 같이 쓴다.

✓ A大学の北川先生を中心に行われています A대학의 기타가와 선생님을 중심으로 행해지고 있습니다  **2012-2회**

**문법형식**

- この作家の作品は、若い女性を中心に読まれている。 **03**
  이 작가의 작품은 젊은 여성을 중심으로 읽히고 있다.

- あの学部に入りたいのなら、社会科を中心に勉強しなさい。
  그 학부에 들어가고 싶으면 사회과를 중심으로 공부해라.

- 写真を中心として、説明文が加えられるものが多くなった。
  사진을 중심으로 설명문이 가미되는 것이 많아졌다.

- 駅前の広場を中心にしてさまざまな催しが行われた。
  역앞 광장을 중심으로 해서 다양한 행사가 행해졌다.

**문맥배열**

- 午後は 会話 を中心に 勉強する ことに なっている。 **98**
  오후에는 회화를 중심으로 공부하기로 되어 있다.

- 15世紀、イタリアを 中心に 起こった 文芸復興 の運動を、ルネサンスといいます。
  15세기, 이탈리아를 중심으로 일어난 문예 부흥 운동을 르네상스라고 합니다.

**문장흐름**

- 今度の台風は関東を中心に大雨を降らせた。そのため、あちこちで電車が遅れたり道路が通行止めになったりした。
  이번 태풍은 간토를 중심으로 큰비를 뿌렸다. 그 때문에 여기저기서 전철이 지연되거나 도로가 통행 금지가 되거나 했다.

# 콕콕실전문제 12

問題 1 次の文の（　）に入れるのに最もよいものを、1・2・3・4から一つ選びなさい。

1　歳月を経る（　　　）、私たちはよりよく理解し合うようになった。
　1　にしたがって　　2　にとって　　3　に関して　　4　に対して

2　ご質問の件に（　　　）は、早速調査してお答えします。
　1　伴って　　2　よって　　3　従って　　4　関して

3　彼女は約束したから、もうすぐ来るに（　　　）。
　1　限っている　　2　決まっている　　3　限られている　　4　決めている

4　あの人は顔色が悪いから、きっと病気に（　　　）。
　1　おうじない　　2　ほかでもない　　3　ちがいない　　4　かぎらない

5　通信がとだえている現在の時点では、対策の（　　　）ようがない。
　1　立ち　　2　立つ　　3　立て　　4　立てる

6　父は、胃を悪くして入院したのをきっかけに、健康に（　　　）。
　1　自信たっぷりだ　　　　　　2　不安がっている
　3　困ることがない　　　　　　4　注意するようになった

7　若い年代（　　　）活字離れが進行しているといわれる。
　1　に向けて　　2　を中心に　　3　ばかりに　　4　をこめて

8　この地方は、冬の寒さは厳しいが、降雪量は年間 50 ミリ程度（　　　）。
　1　に限らない　　2　によらない　　3　にすぎない　　4　にあたらない

9　私が説明したのだから彼がそれを知らない（　　　）。
　1　わけがない　　2　にすぎない　　3　べきではない　　4　にちがいない

[10] せっかく遠くまで遊びに（　　）、ベンチでずっと休憩しているよりも、いろいろなものを見たいです。093
1　来てはいけないから　　　　2　来てもいいのだから
3　来るはずだから　　　　　　4　来たのだから

[11] 医者は、手術（　　）患者が納得するまで、十分に話し合った。079
1　に関しては　　2　にそっては　　3　にとっては　　4　にかけては

[12] 太陽が沈んで行くに（　　）、温度がどんどん下がった。083
1　たいして　　2　かんして　　3　とって　　4　したがって

[13] 太郎君は、遅れても絶対来る（　　）。087
1　に過ぎない　　2　に違いない　　3　と思えない　　4　と言えない

[14] 山田さんとは席がとなりになったのを（　　）仲良くなった。119
1　こめて　　2　めぐって　　3　きっかけに　　4　とおして

[15] 私はその絵を見て（　　）のない感動をおぼえました。109
1　言いよう　　2　言いそう　　3　言うそう　　4　言うよう

**問題2** 次の文の ＿★＿ に入る最もよいものを、1・2・3・4から一つ選びなさい。

[16] 宇宙旅行＿＿＿　★＿＿＿　＿＿＿　＿＿＿の新聞に載っていた。079
1　きのう　　2　に関する　　3　記事が　　4　おもしろい

[17] 規定の書式＿＿＿　＿＿＿　★＿＿＿　＿＿＿あります。083
1　にしたがって　　2　作る　　3　契約書を　　4　必要が

[18] 駅＿＿＿　＿＿＿　★＿＿＿　＿＿＿自転車の放置が禁止されている。120
1　半径　　2　を中心に　　3　300メートル　　4　以内は

19  熱が38度もあるのに ___ ___ ★ ___ よ。　080·094·N2 106
   1 なんて　　　2 旅行に行こう　　3 決まっています　　4 無理に

20  偶然テレビで料理 ___ ★ ___ ___ 夫は料理に興味を持つようになった。119·115
   1 見た　　　2 きっかけに　　3 のを　　4 番組を

21  このとき、かれはただ ___ ___ ★ ___ 。084·041
   1 悪口を言っている　　　2 ために
   3 花子を引き立てる　　　4 にすぎなかった

22  何が起こっても泰然としている彼の ___ ___ ★ ___ 。087
   1 きっと将来大物に　　　2 なるに
   3 ちがいない　　　　　　4 ことだから

23  はじめは朝6時っていう開店の時間は ___ ___ ★ ___ んですが、近所の方が朝食を食べに来てくださるので、驚きました。093·045·014
   1 ちょっと早いと思って　　2 心配だった
   3 かどうか　　　　　　　　4 お客様がいらっしゃる

24  ヨーロッパの環境意識の高さや有機農業の ___ ___ ★ ___ 進んでいます。109
   1 比べよう　　2 普及度は　　3 日本とは　　4 もなく

25  母国語で自分の考えをしっかり ___ ___ ★ ___ よ。118·115
   1 英語でよく話せる　　　2 わけがない
   3 述べられない人が　　　4 ようになる

**問題3** 次の文章を読んで、文章全体の趣旨を踏まえて、 26 から 30 の中に入る最もよいものを、1・2・3・4から一つ選びなさい。

　日本人が本当にていねいな民族かどうかは、日本の英字新聞の投書欄を見ると、永遠の問いのように思われる。 26 、これはそれほどむずかしい問題だろうか。

　このような問題を提言している人たちは、めったに日本人同士の行動を念頭においていない。 27 外国人と接触している日本人を考えているのである。しかし、このような場面での日本人が明らかに世界じゅうの外国人と 28 。つまり、場合によってていねいで、場合によってはていねいではない行動である。

　日本人がていねいだという説の何パーセントかは、お辞儀という一つのルールによると思われる。欧米、特にアメリカでは、日本人から見ると会釈にすぎないようなお辞儀にも、「最敬礼」という意味がついている。

　メルボルンで行われた調査で日本人のビジネスマンに、オーストラリア人に会うとき、お辞儀をするかときいた。また、彼らが会っているオーストラリア人のビジネスマンにも、その日本人がお辞儀をするかという質問をした。日本人は「しない」と答え、オーストラリア人は「する」と返事したの 29 おもしろい。すなわち、この被調査者たちの日本人のお辞儀はまったく 30 のである。

(注)会釈：軽く首をたれて一礼すること。あいさつ。

**26**
1 そのうえ　　　2 しかし　　　3 実は　　　4 それに

**27**
1 かえって　　　2 ところで　　　3 もちろん　　　4 たとえば

**28**
1 同じ行動をしているわけがない　　2 異なる行動をとっているべきだ
3 同じ行動をしているにすぎない　　4 異なる行動をとっていることだ

**29**
1 は　　　2 や　　　3 に　　　4 も

**30**
1 無条件で引き受けられていた　　2 無責任な言葉でおこなわれていた
3 無表情な顔でなされていた　　　4 無意識的におこなわれていた

## 문제해결 키워드

**~にすぎない** N3 084　~에 지나지 않다
同じ行動をしているにすぎない
같은 행동을 하고 있는 것에 지나지 않는다 (05行)
会釈にすぎない 가벼운 인사에 지나지 않는다 (08行)

**~かどうか** N3 014　~는지 어떤지
ていねいな民族かどうか
공손한 민족인지 아닌지 (01行)

**~ようだ** N3 110　~인 것 같다
永遠の問いのように 영원한 문제처럼 (02行)
このような問題 이런 문제 (03行)

**~によって/~による** N3 092
~에 따라서/~에 따른
場合によってていねいで 경우에 따라 공손하고 (05行)
お辞儀という一つのルールによる
머리를 숙여 인사한다는 하나의 규칙에 따른다 (07行)

**~から見ると** ~의 관점에서 보면
日本人から見ると 일본인의 관점에서 보면 (08行)

**~わけがない** N3 118　~일 리가 없다

**~べきだ** N2 137　~해야 한다

# Part 2

점수를 UP시키는
## N3문법

## 한 문제 이상 꼭 나오는 경어

경어란 말하는 사람이 상대방에게 경의를 나타낼 때 쓰는 표현을 말하며, 주로 회사 상사나 고객 등에게 사용하는 경우가 많다. 경어에는 존경어, 겸양어, 정중어가 있다. 2010년부터 지금까지 출제된 경향을 보면 매 시험마다 1~2문제씩 꼭 출제되고 있으므로 고득점을 위해서는 빠뜨려서는 안 될 분야이다.

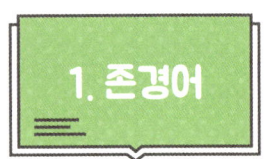 존경어는 듣는 사람이나 대화 속에 등장하는 사람을 높이는 말이다.

● 존경표현

### 01

## お/ご〜ください ~해 주세요

- はい、確認しますので、少々お待ちください。 2016-2회
  네, 확인할테니, 잠시 기다려 주세요

- では、そちらのいすにおかけになってお待ちください。 2013-1회
  그럼, 그 쪽에 있는 의자에 앉으셔서 기다려 주세요.

- 時間があまりありませんので、お急ぎください。
  시간이 별로 없으니 서둘러 주세요.

- 留守にしますので、21日〜30日までは下記の電話番号にご連絡ください。
  집을 비우므로 21일~30일까지는 아래 전화번호로 연락하여 주십시오.

### 02

## お/ご〜だ ~하시다, ~이시다

- お客さまがついさっきまでお待ちだったんですよ。
  손님이 방금 전까지 기다리셨어요.

- 学長は、本日の会議にはご欠席です。
  학장님은 오늘 회의에는 불참하십니다.

### 03

## お/ご〜になる ~하시다

- では、そちらのいすにおかけになってお待ちください。 2013-1회
  그럼, 그 쪽에 있는 의자에 앉으셔서 기다려 주세요.

- 山田先生が、海外旅行にご出発になった。
  야마다 선생님이 해외 여행을 위해 출발하셨다.

### 04
### ～(さ)せてください ~하게 해 주세요, ~시켜 주세요

- ちょっと風邪ぎみなので早めて帰らせてください。
  감기 기운이 좀 있으니 조금 일찍 돌아가게 해 주세요.
- 体調が悪いときは、無理しないで休ませてください。
  컨디션이 안 좋을 때에는 무리하지 말고 쉬게 해 주세요.

### 05
### ～ていらっしゃる ~하고 계시다

- 今、ほかの学生と話していらっしゃいますから少し待ってください。 2010-1회
  지금 다른 학생과 이야기하고 계시니 잠시 기다려 주세요.
- 先生は、最近どんなご研究をしていらっしゃいますか。
  선생님은 요즘 어떤 연구를 하고 계십니까?

### 06
### ～てくださる ~해 주시다

- 監督やコーチが私たち一人一人に毎日熱心に指導をしてくださいました。 N2 2017-2회
  감독과 코치가 우리들 한 사람 한 사람에게 매일 열심히 지도를 해 주셨습니다.
- おすすめの場所はありますか。もしあったら、教えてくださいませんか。 2013-2회
  추천하시는 곳은 있습니까? 만약 있다면 가르쳐 주시지 않겠습니까?
- 先生がパーティーに納豆を持ってきてくださったのです。 2013-1회
  선생님이 파티에 낫토를 가지고 와 주셨어요.
- 英語は全くわからなかったので少し不安でしたが、夫人は日本語で話してくださったのでほっとしました。
  영어는 전혀 몰랐기 때문에 조금 불안했습니다만, 부인은 일본어로 말씀해 주셔서 안심했습니다.

## 07 ～てさしあげる ~해 드리다

- 遅くなりましたら車で送ってさしあげますから、どうぞご安心ください。
  늦어지면 차로 바래다 드릴 테니 부디 안심하세요.

● 출제 가능성이 높은 존경 동사

## 08 いらっしゃる 계시다, 오시다, 가시다

- 明日の午後は研究室にいらっしゃいますか。 2015-1회
  내일 오후에는 연구실에 계십니까?
- 今度京都へいらっしゃる折にはぜひうちにお立ちよりください。
  다음에 교토에 오실 때에는 꼭 저희 집에 들러 주세요.
- 今すぐいらっしゃれば終電に間に合うかもしれません。
  지금 바로 가시면 마지막 전철을 탈 수 있을지도 모릅니다.

## 09 お越しになる・お見えになる・見える 오시다

- 中川さんがお越しになりました。 N2 2016-2회
  나카가와 씨가 오셨습니다.
- 村山さん、Y社の川西部長が見えました。 N2 2014-1회
  무라야마 씨, Y사의 가와니시 부장님이 오셨습니다.
- お近くにおこしの節はぜひお立ちよりください。 93
  근처에 오실 때는 꼭 들러 주세요.
- 山田さんがお見えになったら、こちらの部屋にお通ししてください。
  야마다 씨가 오시면 이쪽 방으로 안내해 주세요.

### 10

**おっしゃる** 말씀하시다

- ご希望のサイズのものが見つからなければ、おっしゃってください。 2016-1회
  희망하시는 사이즈의 옷이 보이지 않으면 말씀해 주세요.

- おっしゃる意味がよくわかりません。
  말씀하시는 뜻을 잘 모르겠습니다.

### 11

**ご存じだ** 알고 계시다

- インターネットに40年以上の歴史があることをご存じですか。 2014-2회
  인터넷에 40년 이상의 역사가 있는 것을 알고 계십니까?

### 12

**ご覧になる / ご覧の〜** 보시다 / 보시는〜

- 先生が西田さんの論文がのっている雑誌をご覧になって…。 2012-2회
  선생님이 니시다 씨의 논문이 실려 있는 잡지를 보시고….

- 部長は、あの番組をご覧になりましたか。
  부장님은 그 프로그램을 보셨습니까?

- ご覧のスポンサーの提供でお送りしました。
  보시는 스폰서의 제공으로 보내드렸습니다.

### 13

**さしあげる** 드리다

- 先生にプレゼントを用意して、最後の授業の日にさしあげる計画を立てています。 2011-2회
  선생님에게 선물을 준비해서, 마지막 수업날에 드릴 계획을 세우고 있습니다.

- もし気に入ったのならさしあげます。
  만약 마음에 드신다면 드리겠습니다.

▶ 특수한 존경 동사 정리표

| 보통 동사 | 뜻 | 존경 동사 | 뜻 |
|---|---|---|---|
| いる | 있다 | いらっしゃる<br>おいでになる | 계시다 |
| 行く | 가다 | いらっしゃる<br>おいでになる<br>お越しになる | 가시다 |
| 来る | 오다 | いらっしゃる<br>おいでになる<br>お越しになる<br>お見えになる・見える | 오시다 |
| する | 하다 | なさる | 하시다 |
| 言う | 말하다 | おっしゃる | 말씀하시다 |
| 食べる | 먹다 | 召し上がる | 드시다 |
| 飲む | 마시다 | 上がる | |
| 見る | 보다 | ご覧になる | 보시다 |
| 知っている | 알고 있다 | ご存じだ | 알고 계시다 |
| くれる | (나에게) 주다 | くださる | (나에게) 주시다 |
| 寝る | 자다 | お休みになる | 주무시다 |
| 着る | 입다 | お召しになる | 입으시다 |
| 年をとる | 나이를 먹다 | お年を召す | 나이를 드시다 |
| 気に入る | 마음에 들다 | お気に召す | 마음에 드시다 |
| 風邪を引く | 감기에 걸리다 | お風邪を召す | 감기에 걸리시다 |

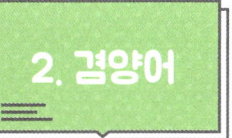

## 2. 겸양어

겸양어는 말하는 사람 자신의 동작이나 상태를 낮추어 간접적으로 상대방이나 다른 사람을 높이는 말이다.

● 겸양표현

### 01

### お/ご~いただく ~해 주시다

- ABC大学の石川春子先生にお越しいただきました。 N2 2014-2회
  ABC대학의 이시카와 하루코 선생님이 와 주셨습니다.

- 本日はこのような素晴らしいパーティーにお招きいただき、ありがとうございます。 09
  오늘은 이런 멋진 파티에 초청해 주셔서 감사드립니다.

- 興味のある方はご参加いただきたいと思います。
  흥미가 있는 분은 참가해 주셨으면 합니다.

### 02

### お/ご~する(いたす) ~하다, ~해 드리다

- お席にご案内いたします。どうぞこちらへ。 2014-1회
  자리로 안내해 드리겠습니다. 이쪽으로 오세요.

- 先生、この本をあさってまでお借りしてもよろしいでしょうか。 95
  선생님, 이 책을 모레까지 빌려도 될까요?

- A「今度の旅行では、珍しい本を手に入れたんですよ。ちょっとお見せしましょうか。」

  B「それはぜひお願いします。」 94
  A 이번 여행에서는 귀한 책을 입수했어요. 좀 보여 드릴까요?
  B 정말 꼭 부탁드려요.

- 先生、私が荷物をお持ちします。 92
  선생님, 제가 짐을 들어 드릴게요.

- 入学準備に必要な教科書・教材の案内などをお送りいたします。
  입학 준비에 필요한 교과서·교재의 안내 등을 보내 드리겠습니다.

## 03 お/ご〜できる ~해 드릴 수 있다

- 税理士事務所にお願いできる仕事として記帳代行というものがあります。
  세무사 사무소에 부탁드릴 수 있는 업무로써 기장대행이라는 것이 있습니다.

- 安くて良い製品をご紹介できるのには理由があります。
  싸고 좋은 제품을 소개해 드릴 수 있는 것에는 이유가 있습니다.

## 04 お/ご〜願う ~을 부탁드리다

- 何とかお引き受け願えませんでしょうか。 07
  어떻게 좀 받아 주실 수 없을까요?

- 使用・掲載させていただくことがございますので、あらかじめその旨、ご承諾願います。
  사용・게재하는 경우가 있으므로, 미리 그 취지를 양해 부탁 드립니다.

## 05 お/ご〜申し上げる ~하여 드리다

- お客様に大変ご迷惑をおかけしましたことを深くおわび申し上げます。 N2 2010-2회
  손님에게 대단히 폐를 끼친 점 깊이 사과드립니다.

- 本年の夏季休業についてご案内申し上げます。
  올해 하계 휴업에 대해서 안내해 드리겠습니다.

## 06 〜(さ)せていただく ~하다

- 今日はすてきなプレゼントをありがとうございました。大切に使わせていただきます。 2016-1회
  오늘은 멋진 선물 감사합니다. 소중하게 쓰겠습니다.

- 一度そちらの練習を見学させていただけませんか。 2013-1회
  한번 그쪽의 연습을 견학할 수 없을까요?

- ドアのところに私のかさを置かせていただいてもいいですか。 04
  문이 있는 곳에 제 우산을 두어도 됩니까?

- 今日の午後はちょっと早めに帰らせていただきたいのですが。 98
  오늘 오후는 좀 일찍 돌아가고 싶습니다만.

- このたび代表として国際会議に行かせていただくことになりました。 97
  이번에 대표로서 국제회의에 가게 되었습니다.

- A「これが最近書いた本なんですが、あなたにさしあげますから、どうぞお読みください。」
  B「はい、拝見させていただきます。」 94
  A 이것이 최근에 쓴 책입니다만, 당신에게 드릴 테니 부디 읽어 주세요.
  B 네, (삼가) 보겠습니다.

- だれもやる人がないなら、私がやらせていただきます。 93
  아무도 할 사람이 없다면, 제가 하겠습니다.

## 07

### ～ていただく (~에게) ~해 받다, (~가) ~해 주다

- 先週、本田先生に貸していただいた本を家に忘れてきてしまって…。 2012-2회
  지난주에 혼다 선생님이 빌려 주신 책을 집에 두고 와버려서….

- ここからは工事中で危険ですので、安全帽子を着用していただきます。 90
  이곳부터는 공사 중이라 위험하니, 안전모를 착용해 주십시오.

- その事故について、もう少し詳しく教えていただけませんか。
  그 사고에 대해서 좀 더 자세히 가르쳐 주시지 않겠습니까?

## 08

### ～ておる / ～ておらず ~하고 있다 / ~하고 있지 않아서

- あいさつする予定の市長がまだ到着しておらず、開会式が遅れそうだ。 09
  인사할 예정인 시장님이 아직 도착하지 않아서 개회식이 늦어질 것 같다.

- 天気も晴れており、絶好の鉄道イベント日和となりました。
  날씨도 맑고, 더할 나위 없는 철도 이벤트 날씨가 되었습니다.

## 09

### 〜てまいる ① ~해지다 ② ~하고 오다(가다)

- 50年ぶりにふるさとに戻ってまいりました。 N2 2011-1회
  50년만에 고향에 돌아왔습니다.

- 暖かくなってまいりましたが、いかがお過ごしでしょうか。 93
  따뜻해졌습니다만, 어떻게 지내시는지요?

- わたしが見てまいりますので、ここでお待ちください。
  제가 보고 올 테니까 여기서 기다려 주십시오.

- 今後も皆さまに満足していただけるよう全力を尽くしてまいります。
  앞으로도 여러분이 만족하실 수 있도록 전력을 다해 나가겠습니다.

## 10

### 〜と申す ~라고 하다

- 私はABC銀行の中田と申しますが、山石さんをお願いします。 2016-2회
  저는 ABC은행의 나카타라고 합니다만, 야마이시 씨를 부탁합니다.

- はじめまして。私は田中と申します。
  처음 뵙겠습니다. 저는 다나카라고 합니다.

● 출제 가능성이 높은 겸양 동사

## 11

### 上がる 방문하다, 찾아뵙다

- 今度の日曜日にお届けにあがってもよろしいでしょうか。 95
  이번 일요일에 배달하러 방문해도 될까요?

- 明日先生のお宅へ上がってもよろしいでしょうか。
  내일 선생님 댁으로 찾아뵈어도 될까요?

## 12

### いただく 받다, 먹다(마시다)

- 先日 いただいた… 2017-2회
  일전에 받은…

- ただし、資料代500円を いただきます。 N2 2013-2회
  다만 자료비 500엔을 받겠습니다.

- わたしはこのごろ体の調子もよくなり、何でもおいしく いただいて おります。 97
  저는 요즘 컨디션도 좋아져서, 뭐든지 맛있게 먹고 있습니다.

- A「飲み物は何になさいますか。」
  B「ウーロン茶を いただきます。」
  A 마실 것은 무엇으로 하시겠습니까?
  B 우롱차를 마시겠습니다.

## 13

### うかがう・おうかがいする ①방문하다, 찾아뵙다 ②여쭙다 ③(말씀을) 듣다

- そちらのアルバイトの募集についてちょっと 伺いたい んですが。 2013-2회
  그쪽의 아르바이트 모집에 대해서 좀 여쭙고 싶은데요.

- 授業の後、先生の研究室に うかがっても よろしいでしょうか。 2011-1회
  수업 후에 선생님의 연구실로 찾아뵈어도 될까요?

- ご相談したいことがあるんですが、先生の研究室に うかがっても よろしいでしょうか。 93
  상의 드릴 일이 있습니다만, 선생님 연구실로 찾아뵈어도 될까요?

- うかがう ところによると、先月結婚したそうですね。
  듣자 하니 지난달에 결혼했다면서요?

- あすの朝、何時にお宅に おうかがいしたら (=うかがったら) よろしいでしょうか。
  내일 아침, 몇 시에 댁에 방문하면 좋을까요?

- ちょっと おうかがいします (=うかがいます) が、この辺で内田さんというお宅をご存じないでしょうか。
  좀 여쭙겠습니다만, 이 근처에서 우치다 씨라는 댁을 아십니까?

### 14

## お目(め)にかかる (만나)뵙다

- わたしもこのパーティーで先生にお目(め)にかかるとは思いませんでした。 2011-2회
  저도 이 파티에서 선생님을 뵈리라고는 생각하지 못했습니다.

- この話(はなし)は私(わたし)が社長(しゃちょう)にお目にかかったときに、ゆっくりご説明(せつめい)いたします。 02
  이 이야기는 제가 사장님을 뵈었을 때에 천천히 설명해 드리겠습니다.

- 一度(いちど)お目にかかりたいと思っておりますが、なかなか時間がなく、失礼(しつれい)しております。 94
  한 번 만나뵙고 싶다고 생각하고 있지만, 좀처럼 시간이 없어 죄송스럽게 생각하고 있습니다.

- 来年(らいねん)みなさまにお目にかかれるのを楽(たの)しみにしております。
  내년에 여러분을 뵐 수 있기를 기대하고 있습니다.

### 15

## 存(ぞん)じる・存(ぞん)じ上(あ)げる 생각하다, 알다

- 先生にはお変(か)わりなくお過(す)ごしのことと存(ぞん)じます。 99
  선생님께서는 별고 없이 지내시리라 생각합니다.

- 私どもも、先生のお名前は以前(いぜん)から存じあげておりました。
  저희들도 선생님 성함은 이전부터 알고 있었습니다.

- そのことは存じませんでした。
  그 일은 몰랐습니다.

## ▶ 특수한 겸양 동사 정리표

| 보통 동사 | 뜻 | 겸양 동사 | 뜻 |
|---|---|---|---|
| いる | 있다 | おる | 있다 |
| 行く | 가다 | まいる | 가다, 오다 |
| 来る | 오다 | | |
| する | 하다 | いたす | 하다 |
| 言う | 말하다 | 申す・申し上げる | 말씀드리다 |
| 食べる | 먹다 | いただく | 먹다, 마시다 |
| 飲む | 마시다 | | |
| 聞く | 묻다 | うかがう | 여쭙다 |
| 聞く | 듣다 | うかがう・拝聴する | 삼가 듣다 |
| 見る | 보다 | 拝見する | 삼가 보다 |
| 借りる | 빌리다 | 拝借する | 빌리다 |
| 知る | 알다 | 存じる・存じ上げる | 알다, 생각하다 |
| 思う | 생각하다 | | |
| 会う | 만나다 | お目にかかる | 만나뵙다 |
| あげる | (남에게) 주다 | 差し上げる | 드리다 |
| もらう | 받다 | いただく・賜る<br>頂戴する | 받다 |
| 受ける | 받다, 수용하다 | 承る | 받다, 수용하다 |
| 見せる | 보여주다 | お目にかける・<br>ご覧に入れる | 보여드리다 |
| 分かる | 이해하다 | 承知する・かしこまる | 이해하다 |
| 訪ねる | 방문하다 | うかがう・あがる | 찾아뵙다 |

## 3. 정중어

정중어는 정중하고 조심스럽게 말함으로써 상대방에 대한 경의를 나타내는 말이다.

---

### 01

## ございます / ございません 있습니다 / 없습니다

- 客 「すみません。お手洗いはどこですか。」
  店員 「あちらのエレベーターの横にございます。」 2015-2회
  손님 실례합니다. 화장실은 어디예요?
  점원 저쪽의 엘리베이터 옆에 있습니다.

- 客 「すみません、トイレはどこですか。」
  店員 「はい。あちらの階段の近くにございます。」 2013-1회
  손님 실례합니다. 화장실은 어디입니까?
  점원 네, 저쪽의 계단 근처에 있습니다.

- 客 「すみません。レストランは何階ですか。」
  案内の人 「はい、5階にございます。」 2010-1회
  손님 실례합니다. 레스토랑은 몇 층입니까?
  안내인 네, 5층에 있습니다.

- お送りいただいた資料に間違いはございません。 보내주신 자료에 오류는 없습니다.

---

### 02

## ～でございます ~입니다, ~하십니다

- 美容室でございます。 미용실입니다. 2017-2회

- 客 「あのう、この赤いのは何のアイスクリームですか。」
  店員 「トマトのアイスクリームでございます。」 2014-1회
  손님 저, 이 빨간 것은 무슨 아이스크림이에요?
  점원 토마토 아이스크림입니다.

- 本日は、当社の創立記念日でございます。そして、なんと私の誕生日でもあります。
  오늘은 당사의 창립기념일입니다. 그리고 웬걸 제 생일이기도 합니다.

- いつ見てもお肌も髪の毛もさらさらおきれいでございます。
  언제 봐도 피부도 머리카락도 바슬바슬 아름다우십니다.

# 콕콕실전문제 13

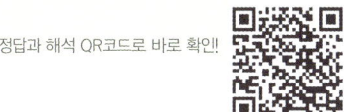

問題1 次の文の（ ）に入れるのに最もよいものを、1・2・3・4から一つ選びなさい。

1 ケーキは息子のスクールのイベントから帰ってきてから家族全員で（　　）ました。
   1 なさい　　　2 お食べいたし　　　3 うかがい　　　4 いただき

2 ご登録いただいた皆様、宣伝活動をして（　　）プロデューサーの皆様ありがとうございます。
   1 さしあげた　　2 いらっしゃった　3 くださった　　4 おっしゃった

3 あつかましいお願いで恐縮ですが、貴サイトへのリンクと掲載写真の転載をご許可（　　）。
   1 願えてもいいでしょうか　　　　　2 願うことでしょうか
   3 願えるわけでしょうか　　　　　　4 願えませんでしょうか

4 当日お作りになった明太子は、冷蔵庫で5日間熟成して（　　）必要がございます。
   1 いただく　　2 いらっしゃる　　3 うかがう　　4 おっしゃる

5 今後、このようなことが二度と起こらないように再発防止に努めて（　　）。
   1 いらっしゃいます　　　　2 いたします
   3 まいります　　　　　　　4 いただきます

6 午後事務所に（　　）よろしいでしょうか。
   1 おうかがいなっても　　　2 おうかがいしても
   3 うかがいになっても　　　4 うかがいにしても

7 （　　）作品は、ご自分でお作りになった未発表の作品に限ります。
   1 ご応募してまいる　　　　2 ご応募しておる
   3 ご応募いただく　　　　　4 ご応募いたす

[8] 今日は先生に（　　）ということで、実家で子どものころの絵を探してきました。
1　お目にかかる　　2　お見えになる　　3　拝見できる　　4　ご覧になる

[9] 以前に（　　）病院にメールで面接応募をしましたが、返信がありません。
1　見学させていただいた　　　　2　見学してまいった
3　見学させられていた　　　　　4　見学してしまった

[10] 代表者は、利用日当日のご予約時間までに会議室の受付へ（　　）ください。
1　おうかがい　　2　お越し　　3　おうかがって　　4　お越して

[11] 先日（　　）情報に基づき、オンライン登録を済ませました。
1　お送りいたした　　　　　　2　お送ってくださった
3　お送りいただいた　　　　　4　お送りさしあげた

[12] （　　）ことはわかりますが、それは無理だと思います。
1　おっしゃる　　2　いらっしゃる　　3　うかがう　　4　めしあがる

[13] Aホテルの会員様だけがご参加いただけるイベント・セミナーをご案内（　　）。
1　まいります　　2　いたします　　3　なさいます　　4　くださいます

[14] 基本的に、ご自身が（　　）作品の展示となりますが、ご家族の作品は一緒に展示可能とします。
1　お作ってみた　　　　　　2　お作りにした
3　お作ってまいった　　　　4　お作りになった

[15] 「出張レッスン」も行っております。経験をつんだ専門講師が直接ご自宅まで（　　）。
1　いただきます　　　　　　2　いらっしゃいます
3　なさいます　　　　　　　4　うかがいます

**問題2** 次の文の ___★___ に入る最もよいものを、1・2・3・4から一つ選びなさい。

16　おかけになった電話番号は現在使われておりません。恐れ入りますが _____ _____ ___★___ _____ ください。

　　1　おかけ直し　　2　になって　　3　お確かめ　　4　番号を

17　さあ、私のこの指 _____ _____ ___★___ _____、すてきな声で歌ってくださいね。

　　1　で　　2　さしあげます　　3　から　　4　ひいて

18　この町には _____ _____ ___★___ _____ 所はありません。

　　1　別に　　2　ご覧に　　3　ような　　4　なる

19　山田社長は会話術にも _____ _____ ___★___ _____ きっと成功なさると予感しています。

　　1　いらっしゃいます　　2　視野も広く持って
　　3　すぐれて　　4　から

20　味はもちろん、焼き方にもこだわったパンは、お客様に _____ ___★___ _____ _____、焼きたてのパンをご用意しております。

　　1　もらう　　2　おいしく　　3　ため　　4　いただいて

21　20時以降のご来店の場合はフリードリンクは22時ラストオーダー、_____ _____ ___★___ _____。

　　1　ございます　　2　で　　3　23時まで　　4　お席は

22　お約束の時刻にロビーにご集合ください。次のホテルで他の _____ _____ ___★___ _____、時間厳守でお願いいたします。

　　1　お待ち　　2　ですので　　3　お客様　　4　が

23　引き続き _____ ___★___ _____ _____、こちらのページで報告させていただきます。

　　1　ご報告　　2　ございましたら　　3　ことが　　4　できる

24 エラーが検出された場合、内部温度が下がるまではロボットの使用が _____ _____ ★ _____ 。

1　電源を切り　　　　　　　　　2　ください
3　30分以上休ませて　　　　　　4　できませんので

25 この学校で使っている貸出カードはとても興味深く、本の _____ _____ ★ _____ ところ、破ったり無くしたりした場合はその金額を弁償させるようにしているそうです。

1　項目があった　　　　　　　　2　値段を書き込む
3　ので　　　　　　　　　　　　4　先生にうかがった

26 この夏こそ、ファンをはじめ、_____ ★ _____ _____ みせます。

1　くださった　　　　　　　　　2　ご期待にこたえて
3　皆様の　　　　　　　　　　　4　チームを支えて

27 当社の業務で興味を _____ _____ ★ _____ ください。

1　お持ち　　　2　になったことが　　3　お教え　　　4　ございましたら

28 皆さまのあたたかいご支援に感謝を申し上げると共に、_____ _____ ★ _____ 。

1　お祈り申し上げます　　　　　2　被災地の
3　復興を心より　　　　　　　　4　一日も早い

29 みなさん、_____ _____ ★ _____ 心のこもった食事はとてもうれしいと思います。

1　ここで過ごして　　　　　　　2　家族と離れて
3　から　　　　　　　　　　　　4　いらっしゃいます

30 顧問の岡本先生に _____ _____ ★ _____ おり、来年2月の音楽会まで活動を続けるとのこと、これも驚きました。

1　参加して　　　2　3年生も　　　3　ところ　　　　4　うかがった

**問題3** 次の文章を読んで、文章全体の内容を考えて、 31 から 35 の中に入る最もよいものを、1・2・3・4から一つ選びなさい。

　今年になって、きのこの中毒が 31 、という記事を新聞で読んだ。今年は、夏が暑く、秋に雨が多かったので、食用きのこがたくさん生えたが、毒きのこも多く出ているとのことだった。

　私は生物部なので、毒きのこの簡単な見分け方があったら知りたいと思い、部の先生に尋ねてみた。 32 、毒きのこの簡単な見分け方などというものはなく、一つ一つのきのこの特徴を覚えていくしかないのだと、教えてくださった。また、「きれいな色のきのこは毒」などという言い伝えは、全く科学的根拠のないことだと話してくださった。

　 33 、実際に学校の裏山へ行って、きのこを観察することにした。行ったのは、先生と生物部員が5名。次は、そのときに見つけたときのきのこの記録である。

　〇　シイタケ（食用）
　倒れた木に生えていた。売っているシイタケはかさが丸いが、山で見たのはかさが開いて平らになっていて、楕円形をしていた。大きいもの…。

　〇　ツキヨタケ（毒）
　見た目も生えている場所もシイタケと同じ。かさと一緒に茎を縦に割くと、黒いしみがある。先生は、このしみがツキヨタケの特徴だと教えてくださった。家に持ち帰り…。

　地味なきのこ 34 毒があるツキヨタケの観察から、「きれいな色のきのこは毒」という言い伝えが迷信であることが、よくわかった。人々が迷信に惑わされずに、食用きのこと毒きのこの特徴を一つ一つ 35 、中毒は減るのではないか。私は早くそうなることを願っている。

**31**
1 増えている　　2 増えてみる　　3 増えさせている　　4 増えさせてみる

**32**
1 たとえば　　2 また　　3 すると　　4 それに

**33**
1 ところが　　2 ところで　　3 それでも　　4 そこで

**34**
1 ですから　　2 なのに　　3 のうえに　　4 なので

**35**
1 覚えがっていたなら　　　　2 覚えそうもなかったら
3 覚えられるようなら　　　　4 覚えていくなら

## 문제해결 키워드

**~てくださる** ~해 주시다
教えてくださった 가르쳐 주셨다 (06·16行)
話してくださった 말해 주셨다 (07行)

**~など** N3 078 ~등, ~따위
簡単な見分け方など 간단한 구분법 등 (05行)
「きれいな色のきのこは毒」など
'예쁜 색의 버섯은 독' 등 (06行)

**~しかない** N3 030 ~할 수밖에 없다
この特徴を覚えていくしかない
이 특징을 외워가는 수밖에 없다 (06行)

**~ことにする** ~하기로 하다
きのこを観察することにした
버섯을 관찰하기로 했다 (09行)

**~ずに** N3 032 ~하지 않고
人々が迷信に惑わされずに
사람들이 미신에 현혹되지 않고 (18行)

**~ていく** N3 049 ~해가다
特徴を一つ一つ覚えていくなら
특징을 하나하나 기억해 갔다면 (19行)

**~(の)ではないか** N3 057 ~하지 않을까?
中毒は減るのではないか
중독은 줄어들지 않을까? (19行)

# 02 사역·수동·가능·사역수동표현

## 하나하나 따져봐야 하는 **사역·수동·가능·사역수동표현**

2010년부터 지금까지 출제된 사역·수동·가능·사역수동 문제를 보면 2~3회 정도 매번 출제될 정도로 시험에서 중요한 파트이다. 나와 상대를 잘 따져서 주체가 누구인지를 파악하며 문제를 풀어나가는 것이 중요하며, 「~(ら)れる」의 경우 문장 안에서 수동으로 쓰였는지 혹은 가능으로 쓰였는지 잘 따져봐야 한다. 기출문장을 중심으로 어떤 형태로 출제되고 있는지 잘 살펴보자.

# 1. 사역

어떠한 동작이나 행위를 지시하거나 허락할 때 사용하는 표현을 사역이라고 한다.
동사의 사역은 조동사 「～(さ)せる(~하게 하다, ~시키다)」를 사용하여 나타낸다.

### 01

## ～(さ)せる ~하게 하다, ~시키다

- 今年桜が花を咲かせた。 N1 2017-2회
  올해 벚꽃이 꽃을 피웠다.

- 親の習わせたいものを習わせるのではなく、子供の興味があるものを、習わせたほうがいい。 2017-1회
  부모가 배우게 하고 싶은 것을 배우게 하는 것이 아니라, 아이가 흥미가 있는 것을 배우게 하는 것이 좋다.

### 02

## ～(さ)せてください ~하게 해 주세요, ~시켜 주세요

- 急に用事が入ってしまったので、今日の予約をキャンセルさせてください。 2015-1회
  갑자기 일이 들어와 버렸기 때문에, 오늘 예약을 취소시켜 주세요.

- A 「これで、わたしからの説明は終わりますが、質問がある人はいますか。」
  B 「はい、二つ、質問させてください。」 2011-2회
  A 이것으로 제가 드리는 설명은 끝났는데요. 질문이 있는 사람은 있나요?
  B 네, 두 가지 질문하게 해 주세요.

- 急ですみませんが、すぐに退職させてください。
  갑작스레 죄송합니다만, 바로 퇴직하게 해 주세요.

### 03

## ～(さ)せないでください ~하게 하지 마세요, ~시키지 마세요

- もう、びっくりさせないでくださいよ。 2010-1회
  정말, 놀래키지 마세요.

- この薬は幼児に絶対に触らせないでください。
  이 약은 유아에게 절대로 만지게 하지 마세요.

## 04

### ～(さ)せてやる・～(さ)せてあげる ~하게 해 주다

- 心配でしょうけど、いい経験になると思うから、行かせてあげたらどうですか。  2013-2회
  걱정되겠지만 좋은 경험이 되리라 생각하니 보내주는 건 어때요?

- 最近腰が痛いと言っている祖母にも使わせてあげたいです。  2012-2회
  요즘 허리가 아프다고 말하는 할머니도 쓰게 해 주고 싶습니다.

- わたしは、子どもがしたいと思うことはやらせてやりたいと思っている。  2011-1회
  나는 아이가 하고 싶다고 생각하는 것은 하게 해 주고 싶다고 생각하고 있다.

## 2. 수동

다른 외부요소에 의해서 동작이나 작용을 받게 되는 경우를 말한다. 이때, 동작이나 작용을 받는 쪽이 수동문의 주어가 된다.

## 01

### ～(ら)れる ~함을 당하다, ~되다

- 毎年8月最後の日曜日に夏まつりが行われます。  2016-2회
  매년 8월 마지막 일요일에 여름축제가 거행됩니다.

- これまでに発表されてきた彼の曲と大きく違う。  2016-1회
  지금까지 발표되어 온 그의 곡과 크게 다르다.

- 写真だと言われて見せられたら信じてしまいそうだ。  2015-2회
  사진이라고 듣고 보면 믿어 버릴 것 같다.

- 県の代表選手に選ばれたこともある。  2015-1회
  현 대표선수로 뽑힌 적도 있다.

- 最初からきれいに包まれたみたいでした。  2014-2회
  처음부터 예쁘게 포장된 것 같았습니다.

- 新鮮な野菜が近くの畑からたくさん運ばれてきます。  2013-2회
  신선한 채소가 가까운 밭에서 많이 운반되어 옵니다.

- 学校で先輩に「おはよう。」と言われました。 2012-1회
  학교에서 선배가 '안녕'하고 말했습니다.

- これから開会式が行われるところです。 2012-1회
  앞으로 개회식이 거행될 참입니다.

- 19世紀の画家たちによって描かれた絵がたくさんあります。 2011-2회
  19세기 화가들에 의해 그려진 그림이 많이 있습니다.

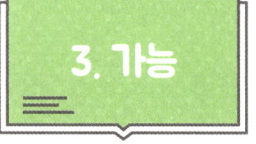

어떤 동작을 하는 것이 가능하다는 의미를 나타내도록 동사를 활용한 형태를 말하며, 「分かる(이해하다), 聞こえる(들리다), 見える(보이다), 慣れる(익숙해지다)」 등과 같이 동사 자체에 가능의 의미가 담겨 있는 동사는 가능형으로 만들 수 없다.

① 1그룹 동사의 가능형

1그룹 동사의 가능형은 어미를 e단으로 바꾸고 る를 붙인다.

- 温かいと安心して座れるのだそうです。 2012-2회
  따뜻하면 안심하고 앉을 수 있는 거라고 합니다.

- どうしてもタイトルが思い出せなくて。 2012-1회
  도무지 제목이 생각나지 않아서 말야.

② 2그룹 동사의 가능형

어미 る를 ~られる로 바꾼다.

- 昼寝をするのは気持ちがいいが、夜寝られないと困るので…。 2016-2회
  낮잠을 자는 것은 기분 좋지만, 밤에 잠을 못 자면 곤란하기 때문에….

- 体が大きくなって着られなくなった今でも大切に持っている。 2013-2회
  몸이 커져서 입을 수 없게 된 지금도 소중하게 가지고 있다.

- トマトのすっぱさが苦手な私にも食べられるかもしれない。 2012-2회
  토마토의 신맛을 좋아하지 않는 나도 먹을 수 있을지도 모른다.

- みなみ市に住んでいる方なら、どなたでも借りられますよ。 2012-1회
  미나미시에 살고 있는 분이라면, 누구든지 빌릴 수 있어요.

③ 3그룹 동사의 가능형

する는 できる, くる는 こられる로 바뀐다.

- 普通免許で運転できる車は何名乗りですか。
  보통면허로 운전할 수 있는 차는 몇 인승입니까?

- テスト対策は他の生徒と違う時間を取ってやってあげるから、来られる時間を教えてもらえるかな。

  시험 대책은 다른 학생과 다른 시간을 잡아 줄 테니, 올 수 있는 시간을 가르쳐 줄래?

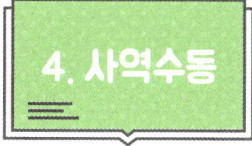

사역수동은 사역에 수동을 추가하여, 상대방의 의지에 의하여 어떤 행동을 했을 때 쓰는 표현이다. 「〜(さ)せられる」는 보통 '억지로 〜하다, 어쩔 수 없이 〜하다'로 해석한다.

### 01

### 〜(さ)せられる 억지로 〜하다, 어쩔 수 없이 〜하다

- この映画ほど人生について考えさせられる映画はない。 **2012-1회**

  이 영화만큼 인생에 대해서 생각하게 되는(생각하는) 영화는 없다.

- ガソリンスタンドで、ひまな時間に先輩の車を掃除させられた。

  주유소에서 한가한 시간에 어쩔 수 없이 선배 차를 청소했다.

### 02

### 사역동사+(ら)れる 억지로 〜하다, 어쩔 수 없이 〜하다

「사역동사+(ら)れる」의 표현도 사역수동을 나타낸다. 예를 들면 「待つ(기다리다)」의 사역동사는 「待たす(기다리게 하다)」인데, 수동형으로 「待たされる」가 되면 '기다림을 당하다', 즉 '억지로 기다리다'가 된다. 마찬가지로 「思う(생각하다)」의 사역동사는 「思わす(생각하게 하다)」인데 「思わされる」가 되면 '생각함을 당하다' 즉 '억지로 생각하다'가 된다.

- 休みの日も店の掃除などを手伝わされることが多く…。 **2014-1회**

  쉬는 날에도 가게 청소 등을 어쩔 수 없이 돕는 일이 많아서….

- コメント欄のご投稿を拝見していると、本当にそうだなと思わされるものが多くあります。

  의견란의 투고를 보고 있으면, 정말로 그런가 하고 생각하는 것이 많이 있습니다.

## 콕콕 실전문제 14

정답과 해석 QR코드로 바로 확인!!

問題1 次の文の（　）に入れるのに最もよいものを、1・2・3・4から一つ選びなさい。

① 急な予定が入ってしまったため、本日15時からの打ち合わせへの出席をキャンセル（　　）。

1　でございませんか
2　をくださいませんか
3　したいんでしょうか
4　させてください

② 身長の高い村上さんは特技のバレーボールについては市の選抜メンバーに（　　）そうだ。

1　選んでいるところだ
2　選んでいるものだ
3　選ばれたこともある
4　選ぶためでもある

③ 子供にだって選ぶ権利はあるはずだから、行きたい学校に（　　）あげたらどうですか。

1　行って　　2　行けて　　3　行かせて　　4　行かされて

④ さすがにほとんどの会社が社内の掃除をすることは断っていましたが、同期のなかには他社のフロアを（　　）人もいたようです。

1　掃除してしまう
2　掃除させたかった
3　掃除できなかった
4　掃除させられた

⑤ A「あれ？けいたいがない。あ、あった。ありました。」
　B「もう、びっくり（　　）よ。でもよかったですね。」

1　させないでください
2　させてください
3　させないことにしてください
4　させることにしてください

⑥ 手術は世界的に有名な外科医によって（　　）。

1　行うところです
2　行うばかりです
3　行われました
4　行わせました

[7] 泥遊びは自分が子どものころに楽しんでいたので、子どもにも（　　　）やりたいと思いました。

1　やって　　　　2　やらせて　　　　3　やらされて　　　4　やらせたら

[8] 林さんは、食品が遠くからたくさん（　　　）ほど$CO_2$が増えることを説明しました。

1　運んでくる　　2　運んでいく　　　3　運ばれてくる　　4　運ばれていく

[9] 友人に雨の中、4時間（　　　）とき、喫茶店もほぼ埋まっていてどうしようもなかった。

1　お待ちした　　　　　　　　　　2　お待ちになった
3　待たれてしまった　　　　　　　4　待たされた

[10] やりたいことを思いっきりやらせて（　　　）機会をもらって、うれしかったです。

1　あげられる　　2　あげさせる　　　3　あげさせられる　4　あげられさせる

問題2　次の文の　＿★＿　に入る最もよいものを、1・2・3・4から一つ選びなさい。

[11] 彼は今、出かけていますので、席に＿＿＿＿＿＿＿＿＿＿★＿＿＿＿＿させます。

1　もどって　　　2　かけ　　　　　3　きたら　　　　　4　電話を

[12] この＿＿＿＿＿＿＿＿★＿＿＿＿＿はずです。

1　車一台で　　　2　なら　　　　　3　運べる　　　　　4　程度の荷物

[13] 「＿＿＿＿＿＿＿★＿＿＿＿＿ください」と上司に相談したら、会社に呼ばれて「もう少し考えてみろ」と言われて辞めさせてくれません。

1　を　　　　　　2　辞め　　　　　3　仕事　　　　　　4　させて

[14] 主人に＿＿＿＿★＿＿＿＿＿＿＿＿＿5キロもふとってしまいました。

1　食べさせたら　2　食べたい　　　3　だけ　　　　　　4　3か月で

15 美容液は ____ ____ ★ ____ ____ のアイテムの後につけてしまうと、その効能が半分に落ちます。

1　ので　　　　2　水分が多く　　　3　油分が多め　　　4　含まれている

16 この公式ページの中には、『それいけ！ アンパンマン』に関する疑問に答えてくれるコーナーがあるのですが、____ ____ ★ ____ のでいくつかご紹介します。

1　またいろいろ　　　　　　　2　なかなかおもしろく
3　その回答が　　　　　　　　4　考えさせられる

17 自分が ____ ★ ____ ____ 大事ですが、この機会に服の修復や手直しをやってみたらどうでしょうか。

1　服が着られなく　　　　　　2　なった場合は
3　やせることももちろん　　　4　太ってしまって

18 なぜ失敗が ____ ★ ____ ____ 周りがそれをばかにしたり見てはいけないものを見てしまったみたいな雰囲気を作っていたからだ。

1　失敗をすると　　　　　　　2　はずかしいものと
3　思わされるように　　　　　4　なったかというと

19 黄砂がたくさん ____ ____ ★ ____ 降り積もったり洗濯物が汚れたりする被害が出ます。

1　空が黄色くかすんだり　　　2　建物などに
3　運ばれてくると　　　　　　4　農作物や

20 幼児やペットなど ____ ____ ★ ____ ください。火災や大けがなどの原因となることがあります。

1　に　　　　2　触らせ　　　　3　誤って　　　　4　ないで

**問題 3** 次の文章を読んで、文章全体の趣旨を踏まえて、 21 から 25 の中に入る最もよいものを、1・2・3・4から一つ選びなさい。

　「だれでも　いつでも　どこでも　ボランティア」を合い言葉に行われた今回のボランティア活動で、私たちのグループは、ペットボトルキャップを 21 。身近なペットボトル飲料のキャップを集めることで、発展途上国の子供たちにワクチンを届けることができると知ったからです。

　具体的な活動としては、全校朝会で呼びかける 22 ポスターを廊下に張り、校内の階段のわきや昇降口に回収箱を設置しました。また、両親に話して、職場の人にも協力してもらっています。

　ペットボトルのキャップが 23 、「エアキャップ推進協会」に引き取ってもらいます。協会は1キログラム(400個)10円でリサイクル事業者に売却し、その利益を「世界の子供にワクチンを日本委員会」に寄付します。そして委員会が発展途上国にワクチンを供給するという流れになっています。このワクチンは1人分20円です。 24 、キャップを800個集めれば、子供1人分のワクチンが買えるという計算になります。

　また、家庭ごみの中でペットボトル本体は資源ごみとして回収されますが、キャップは各自治体により回収法が違います。焼却されてしまう場合には二酸化炭素が 25 。

**21**
1 集めることにしました
2 集めないことになりました
3 集めるようにしました
4 集めないようになりました

**22**
1 みたいに
2 と同時に
3 ようなら
4 というような

**23**
1 集まるから
2 集まろうと
3 集めても
4 集まったら

**24**
1 ですから
2 一方
3 それなのに
4 そのうえ

**25**
1 発生しそうもありません
2 発生してもいいでしょうか
3 発生することになります
4 発生するとしましょう

## 문제해결 키워드

- **수동**
 合い言葉に行われた 슬로건으로 행해진 (01行)
 回収されますが 회수되지만 (13行)
 焼却されて 소각되어 (14行)

- **가능**
 子供一人分のワクチンが買える
 어린이 1인분의 백신을 살 수 있는 (12行)

- **〜ことにする** 〜하기로 하다
 ペットボトルキャップを集めることにした
 페트병 뚜껑을 모으기로 했다 (02行)

- **〜ことで** N3 027 〜로 인해
 集めることで 모으는 것으로 인해 (03行)

- **〜ことができる** N3 024 〜할 수 있다
 子供たちにワクチンを届けることができる
 아이들에게 백신을 보낼 수가 있다 (03行)

- **〜として(は)** N3 070 〜로써(는)
 具体的な活動としては
 구체적인 활동으로서는 (05行)
 資源ごみとして 자원쓰레기로써 (13行)

- **〜と同時に** 〜함과 동시에
 全校朝会で呼びかけると同時に
 전교 조회에서 호소함과 동시에 (05行)

- **〜てもらう** 〜해 받다
 職場の人にも協力してもらって
 직장에 있는 사람도 협력해 주고 (06行)
 引き取ってもらいます 인수해 줍니다 (08行)

- **〜により** N3 092 〜에 따라
 各自治体により 각 자치단체에 따라 (14行)

- **〜てしまう** N3 056 〜해버리다
 焼却されてしまう場合には
 소각되어 버릴 경우에는 (14行)

## 주고 받는 수수표현 & 어떤 일을 가정하는 조건표현

2010년부터 지금까지 출제된 수수표현 문제는 「〜てくれる 〉 〜てあげる 〉 〜てもらう」의 빈도수로, 조건표현 문제는 「〜たら 〉 〜と・〜なら 〉 〜ば」의 빈도수를 보이며, 매 시험마다 반드시 출제되고 있다. 기출문장을 중심으로 어떤 형태로 출제되고 있는지 그 쓰임새를 잘 살펴보자.

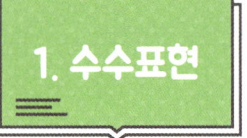
## 1. 수수표현

동사 て형에 「やる, あげる, くれる, もらう」를 붙여서 동작을 주고 받는 행위를 나타내며, 주고 받는 내용은 물건이 아니라 행위이다.

### 01

### 〜てやる・〜てあげる (내가 남에게) ~해 주다

말하는 사람이나 제삼자가 또 다른 제삼자에게 어떠한 동작을 해 줄 때에 사용한다.

- そのとき私は仕事が忙しくて、何も話を聞いてあげられなかった。 2014-2회
  그 때 나는 일이 바빠서 아무 이야기도 들어주지 못했다.

- いい経験になると思うから、行かせてあげたらどうですか。 2013-2회
  좋은 경험이 되리라 생각하니 보내주는 건 어때요?

- 帰国したら、友達や家族に納豆スパゲティを作ってあげたいです。 2013-1회
  귀국하면 친구나 가족에게 낫토 스파게티를 만들어 주고 싶습니다.

- 弟に聞いたら、弾いてくれる方がいるなら、ぜひと言っていましたので、どうぞもらってやってください。 N1 2012-1회
  동생에게 물었더니 (기타를) 쳐 줄 분이 있다면 (기타를) 꼭 주라고 했으니 부디 받아주세요.

### 02

### 〜てくれる (다른 사람이 내게) ~해 주다

다른 사람이 말하는 사람 자신이나 말하는 사람과 가까운 사람에게 어떠한 동작을 해 준다는 의미이다.

- 何があったか聞いても答えてくれないから、何もしてあげられない。 2017-2회
  무슨 일이 있었는지 물어도 대답해 주지 않으니까, 아무것도 해 줄 수 없다.

- よかったら少しもらってくれない？ N2 2017-2회
  괜찮으면 조금 받아 주지 않을래?

- 山下さんも予定を空けておいてくれない？ 2016-1회
  야마시타 씨도 스케줄을 비워놔 주지 않을래?

- 部長に会議の資料を取ってきてくれって頼まれたんですが。 2015-1회
  부장님에게 회의 자료를 가져다 달라고 부탁받았는데요.

- 店員さんは「家で使いますか、プレゼントですか」と言い直してくれた。 2014-2회
  점원은 '집에서 씁니까? 선물입니까? 하고 고쳐 말해 주었다.

- 店の人は、日本人は桜味のお菓子を見ると春を感じるということも教えてくれました。 2014-1회
  가게 사람은, 일본 사람은 벚꽃맛이 나는 과자를 보면 봄을 느낀다는 것도 가르쳐 주었습니다.

- 仲直りしたいが、謝っても許してくれない。 2012-2회
  화해를 하고 싶지만 사과해도 용서해주지 않는다.

### 03

### ～てもらう ~해 받다, (남이 나에게) ~해 주다

다른 사람으로부터 어떠한 혜택이 되는 동작의 영향을 받게 되는 경우를 나타낸다.

- すみませんが、この書類を広田さんに渡しておいてもらえませんか。 2012-2회
  죄송하지만, 이 서류를 히로타 씨에게 건네주지 않겠습니까?

- おばあちゃんに買ってもらった大切なものだから…。 2010-2회
  할머니가 사주신 소중한 물건이라서….

- 周囲の人に協力してもらうにはどうしたらいいのでしょうか。
  주위 사람에게 협력을 받으려면 어떻게 하면 될까요?

## 2. 조건표현

조건이란 주로 '~하면'으로 해석하며, 앞의 내용이 성립한 상태에서 뒤의 내용이 성립하는 경우를 말한다. 조건표현에는 크게 「と、ば、たら、なら」가 있다.

### 01

### ～と 만약 ~(하)면

확정적인 조건이나 가정, 습관적인 일, 자연 법칙 등의 경우에 주로 사용한다. 조건과는 관계없이 '발견'이라는 특별한 용법으로 사용되는 경우도 있다.

- 夜寝られないと困るので、いつも15分ぐらいで起きる。 2016-2회
  밤에 잠을 못 자면 곤란하기 때문에, 항상 15분 정도면 일어난다.

- 空から見ると人の耳のような形に見えることから…。 2015-1회
  하늘에서 보면 사람의 귀와 같은 모양으로 보이기 때문에….

- 表やグラフを示しながら説明する**と**わかりやすくなります。 2014-2회
  표나 그래프를 가리키면서 설명하면 이해하기 쉬워집니다.
- 仕事から帰って、娘に笑顔で「おかえり。」と言われる**と**…。 2012-2회
  직장에서 돌아와, 딸이 웃는 얼굴로 '어서 오세요' 하고 말하면….

---

## 02

### ～ば 만약 ~(하)면

아직 이루어지지 않은 일을 가정하여, 그것을 조건으로 하여 어떤 일이 발생하는 경우에 쓰인다.

- 駅の近くでなくてもよけれ**ば**、一つ、知ってるよ。 2014-1회
  역 근처가 아니어도 된다면 하나 알고 있어.
- 午後は予定があるんだ。午前中だけでよけれ**ば**大丈夫だよ。 2011-2회
  오후에는 일정이 있어. 오전중만으로 좋다면 괜찮아.
- 真剣に考えて答えるべき場面でも、「面倒だし、その場をやり過ごせれ**ば**いい」という甘えから、使っていたのだ。
  진지하게 생각해서 대답해야 할 상황에서도 '귀찮고, 그 자리를 그냥 넘길 수 있으면 된다'라는 어리광에서 사용하고 있었다.

---

## 03

### ～たら 만약 ~(하)면

사용범위가 가장 넓기 때문에 일상회화에서 많이 쓰인다. 가정뿐만 아니라 일반적 사실이나 발견 등에도 사용된다.

- 写真だと言われて見せられ**たら**信じてしまいそうだ。 2015-2회
  사진이라고 듣고 보면 믿어버릴 것 같다.
- あ、コンビニに行くんだっ**たら**、牛乳、買ってきて。 2015-2회
  아, 편의점에 갈 거라면 우유 사와.
- 友人と電話で話してい**たら**、いつの間にか3時間もたちました。 2014-2회
  친구와 전화로 이야기하고 있자니 어느 사이엔가 3시간이나 지났습니다.
- どんな練習をし**たら**上手になれるのだろうか。 2013-2회
  어떤 연습을 하면 잘할 수 있게 될까.
- 昨日、駅前の本屋に行っ**たら**、偶然、学生時代の友人に会った。 2013-1회
  어제 역앞의 서점에 갔더니 우연히 학생시절의 친구를 만났다.

- 仲直りしたいが、謝っても許してくれない。どうしたらいいのか分からない。
  화해를 하고 싶지만 사과해도 용서해주지 않는다. 어떻게 하면 좋을지 모르겠다.   2012-2회

- ABC病院に行ってみたらどうでしょう。  2011-1회
  ABC병원에 가보면 어떨까요?

### 04

## ～なら 만약 ~(하)면

상대방이 말한 정보를 근거로 조언하거나 충고할 때 자주 사용하며, 동작의 순서가 역순인 경우를 나타내는 용법과 화제를 제시하는 의미도 있다.

- 新宿に行くんなら、ケーキを買ってきてくれない？  N1 2017-2회
  신주쿠에 갈 거면, 케이크를 사다 주지 않을래?

- 夢を語るだけなら誰でもできるが、実現させるのは簡単なことではない。 N2 2016-2회
  꿈을 말할 뿐이라면 누구든지 가능하지만, 실현시키는 것은 쉬운 일이 아니다.

- 私は、ほかの人には話せないことも、母になら話せる。  2015-1회
  나는 다른 사람에게는 하지 못하는 말도 엄마에게라면 할 수 있다.

- 列車の写真を撮るためなら、どこへでも行く。  2014-1회
  열차 사진을 찍기 위해서라면 어디든지 간다.

- おなかがすいているならドーナツがあるよ。  2011-2회
  배가 고프다면 도너츠가 있어.

- わたしの応援が力になるならいくらだって応援します。  2010-2회
  제 응원이 힘이 된다면 얼마든지 응원하겠습니다.

# 콕콕실전문제 15

問題1 次の文の（　）に入れるのに最もよいものを、1・2・3・4から一つ選びなさい。

1　親友に保証人に（　　　）って頼まれたんだが、どうすればいいの？
   1　なるよ　　　　2　なるけど　　　3　なったの　　　4　なってくれ

2　これ、明日の朝、山田さんに渡して（　　　）。詳細はこっちからメールで知らせておきますので。
   1　おいてあげますよ　　　　2　おこうと思えますか
   3　おいてもらえませんか　　4　おこうと思いません

3　かわいい子うさぎちゃんをもらって（　　　）。
   1　やりませんか　　　2　やってください
   3　いただきませんか　4　いただいてください

4　長時間の昼寝は、夜（　　　）困るので、やめたほうがいいかもしれません。
   1　寝なくて　　　　2　寝られると思って
   3　寝られないと　　4　寝ると思うと

5　午前中（　　　）参加します。ついでに企画も用意しているので、配慮していただけると助かります。
   1　だけでよければ　　　2　だけでよくても
   3　ばかりでよければ　　4　ばかりでよくても

6　なんとなく弾いているけど、楽譜が読めない。どんな練習を（　　　）上手に弾けて楽しめるの？
   1　したら　　　2　したのに　　　3　するより　　　4　することは

7　そんな彼だからこそ、自分が（　　　）ことを、より後悔してしまうかもしれません。
   1　助けさせられた　　　　2　助けることにした
   3　助けてあげられなかった　4　助けたはずはない

**8** 子どもたちには「自分がどんな大人になりたいか」を考えるきっかけを（　　　）。

1　作ってもらいました　　　　2　作らせてやりました
3　作らせてくれます　　　　　4　作ってあげたいです

**9** このかわいい人形はえりかが小さいときにお父さんに（　　　）大切なおもちゃらしい。

1　買ってもらった　2　買ってくれた　3　買わされた　4　買わせられた

**10** この場合には、お客さんの1日の行動の流れにそって（　　　）わかりやすくなります。

1　説明しては　　2　説明すると　　3　説明しなくても　4　説明しなければ

**11** レッスン中に言葉が詰まったり言い間違えがあっても、先生がわかりやすく（　　　）。

1　言い直していただいた　　　　2　言い直させられた
3　言い直してくれた　　　　　　4　言い直してもらった

**12** もしテーブルが（　　　）、ほかのところに動かしてもいいです。

1　じゃまだったら　　　　　　　2　じゃまければ
3　じゃまじゃないなら　　　　　4　じゃまじゃないと

**13** 昨日映画を見に（　　　）、偶然むかしの友人に出会った。

1　行けば　　　2　行くなら　　　3　行こうと　　　4　行ったら

**14** A「悪いんだけど、1日だけでいいから（　　　）？」
B「田中のためなら、どの日も空けておくよ。」

1　空いていればいい　　　　　　2　空けておくだろう
3　空いてるんじゃない　　　　　4　空けておいてくれない

15 その人は、小学校に勤める場合、圧倒的に男性の方が採用されやすいということも（　　　）。

1 教えられました　　　　　　　2 教えさせられました
3 教えてくれました　　　　　　4 教えてもらいました

16 直行便で（　　　）さらに安くなりますが、海外での乗り換えに慣れていなければ直行便の方がいいでしょう。

1 よくないと　　　　　　　　　2 なくてもいいと
3 よくなければ　　　　　　　　4 なくてもよければ

17 「ごはんおいしかった」「ありがとう」と笑顔で（　　　）、こっちまで自然と笑顔になるんですよね。

1 言えれば　　2 言えたなら　　3 言われると　　4 言わせたら

18 おじさん、海水浴に（　　　）、水着、持って行ってください。

1 行けば　　　2 行くんだったら　3 行っていたら　4 行くとすると

19 3人で何でもした。遊んだり家に泊まったり親に話せないことも2人（　　　）話せた。まるで本当の兄弟みたいだ。

1 になら　　　2 にばかり　　　3 へと　　　　4 へなど

20 お店の駐車場から出てこようとしている車を先に（　　　）あげたら、なぜか前でハザードランプを点滅された。

1 行かせて　　2 行って　　　　3 行かされて　　4 行けて

問題2　次の文の　★　に入る最もよいものを、1・2・3・4から一つ選びなさい。

21 私たちにさまざまな ＿＿＿＿ ＿＿＿＿ ＿★＿ ＿＿＿＿ 新聞など、いわゆるメディアとよばれるものとの付き合い方について考えてみたい。

1 くれる　　　2 テレビや　　　3 伝えて　　　　4 情報を

**22** 家族やパートナーの方は、なぜ気づかなかったのか、＿＿＿ ＿＿＿★ ＿＿＿ 責めたり、「どうしてうつ病に？」と原因探しをすることもありますが、うつ病は一つのきっかけだけで発症するとは限りません。

1 なぜ話を　　　　2 聞いて
3 あげられなかったのかと　　　　4 自分を

**23** すみませんが、このリストを ＿＿＿ ＿＿＿ ★ ＿＿＿ もらえませんか。

1 おいて　　　2 渡して　　　3 スタッフの　　　4 どなたかに

**24** どうせ謝っても許して ＿＿＿ ＿＿＿ ★ ＿＿＿ しました。

1 ぼくなりの　　2 くれないので　　3 謝ることに　　4 謝り方で

**25** その帰りに、＿＿＿ ★ ＿＿＿ ＿＿＿ ＿＿＿ 気づき、大泣きしながら店に取りに戻ったのを覚えています。

1 大切なかばんを　2 おじいちゃんに　3 買ってもらった　4 忘れたことに

**26** お客様からの「ありがとう、また来るよ」と ＿＿＿ ＿＿＿ ★ ＿＿＿ 「この仕事でよかった」と思います。

1 笑顔で言われる　2 ことがあっても　3 つらい　　　　4 と

**27** 取扱店が近くにない場合でも通販で購入が可能ですし、＿＿＿ ＿＿＿ ★ ＿＿＿ 安く購入することができます。

1 よければ　　　　　　　　2 なくても
3 オークションを利用すれば　4 新品で

**28** 牧場内には猫がたくさんいます。この猫たちは、牧場でエサを食べている、半分のら猫です。ひっかいたりかみついたりすることも ＿＿＿ ＿＿＿ ★ ＿＿＿ ください。

1 やって　　　2 かわいがって　　3 ありますので　　4 十分気をつけて

29 わが家では、＿＿＿＿ ＿＿＿＿ ★ ＿＿＿＿ のですが、習い事ってけっこうお金がかかるんですよね。

1 思っている　　　　　　　　2 やらせてあげたいと
3 なるべく子どもたちが　　　4 やりたいことを

30 きみ、ゴルフ好きだったよね。5月21日、平日なんだけど、千葉あたりで＿＿＿＿ ＿＿＿＿ ★ ＿＿＿＿ くれないか。大事なお客さんとのゴルフだから。

1 おすすめの　　2 ゴルフ場予約　　3 取って　　4 おいて

31 私の母親は、夜＿＿＿＿ ＿＿＿＿ ★ ＿＿＿＿ ココアを飲むことが多い。

1 コーヒーを　　2 飲むときは　　3 困るからと皆が　　4 寝られないと

32 気分よく＿＿＿＿ ＿＿＿＿ ★ ＿＿＿＿、自己紹介は十数秒から長くても1、2分以内に収めるようにしましょう。

1 いつの間にか長話に　　　　2 話していたら
3 ならないよう　　　　　　　4 なっていたということに

33 おなかがすいたらまず水分をとって本当におなかがすいているのかを確認します。それでも＿＿＿＿ ★ ＿＿＿＿ ＿＿＿＿ ください。

1 おなかがすいて　　2 食事する　　3 いるなら　　4 ようにして

34 せっかくのおいわいなので子どもがよろこんで＿＿＿＿ ＿＿＿＿ ★ ＿＿＿＿ ですよね。

1 ような　　　　　　　2 食べてくれる
3 作ってあげたい　　　4 ご飯やデザートを

35 両親は昔、＿＿＿＿ ＿＿＿＿ ★ ＿＿＿＿ いたから、その経験を生かして醬油屋を始めたんですよ。

1 って　　　　　　　　　2 頼まれたりして
3 味噌を作ってくれ　　　4 米を商っていて

問題3 次の文章を読んで、文章全体の趣旨を踏まえて、 36 から 40 の中に入る最もよいものを、1・2・3・4から一つ選びなさい。

「かおる先生、この本読んで。」

「先生、ブロックで遊ぼうよ。」

「ちょっと待っててね。順番ね。」

と 36 、うれしくも照れくさい、不思議な気分。これは、幼稚園での職場体験・第1日目に子供たちと初めてかかわったときの感想だ。

去年は職場見学だったが、中学2年生の今年は5日間、実際に仕事を 37 、不安と期待の中、体験初日を迎えた。

朝8時までに園に行き、倉庫からおもちゃ類を出して園児の登園を待つ。登園してきた子たちと遊び、クラス全員がそろったところで朝の会。 38 、園庭で遊び、給食。保護者のお迎えの時間まで教室内で活動。園児たちが帰った後、掃除をし、先生方と反省会。以上が1日の大体の流れだ。

どの子も人なつっこく、本当にかわいかった。けれど、けんかをした2人の話を 39 、トイレに間に合わなかった子の後始末や着替えを手伝ったり、忙しく動いている間に1日が終わり、うちに帰るとぐったりの5日間だった。

自分が園児だったときにはわからなかったが、先生は、常にクラス全体の子供たちに気を配りながら、1人1人に対してもきちんと向き合っているんだということが 40 。

**36**
1 答えてから　　2 答えたとしても　　3 答えながら　　4 答えたとしたら

**37**
1 することになり　　　　　　2 するようになり
3 しないことになり　　　　　4 しないようになり

**38**
1 たとえば　　2 それから　　3 つまり　　4 したがって

**39**
1 させてもらったり　　　　　2 させておいたり
3 聞いてやったり　　　　　　4 聞いてみたり

**40**
1 あまり知らない　　　　　　2 あまりわからなかった
3 よく知っている　　　　　　4 よくわかった

## 문제해결 키워드

- **~と** ~하면, ~하니
  うちに帰ると 집에 돌아가니 (14行)

- **~てやる** ~해 주다
  けんかをした2人の話を聞いてやったり
  싸움을 한 둘의 이야기를 들어 주거나 (12行)

- **~ながら** N3 077 ~하면서
  ~と答えながら ~라고 대답하면서 (04行)
  子供たちに気を配りながら
  아이들에게 신경을 쓰면서 (12行)

- **~ことになる** N3 028 ~하게 되다
  実際に仕事をすることになり
  실제로 일을 하게 되어 (06行)

- **~までに** N3 105 ~까지
  朝8時までに 아침 8시까지 (08行)

- **~間に** N3 001 ~동안에
  忙しく動いている間に
  바쁘게 움직이고 있는 동안에 (13行)

- **~に対して(も)** N3 086 ~에 대해서(도), ~에게(도)
  1人1人に対しても 한 사람 한 사람에게도 (16行)

- **~のだ** N3 093 ~인 것이다
  きちんと向き合っているんだ
  제대로 마주 대하고 있는 것이다 (16行)

## 간과해서는 안 될 **조사**

2010년부터 지금까지 출제된 조사 문제를 보면 「조사+조사」의 형태, 단독으로는 「か·が·から·で·でも·と·の·を」 등 기본적인 조사를 묻는 문제가 출제되고 있다. 조사라고 간과해서는 자칫 틀리기 쉽다. 그럼, 기출문장을 중심으로 어떤 형태로 출제되고 있는지 살펴보자.

# 1. 조사+조사

**01**

## 〜から＋でも  ~에서든지, ~부터라도

- このビルは、街で一番高く、街のどこからでも見える。  2013-2회
  이 빌딩은 거리에서 가장 높아 거리의 어디에서든지 보인다.

- 年度の途中からでも入会は可能です。
  연도의 도중부터라도 입회는 가능합니다.

**02**

## 〜から＋も  ~에게나, ~부터도

- 私の夢は、世界中のだれからも愛される車を作ることだ。  2015-2회
  내 꿈은 전세계의 누구에게나 사랑받는 차를 만드는 것이다.

- 子供をかわいがる人は子供からも愛されます。
  아이를 귀여워하는 사람은 아이로부터도 사랑받습니다.

**03**

## 〜だけ＋で  ~만으로

- 午後は予定があるんだ。午前中だけでよければ大丈夫だよ。  2011-2회
  오후에는 일정이 있어. 오전중만으로 좋다면 괜찮아.

- このお菓子は小麦粉と卵と砂糖だけでできています。  2011-1회
  이 과자는 밀가루와 계란, 설탕만으로 만들어져 있습니다.

## 04

### 〜だけ＋は ~만은

- 料理をするのがそれほど得意ではない私でも、ハンバーグだけはおいしく作れる。 2013-1회
  요리를 하는 것이 그 정도로 잘하지 못하는 나라도 햄버그 스테이크만은 맛있게 만들 수 있다.

## 05

### 〜と＋だけ ~라고만

- じゃあ、体に気をつけてとだけ伝えておいてよ。 2012-2회
  그럼, 몸조심하라고만 전해줘.

- 娘からたこ焼き買ってきてとだけ言われた。
  딸한테서 다코야키(문어구이) 사다 줘 라고만 들었다.

## 06

### 〜に＋しか / 〜で＋しか ~에밖에, ~에게밖에 / ~에서밖에

- そこでしか食べられない。 2017-2회
  거기서밖에 먹을 수 없다.

- 娘には勉強以外にも大学時代にしかできない経験をいろいろしてほしい。 2016-2회
  딸이 공부 이외에도 대학시절에밖에 할 수 없는 경험을 다양하게 했으면 한다.

- こんな話はあなたにしか言えません。
  이런 이야기는 당신에게밖에 말할 수 없습니다.

## 07

### 〜に＋は ~에게는

- 車の運転ができない私には生活するのは大変そうだ。 2017-2회
  차 운전을 못하는 나에게는 생활하는 것은 힘들 것 같다.

- 濃い味が好きな人にはいいかもしれないが、私はちょっと苦手だ。 2016-1회
  진한 맛을 좋아하는 사람에게는 좋을지도 모르지만, 나는 좀 싫다.

- この問題は、数学が苦手な私には難しかった。 2015-1회
  이 문제는 수학을 잘 못하는 나에게는 어려웠다.

## 08 〜に＋まで ~에까지, ~에게까지

- 大きな音で音楽を聴くのはやめなさい。お隣にまで聞こえるよ。 2012-1회
  큰 소리로 음악을 듣는 것은 그만둬. 옆집에까지 들려.
- 私が手紙を書かなかったことで、両親だけでなくおばあさんにまで心配をかけてしまった。
  내가 편지를 쓰지 않았기 때문에, 부모님 뿐만 아니라 할머니에게까지 걱정을 끼치고 말았다.

## 09 〜に＋も ~에도

- 春から大学生になる娘には、勉強以外にも…。 2016-2회
  봄부터 대학생이 되는 딸에게는 공부 이외에도….

## 10 〜の＋は ~것은

- 話し相手がだれもいない部屋に帰るのはさびしい。 2015-1회
  이야기할 상대가 아무도 없는 방으로 돌아가는 것은 쓸쓸하다.

## 11 〜へ＋の ~으로의, ~으로 ~하는

- 歴史学科への進学を決めた。 2016-2회
  역사학과로의 진학을 결정했다.
- 書いたまま出すのを忘れていた友人への手紙が引き出しにあった。 2014-1회
  쓴 채로 부치는 것을 잊었던 친구에게 보낼 편지가 서랍에 있었다.
- ガイドブックに金閣寺への行き方が書いてある。 2013-1회
  가이드북에 금각사로 가는 방법이 쓰여 있다.

# 2. 그 밖의 조사

## 01

### 〜か ~인지

- この問題をどうやって解いたか… N2 2017-2회
  이 문제를 어떻게 풀었는지…

- 何を学ぶことができるのか知りたくて、大学の説明会に参加した。 2015-1회
  무엇을 배울 수 있는지 알고 싶어서 대학 설명회에 참가했다.

- 実際に着てみるまでサイズが合うか不安だったが、ちょうどよかった。 2014-2회
  실제로 입어 보기까지 사이즈가 맞는지 불안했지만, 딱 좋았다.

- 企業で働くというのがどういうことか考えるいい機会になった。 2011-2회
  기업에서 일한다는 것이 어떠한 것인지 생각하는 좋은 기회가 되었다.

## 02

### 〜が ①~이/가  ②~지만, ~다만 〈역접〉

#### ① ~이/가

- 日本はお年寄りが多いので、こういうトイレが作られたのでしょうか。 2012-2회
  일본은 노인이 많기 때문에 이러한 화장실이 만들어진 것일까?

#### ② ~지만, ~다만 〈역접〉

- いい歯医者を知っていたら教えてほしいんですが。 2014-2회
  좋은 치과를 알고 있다면 가르쳐 주었으면 합니다만.

- すぐに歯医者に行けばいいのだろうが、行きたくない。 2010-1회
  바로 치과에 가면 좋겠지만, 가고 싶지 않다.

## 03

### 〜から ①~로부터, ~에서　②~때문에

#### ① ~로부터, ~에서

- 家族からの手紙。 가족으로부터 온(가족이 보낸) 편지. 2017-2회
- 誰もいない部屋から何か音が聞こえた気がした。 2013-1회
  아무도 없는 방에서 뭔가 소리가 들린 느낌이 들었다.

#### ② ~때문에

- ゆっくり話す時間がないから、あとで私から電話するね。 2014-1회
  느긋이 이야기할 시간이 없으니까, 나중에 내가 전화할게.
- わたしが歌い始めたら、みんなが一緒に歌い出したからです。 2011-2회
  내가 노래하기 시작했더니, 모두가 함께 노래하기 시작했기 때문입니다.

## 04

### 〜けれども・〜けど ~지만, ~(이기는) 하나

- しばらくここで待ってって言われたから待っているんですけど。 2016-2회
  잠시 여기서 기다리라고 했기 때문에 기다리고 있는데요.
- 今はどれも使っていないけれども、いつかまた使うかもしれない。 2014-1회
  지금은 아무것도 쓰고 있지 않지만, 언젠가 다시 쓸지도 모른다.

## 05

### 〜ずつ ~씩

- チョコレートケーキとチーズケーキが１個ずつしか残っていなかった。 2014-2회
  초콜릿 케이크와 치즈 케이크가 한 개씩밖에 남아 있지 않았다.

## 06

### 〜で ①동작이나 상태의 주체　②동작이나 작용의 기한, 한도

#### ① 동작이나 상태의 주체

- 久しぶりに家族５人で楽しい休日を過ごした。 2016-1회
  오랜만에 가족 5명이서 즐거운 휴일을 보냈다.

- 家族で女は母だけです。 2014-2회
  가족에서 여자는 엄마뿐입니다.

② 동작이나 작용의 기한, 한도
- その割引券一枚で三人まで二割引になるんだ。 2012-2회
  그 할인권 1장으로 3명까지 20% 할인이 돼.

### 07

## ～でも ～라도

- 専門家でもなかなか見る機会がないそうだ。 2016-2회
  전문가라도 좀처럼 볼 기회가 없다고 한다.
- 体が大きくなって着られなくなった今でも大切に持っている。 2013-2회
  몸이 커져서 입을 수 없게 된 지금도 소중히 가지고 있다.
- 料理をするのがそれほど得意ではない私でも…。 2013-1회
  요리를 하는 것이 그 정도로 잘하지 않는 나라도….
- 今週末、よかったらいっしょに食事でもしませんか。 2012-1회
  이번 주말에 괜찮으면 함께 식사라도 하지 않을래요?

### 08

## ～と ～라고

- 誰もいない部屋に帰るのは寂しいといつも思う。 2015-1회
  아무도 없는 방으로 돌아가는 것은 쓸쓸하다고 항상 생각한다.
- 音がしてうるさいと思うこともあったが。 2014-2회
  소리가 나서 시끄럽다고 생각할 때도 있었지만.
- 夜中に漫画を読んでいたら、父に早く寝ろと怒られた。 2014-1회
  밤중에 만화를 읽고 있자니, 아버지에게 빨리 자라고 혼났다.
- 仕事から帰って、娘に笑顔で「おかえり。」と言われると…。 2012-2회
  직장에서 돌아와, 딸이 웃는 얼굴로 '어서 오세요'하고 말하면….

### 09

## 〜に  ①~에게〈동작이나 작용의 대상〉  ②~에〈장소〉

### ① ~에게〈동작이나 작용의 대상〉

- 私の町の海はとてもきれいなので、たくさんの人に見にきてほしい。 2016-1회
  우리 동네 바다는 아주 예쁘기 때문에, 많은 사람들이 보러 왔으면 한다.

- 私は、ほかの人には話せないことも、母になら話せる。 2015-1회
  나는 다른 사람에게는 하지 못하는 말도 엄마에게라면 할 수 있다.

### ② ~에〈장소〉

- あちらの階段の近くにございます。 2013-1회
  저쪽에 있는 계단 근처에 있습니다.

### 10

## 〜の  ①~가〈주격〉  ②~것〈명사화〉

### ① ~가〈주격〉

- 雨の降らない日が続いているので…。 2015-1회
  비가 오지 않는 날이 이어지고 있어서….

### ② ~것〈명사화〉

- 何を学ぶことができるのか知りたくて…。 2015-1회
  무엇을 배울 수 있는 것인지 궁금해서….

- 土が乾いたら水をやる必要があるが、やりすぎるのもよくない。 2013-2회
  땅이 말랐으면 물을 줄 필요가 있지만, 너무 많이 주는 것도 좋지 않다.

- 料理をするのがそれほど得意ではない…。 2013-1회
  요리를 하는 것을 그 정도로 잘하지는 않는….

- 企業で働くというのがどういうことか考えるいい機会になった。 2011-2회
  기업에서 일한다는 것이 어떤 것인지 생각하는 좋은 기회가 되었다.

- 少しむずかしいですからほかのにしてほしいです。 2011-1회
  조금 어려우니 다른 것으로 했으면 합니다.

## 11

### 〜まで ~까지

- 次に、鍋に油を入れ、170度になるまで温めてください。  2015-2회
  다음으로, 냄비에 기름에 넣고 170도가 될 때까지 데워 주세요.

- この暑さは、今週末ぐらいまで続くそうだ。  2014-1회
  이 더위는 이번 주말 정도까지 이어진다고 한다.

- その割引券一枚で三人まで二割引になるんだ。
  그 할인권 한 장으로 3명까지 20% 할인이 돼.

## 12

### 〜も ① ~도  ② ~이나, ~정도면 〈대략의 정도〉

#### ① ~도

- ごみの中には、もう一度資源として使える物もたくさんあります。  2015-2회
  쓰레기 중에는 다시 한 번 자원으로써 쓸 수 있는 것도 많습니다.

#### ② ~이나, ~정도면 〈대략의 정도〉

- 友人と電話で話していたら、いつの間にか3時間もたちました。  2014-2회
  친구랑 전화로 이야기하고 있자니, 어느 사이엔가 3시간이나 지났습니다.

- 警備員が20人もいれば十分です。  N2 2012-1회
  경비원이 20명 정도면 충분합니다.

## 13

### 〜を ~을

- 森さんが飼っている魚は、とてもきれいな色をしている。  2014-2회
  모리 씨가 기르고 있는 물고기는 아주 예쁜 색을 하고 있다.

- 空港は、お正月休みを海外で過ごそうという人たちで混雑しています。  2013-2회
  공항은 설연휴를 해외에서 보내려고 하는 사람들로 혼잡합니다.

- わたしたちがふだん使っているコインには、丸い形をしているものが多い。  2011-2회
  우리들이 보통 쓰고 있는 동전에는 둥근 형태를 하고 있는 것이 많다.

## 콕콕 실전문제 16

**問題1** 次の文の（　）に入れるのに最もよいものを、1・2・3・4から一つ選びなさい。

[1] 職場で（　　）愛される人の特徴として、まずあげるべきなのは「明るい」ということでしょう。

　1　だれからも　　2　だれかも　　3　だれかにでも　　4　だれでも

[2] 入社して2か月間の研修と現場研修は、プログラミングが未経験の私（　　）難しかったです。

　1　へ　　2　で　　3　には　　4　より

[3] A「今週の土曜日、よかったらいっしょに映画（　　）みませんか。」
　B「いいですね。そうしましょう。」

　1　では　　2　でも　　3　には　　4　にも

[4] 材料はそれぞれ少し（　　）残っていなかったので、それぞれメニューを変えてなんとかなりました。

　1　ずつしか　　2　ずつだけ　　3　ことしか　　4　ことだけ

[5] 実際交換が終わるまでは購入した部品のサイズが（　　）が、とりあえず問題なく完了した。

　1　合うかを調べた　　　　　　2　合うか不安だった
　3　合うはずがなかった　　　　4　合うにきまっている

[6] みんなを楽しませるためにイベントの準備ずっと頑張ってるのを見てたから、たくさんの人（　　）見にきてほしい。

　1　を　　2　へ　　3　に　　4　と

[7] マジックカットの加工がされているフィルム包装は切れ目がなくても（　　）切れてしまうのです。

　1　どこまで　　2　どこから　　3　どこへでも　　4　どこからでも

**8** 500円のプランは通話機能が使えないネットのみのプランになるが、ネット（　　　）500円でも使えるということだ。
1　だけでよければ　　　　　　　　2　だけでよくても
3　ばかりでよければ　　　　　　　4　ばかりでよくても

**9** その「ゴンゴン」と聞こえる力士(りきし)の足音は2階に座っている私（　　　）聞こえるほどでした。
1　でまで　　　2　までで　　　3　にまで　　　4　までに

**10** 家では作れないので、こういう料理（　　　）お店にあるととてもうれしいです。
1　が　　　　2　に　　　　3　で　　　　4　から

問題2　次の文の　★　に入る最もよいものを、1・2・3・4から一つ選びなさい。

**11** ただ例外として ＿＿＿＿ ＿＿＿＿ ★ ＿＿＿＿ おいしく作れるらしい。
1　村の伝統料理　　2　焼(や)きりんご　　3　だけは　　4　である

**12** 気のせいかもしれないが、あのとき ＿＿＿＿ ＿＿＿＿ ★ ＿＿＿＿ した。
1　聞こえた　　2　物陰(ものかげ)から　　3　何か音が　　4　気が

**13** ＿＿＿＿ ★ ＿＿＿＿ ＿＿＿＿ 決めようといろいろな大学のオープンキャンパスに足を運びました。
1　進学を決めたので　　　　　　2　早い段階で
3　社会学部への　　　　　　　　4　あとは学校の雰囲気で

**14** 私たちは ＿＿＿＿ ★ ＿＿＿＿ ＿＿＿＿ 海外挙式が理想でした。
1　だけで　　2　海の見える　　3　よければ　　4　本来家族

15  ８歳の長男と３歳の次男、それとぼくの男３人で散髪に行き、あとから合流したママと家族 ____ ★ ____ ____ のんびりと過ごすことができました。

1  を    2  で    3  ４人    4  楽しい休日

16  ____ ★ ____ ____、最近では新郎様からの手紙が読まれるケースもあります。

1  新婦様から    2  手紙が    3  ご両親への    4  一般的でしたが

17  ３か月待ってって ____ ____ ★ ____、３か月経っても何も言ってこなかった。

1  待っていた    2  から    3  けど    4  言われた

18  この冬山での出来事は、不可能に見えることも、少し ____ ★ ____ ____ ということを私に示してくれた。

1  いつかは    2  達成できる    3  ずつ    4  こなせば

19  実を言うと、ぼくが ____ ★ ____ ____ だった。ボールはバットにかすめもしなかったし、グローブに触れることもなかった。

1  はじめて    2  このときが生まれて
3  のは    4  野球をした

20  私の家では２種類の新聞を取っているが、よく読んでみると ____ ★ ____ ____ 扱い方がかなり違っていることに気づくことがある。

1  同じニュース    2  記事の内容    3  や    4  でも

**問題3** 次の文章を読んで、文章全体の趣旨を踏まえて、 21 から 25 の中に入る最もよいものを、1・2・3・4から一つ選びなさい。

　　この冬、私は、家族とスキーに行った。そこでの出来事は、私にとって、まさに『新しい世界』との出会いだった。
　　今年、私は、父や兄と同じ上級コースに 21 。兄と一緒に乗ったリフトの支柱には「自分に合ったコースを選べ」と、厳しい言葉が書いてある。
　　私は急に不安になってきた。兄は、「習うより慣れろというだろ。だめなら転がっていけばいいさ。」と、私をからかい、緊張を解いてくれた。
　　 22 、リフトを降りて、私はひどく後悔した。頂上から見下ろす斜面は、まさに絶壁のようだ。ここは傾斜が30度以上 23 ある。国内でも有数の急斜面なのだ。足がすくむが、自分から連れてってくれと言い出した以上引き返せない。「おーい、『急がば回れ』だぞ。斜滑降とキックターンを繰り返すんだ。」父がそう言って、手本を 24 。
　　なるほど、この方法なら、30度の急斜面でもほとんどスピードが出ない。地平線とほとんど並行にのろのろと滑り、端まで行ったら、180度方向を変える。一気に滑り降りるのは困難なコースでも、少しずつ斜滑降に分割していけば、なんということもない。 25 、巨大な絶壁に見えていた斜面が、小さな坂の集まりに見えてきた。

**21**
1 挑戦してくれた　　　2 挑戦してあげた
3 挑戦することにした　4 挑戦することができた

**22**
1 しかし　　2 また　　3 なぜなら　　4 ちなみに

**23**
1 だけ　　2 より　　3 と　　4 も

**24**
1 示してくれた　　　2 示してほしい
3 示したがっている　4 示していたい

**25**
1 こう思うほどで　　2 そう思うだけで
3 こう思うほどが　　4 そう思うだけが

## 문제해결 키워드

- **～と** ~라고
  「自分に合ったコースを選べ」と
  '자신에게 맞는 코스를 선택해라'라고 (04行)
  「だめなら転がっていけばいいさ。」と
  '안 되면 굴러서 가면 되지'라고 (05行)

- **～も** ~이나
  傾斜が30度以上もある
  경사가 30도 이상이나 된다 (08行)

- **～ずつ** ~씩
  少しずつ斜滑降に分割していけば
  조금씩 사활강으로 나눠서 가면 (13行)

- **～にとって** N3 089 ~에게 있어서
  私にとって 나에게 있어 (01行)

- **～ことにする** ~하기로 하다
  上級コースに挑戦することにした
  상급코스에 도전하기로 했다 (03行)

- **～てくれる** ~해주다
  緊張を解いてくれた 긴장을 풀어 주었다 (06行)
  手本を示してくれた 시범을 보여 주었다 (10行)

- **～以上** N3 003 ~(한) 이상
  自分から連れてってくれと言い出した以上
  내가 데려가 달라고 말을 꺼낸 이상 (09行)

- **가능**
  引き返せない 되돌릴 수 없다 (09行)

- **～だけで** N2 057 ~만으로
  そう思うだけで 그렇게 생각하는 것만으로 (14行)

## 글의 흐름을 읽게 하는 접속사·부사·기타

이 파트는 문제3 문장의 문법을 대비하기 위한 파트이다. 접속사·부사 등은 문법형식에서도 출제되지만 문장의 문법에서는 매번 100% 출제되고 있다. 문장의 문법 문제는 괄호 속에 들어가는 지시어 문제나 글의 흐름을 잇는 접속사, 문장을 부드럽게 이어주는 부사 등 다양하다. 기출문장을 중심으로 어떤 형태로 출제되고 있는지 살펴보자.

# 특정의 것을 지칭하는
## 1. こ・そ・あ・ど

**01** **こういう** 이러한

- 実際に、わたしが使っている電車は、ラッシュアワーには3分に1本来ます。こういう電車なら、みんなが使いたくなる気持ちもわかります。 2011-1회

  실제로 내가 이용하고 있는 전철은 러쉬아워에는 3분에 1대 옵니다. 이러한 전철이라면 모두가 이용하고 싶어지는 마음도 이해됩니다.

**02** **この** 이

- この公園は、いろいろな花が咲きはじめるこの時期が最も美しいと聞いた。 2013-2회

  이 공원은 여러 꽃이 피기 시작하는 이 시기가 가장 아름답다고 들었다.

- ふつうの飲み物の自動販売機に見えますが、この自動販売機は話すことができます。 2010-1회

  보통의 음료수 자동판매기로 보이지만, 이 자동판매기는 말을 할 수 있습니다.

**03** **これ** 이것

- 天気の話は誰とでもしやすいことに気づきました。これも天気の話をする人が多い理由の一つだと思います。 2016-2회

  날씨 이야기는 누구와도 (이야기)하기 쉽다는 것을 깨달았습니다. 이것도 날씨 이야기를 하는 사람이 많은 이유 중의 하나라고 생각합니다.

**04** **こんなに** 이렇게

- 生活には慣れましたが、学校の勉強は大変です。こんなに大変だとは思いませんでした。 2013-2회

  생활에는 익숙해졌지만 학교 공부는 힘듭니다. 이렇게 힘드리라고는 생각하지 못했습니다.

- ああ、おいしい。こんなにおいしいのに、どうして苦手なんですか。 2012-1회

  아~맛있어. 이렇게 맛있는데 왜 싫어해요?

## 1. N1 문법 접속사·부사·기타

**05** **そう** 그렇게

- 妹は初めてのピアノ発表会だったので緊張していたと言ったが、全然そう見えなかった。 2016-1회

  여동생은 첫 피아노 발표회였기 때문에 긴장했었다고 했지만, 전혀 그렇게 보이지 않았다.

**06** **そういう** 그러한

- 秋や冬にだけ売られるお菓子もあるそうです。日本にはそういうお菓子があると知って驚きました。 2014-1회

  가을이나 겨울에만 팔리는 과자도 있다고 합니다. 일본에는 그러한 과자가 있는 걸 알고 놀랐습니다.

- 梅を使ったものやしょうゆ味のものです。私は、そういうスパゲティも食べてみました。 2013-1회

  매실을 이용한 음식이나 간장맛이 나는 음식입니다. 나는 그러한 스파게티도 먹어보았습니다.

**07** **その** 그

- その時間は多分家にいると思うので大丈夫です。お願いします。 2012-1회

  그 시간은 아마 집에 있을 것 같으니 괜찮습니다. 부탁합니다.

- 確かに、その先輩もコンビニで働いています。そういう所で働いている人が、仕事で使う「おはよう」を、学校でも使ってしまっているのでしょう。 2012-1회

  확실히 그 선배도 편의점에서 일하고 있습니다. 그러한 곳에서 일하고 있는 사람이 일할 때 쓰는 「おはよう」를 학교에서도 쓰고 만 것이겠지요.

**08** **それ** 그것

- 私は食器売り場で見つけたかわいいコップを買うことにしました。それをレジに持っていったとき、びっくりすることが起きたのです。 2014-2회

  나는 식기매장에서 찾은 귀여운 컵을 사기로 했습니다. 그것을 계산대에 가지고 갔을 때 깜짝 놀랄 일이 일어난 것입니다.

- びっくりしたのはそれだけではありません。立つと、自動的に水が流れて、ふたが閉まったのです。 2012-2회

  깜짝 놀란 것은 그것뿐만이 아닙니다. 일어서면 자동으로 물이 흘러내려가고 뚜껑이 닫힌 것입니다.

## 09 ああ 저렇게

- 会社に入ったとき、かっこよく働いている先輩を見て、自分も早くああなりたいと思った。 2014-2회

  회사에 들어갔을 때 멋있게 일하고 있는 선배를 보고 나도 빨리 저렇게 되고 싶다고 생각했다.

## 10 あの 저, 그(나와 상대방이 모두 알고 있는 사항일 때)

- 確かに森さんも悪いけど、部長のあの言い方はひどいと思わない？ 2013-2회

  확실히 모리 씨도 잘못했지만, 부장의 그 말투는 심하다고 생각하지 않아?

## 11 あんなに 저렇게, 그렇게(나와 상대방이 모두 알고 있는 사항일 때)

- 山下 「さっき田中さんから、風邪ひいて、スキーに行けないって連絡が来たんだ。」
  川村 「えっ、田中さん、あんなに楽しみにしていたのに、残念だね。」 2013-1회

  야마시타 아까 다나카 씨에게서 감기에 걸려 스키 타러 못 간다고 연락이 왔어.
  가와무라 뭐? 다나카 씨, 그렇게 기대하고 있었는데 유감이네.

## 2. 접속사 · 부사 · 기타

### あ

**01 あと** 앞으로, 아직

- あと 5分で… 앞으로 5분이면… 2017-2회
- あと半年で終わる予定だった駅ビルの建設工事が遅れているそうだ。 2015-2회
  앞으로 반년 만에 끝날 예정이었던 역 빌딩 건설공사가 늦어지고 있다고 한다.
- あと1日で夏休みです。もううれしくてしょうがないです。
  앞으로 하루면 여름방학입니다. 정말이지 너무 기쁩니다.
- 月末までにあと5冊本を読まなければなりません。
  월말까지 앞으로 책 다섯 권을 읽어야 합니다.

**02 あまりに** 너무나, 지나치게

- 仕事があまりに忙しくて3年以内にやめてしまう社員が多いそうだ。 2015-1회
  일이 너무나 바빠서 3년 이내에 그만둬 버리는 사원이 많다고 한다.

**03 いつか** 언젠가

- A「沖縄旅行はどうだった?」
  B「海が青くて、料理もおいしくて、最高だったよ。」
  A「いいなあ。わたしもいつか一度行ってみたいなあ。」 2011-1회
  A 오키나와 여행은 어땠어?
  B 바다가 파랗고 음식도 맛있고, 최고였어.
  A 좋겠다. 나도 언젠가 한번 가보고 싶어.

**04 いつのまにか** 어느 사이엔가

- 本を読んでいたら、いつのまにか5時間も経ってしまった。 2010-1회
  책을 읽고 있자니, 어느 사이엔가 5시간이나 지나가 버렸다.

## か

**06 かならず** 반드시, 꼭

- 来週の遠足ですが、集合時間は9時です。遅れる場合は、必ず学校に連絡してください。 2013-2회
  다음 주 소풍말인데요. 집합시간은 9시입니다. 늦을 경우에는 반드시 학교로 연락해 주세요.

**07 決して** 결코

- 私がおとずれた土地は、決して経済的に発展した土地ではなかったといえる。
  내가 방문한 고장은 결코 경제적으로 발전한 고장이 아니었다고 할 수 있다.

**08 けれども** 하지만

- けれども、私の国では天気の話をあまりしないので、なぜ天気の話をするのかわかりませんでした。 2016-2회
  하지만 우리나라에서는 날씨에 관한 이야기를 그다지 하지 않기 때문에, 왜 날씨 이야기를 하는 것인지 몰랐습니다.

## さ

**09 しかし** 그러나, 하지만

- 私は、座るところが冷たくても気にならないし、ふたの開閉も大変ではありません。しかし、お年寄りには簡単なことではないでしょう。 2012-2회
  나는 앉는 곳이 차가워도 신경쓰이지 않고, 뚜껑의 개폐도 힘들지 않습니다. 하지만 노인에게는 쉬운 일이 아니겠지요.

**10 次第に** 점차, 차차

- 朝は曇っていたが、次第に晴れてきて、午後には快晴になった。 2014-2회
  아침에는 흐렸지만 점차 맑아져서 오후에는 쾌청해졌다.

## 11 少しも 조금도

- 有名な画家の展覧会に行ったが、私にはよくわからない絵ばかりで、少しも面白くなかった。 2016-1회
  
  유명한 화가의 전람회에 갔지만, 나는 잘 모르는 그림뿐이라 조금도 재미있지 않았다.

- あなたはたくさんお金をもっているが、私は少しもお金をもっていない。
  
  당신은 돈을 많이 갖고 있지만, 나는 조금도 돈을 갖고 있지 않다.

## 12 すっかり 모두, 완전히, 몽땅

- 久しぶりにふるさとに帰ったが、昔は何もなかった駅前がすっかり変わっているのを見て驚いた。 2016-1회
  
  오랜만에 고향에 돌아갔는데, 옛날에는 아무것도 없었던 역 앞이 완전히 바뀐 것을 보고 놀랐다.

## 13 ずっと 훨씬, 매우; 쭉

- ずっと同じクラスだった友人と電話で話していたら、いつの間にか3時間もたちました。 2014-2회
  
  쭉 같은 반이었던 친구와 전화로 이야기하고 있자니, 어느 사이엔가 3시간이나 지났습니다.

- この写真だと彼は実際よりずっと若く見えます。
  
  이 사진이라면 그는 실제보다 훨씬 젊어 보입니다.

## 14 すると 그러자

- すると、そこに一人の客がやってきて、店員にDVDが見られる機械がほしいと相談を始めました。 2016-1회
  
  그러자, 그곳에 한 손님이 찾아와, 점원에게 DVD를 볼 수 있는 기계가 필요하다며 상담을 시작했습니다.

- 私は、なぜそう聞くのだろうと思いながら、「プレゼントです」と答えました。すると、店員さんはコップを箱に入れ、紙を一枚取り出しました。 2014-2회
  
  나는 왜 그렇게 묻는 걸까 하고 생각하면서 '선물입니다'하고 대답했습니다. 그러자 점원은 컵을 상자에 넣고 종이를 한 장 꺼냈습니다.

## 15 そこで 그래서

- みんな違う国から来ているので、わたしはみんながわかる日本語で歌いたいと思いました。そこで、日本のアニメの歌を歌うことにしました。 2011-2회

  모두 다른 나라에서 왔기 때문에, 나는 모두가 아는 일본어로 노래하고 싶다고 생각했습니다. 그래서 일본 애니메이션 노래를 부르기로 했습니다.

## 16 そのころ 그 즈음

- そのころ、私はうまくできないと、すぐにあきらめていました。 2015-1회

  그 즈음 나는 일이 잘 되지 않으면 금세 포기했었습니다.

## 17 それから 그리고, 그 다음에

- たくさん駅があるから、どこへでも行くことができます。それから、電車が遅れることも少ないし、あまり待たなくてもすぐに次の電車が来ます。 2011-1회

  역이 많기 때문에 어디든지 갈 수 있습니다. 그리고 전철이 늦을 때도 적고, 그다지 기다리지 않아도 금방 다음 전철이 옵니다.

## 18 それとも 그렇지 않으면, 아니면

- 先輩や友達が間違っているのでしょうか。それとも、わたしが習ったことが間違っているのでしょうか。 2012-1회

  선배나 친구가 틀린 걸까요? 아니면 내가 배운 것이 틀린 걸까요?

## 19 それに 게다가

- お手洗いに入ると、自動的にトイレのふたが開いて、びっくりしました。それに、座るところが温かったので、またびっくりしました。 2012-2회

  화장실에 들어가니 자동으로 화장실 뚜껑이 열려서 놀랐습니다. 게다가 앉는 곳이 따뜻했기 때문에 또 놀랐습니다.

## た

**20 たしかに** 확실히

- あの人はたしかに短気だ。しかし、悪い人ではない。 2012-2회
  저 사람은 확실히 성미가 급하다. 하지만 나쁜 사람은 아니다.

- 黒いTシャツはよごれが目立たないから好都合、という意見がある。たしかに黒い布の上に黒いよごれがついていても、あまり目立たないだろう。
  검은 T셔츠는 더러움이 눈에 띄지 않으니까 안성맞춤이라는 의견이 있다. 확실히 검은 천 위에 검은 얼룩이 묻어 있어도 그다지 눈에 띄지 않을 것이다.

**21 たとえば** 예를 들면

- 野菜工場では、畑と違って環境も人間が作れます。たとえば、工場では温度や湿度、野菜が光を浴びる時間も決められるので、外の天気に影響されずに野菜が育ちます。
  채소 공장에서는 밭과 달리 환경도 사람이 만들 수 있습니다. 예를 들어 공장에서는 온도나 습도, 채소가 빛을 쬐는 시간도 정할 수 있기 때문에, 밖의 날씨에 영향받지 않고 채소가 자랍니다.

**22 多分** 아마, 대개

- 配達員 「お荷物の配達時間ですが、明日の夜8時ごろでいかがですか」 2012-1회
  客  「その時間は多分家にいると思うので大丈夫です。お願いします。」
  배달원 짐 배달시간인데요, 내일 밤 8시쯤 어떠세요?
  손님   그 시간은 아마 집에 있을 것 같으니 괜찮아요. 부탁합니다.

**23 ちっとも** 조금도

- A 「来週、試合なのにちっとも練習に来ないで何をやっていたんですか。」
  B 「すみません。」 2011-1회
  A 다음 주 시합인데 조금도 연습하러 오지 않고 무엇을 하고 있었습니까?
  B 죄송합니다.

**24** **ついに** 결국, 드디어

- 長い間建設中だったABCビルが、昨日ついに完成した。 2015-1회
  오랫동안 건설중이었던 ABC 빌딩이 어제 드디어 완성되었다.

**25** **つまり** 결국, 요컨대, 다시 말하면

- 私のふるさとは日本の首都、つまり東京です。
  제 고향은 일본의 수도, 즉 도쿄입니다.

**26** **ですから・だから** 그러니까, 따라서

- ですから、自動販売機に話しかけられたとき、まるでアニメの世界にいるようだと思いました。 2010-1회
  따라서 자동판매기가 말을 걸었을 때, 마치 애니메이션의 세계에 있는 것 같다고 생각했습니다.

- きょうは気分が悪いんだ。だからぼくは家にいるよ。
  오늘은 기분이 안 좋아. 그러니까 나는 집에 있을게.

**27** **でも** 하지만, 그래도

- 自宅と学校の往復だけで、そのほかの場所にはほとんど出かけたことがありません。でも、せっかく日本にやってきたのだから、勉強だけではもったいないと思います。 2013-2회
  집과 학교의 왕복뿐으로, 그 이외의 곳에는 거의 나간 적이 없습니다. 하지만 모처럼 일본에 왔으니까 공부만으로는 아깝다고 생각합니다.

**28** **どうしても** 무슨 일이 있어도, 꼭; 아무리 해도

- 暑くてどうしても寝られないとき以外は、自分の部屋ではエアコンを使いません。
  더워서 아무리 해도 잠을 못 잘 때 이외에는, 자기 방에서는 에어컨을 사용하지 않습니다. 2017-2회

- 昨日の夜寝る前にどうしてもヨーグルトが食べたくなって夜中なのに… 2016-2회
  어젯밤 자기 전에 꼭 요구르트가 먹고 싶어서 한밤중인데도….

- 彼にどうしてもうんと言わせることができません。
  그에게 아무리 해도 응이라고 말하게 할 수가 없습니다.

## 29 とうとう 결국

- 予備校に1年間通って、弟はとうとう第1志望の大学に合格しました。
재수학원에 1년 동안 다녀서, 남동생은 결국 제1지망 대학에 합격했습니다.

## 30 特に 특히

- 私は、暗記が苦手である。特に、歴史上の人物名や年号を暗記するのが苦手だ。
나는 암기를 잘 못한다. 특히 역사상 인물의 이름이나 연호를 암기하는 것을 잘 못한다.

## 31 ところが 그러나, 하지만

- 朝出かけるとき、アパートの前の決められた場所にごみを出しました。ところが、夕方帰宅すると、私のごみは回収されずに残っていました。 2015-2회
아침에 외출할 때 아파트 앞의 정해진 장소에 쓰레기를 내놓았습니다. 그러나 저녁에 귀가하니 내 쓰레기는 회수되지 않고 남아 있었습니다.

- 先週、買い物に行ったとき、久しぶりにそのチョコレートが食べたくなって、店の中を探しました。ところが、いくら探しても、見つけられませんでした。 2014-1회
지난주에 쇼핑하러 갔을 때, 오랜만에 그 초콜릿이 먹어싶어져서 가게 안을 찾았습니다. 하지만 아무리 찾아도 보이지 않았습니다.

- ところが、日本に来て友達とレストランに行ったとき、友達の納豆スパゲティを少し食べさせてもらって驚きました。 2013-1회
그러나 일본에 와서 친구와 레스토랑에 갔을 때, 친구의 낫토 스파게티를 조금 먹고 놀랐습니다.

- ほとんどの人は、自動販売機がしゃべるはずはないと言って、笑うでしょう。ところが、しゃべる自動販売機は本当にあるのです。 2010-1회
대부분의 사람은 자동판매기가 말할 리가 없다고 하며 웃겠지요. 하지만 말하는 자동판매기는 정말로 있습니다.

## な

## 32 なかなか 좀처럼(+부정); 상당히, 꽤(+긍정)

- この写真の鳥はとても珍しくて、この鳥の研究をしている専門家でもなかなか見る機会がないそうだ。 2016-2회
이 사진에 있는 새는 아주 희귀해서, 이 새의 연구를 하고 있는 전문가라도 좀처럼 볼 기회가 없다고 한다.

- 庭に植えたスイカは、これまでなかなかうまく育たなかったが…。 2013-2회
  정원에 심은 수박은 지금까지 좀처럼 잘 자라지 않았지만….

- 彼の話は私にはなかなか興味深かった。
  그의 이야기는 나에게는 상당히 흥미로웠다.

## 33 なぜなのか 왜인지

- ところが、駅の中や階段、ホームを、とても急いで歩いている人が多いです。わたしは、これがなぜなのかわかりません。 2011-1회
  하지만 역 안이나 계단, 플랫폼을 너무나 서두르며 걷고 있는 사람이 많습니다. 나는 이것이 왜인지 모르겠습니다.

## 34 なぜなら 왜냐하면

- 私は彼女の顔をまともに見られなかった。なぜならうそをついていたから。
  나는 그녀의 얼굴을 똑바로 볼 수 없었다. 왜냐하면 거짓말을 했으니까.

# は

## 35 初めて 처음(으로)

- 基礎コースは、パソコンの基礎的な使い方に慣れるためのコースなので初めて習う方にぴったりです。 2015-2회
  기초 코스는 컴퓨터의 기초적인 사용법에 익숙해지기 위한 코스이므로 처음 배우는 분에게 딱입니다.

# ま

## 36 まだ 아직

- この家に引っ越してきて、もう半年になるのにまだ住所を覚えていないです。
  이 집에 이사와서, 벌써 반년이 되는데 아직 주소를 외우지 못합니다. 2015-1회

- 昨日、遅くまで仕事をしていたから、多分まだ寝ているよ。 2012-2회
  어제 늦게까지 일을 했으니까 아마 아직 자고 있을 거야.

- コンサートは7時からですから、そんなに早く行ってもまだ開いていないと思いますよ。 2010-1회

  콘서트는 7시부터니까, 그렇게 일찍 가도 아직 열려 있지 않을 거예요.

### 37 もう 벌써, 이미

- A 「雨、やんだ？」
  B 「さっき外に出たときはもう降っていなかったよ。」 2014-1회

  A 비 그쳤어?
  B 아까 밖에 나갔을 때는 이미 안 내렸어.

### 38 もちろん 물론

- アナウンサー 「北村選手、今回の大会の目標は？」
  北村選手 「もちろん優勝です。それ以外、考えていません。」 2014-1회

  아나운서　　　기타무라 선수, 이번 대회의 목표는요?
  기타무라 선수　물론 우승입니다. 그 이외는 생각하지 않습니다.

### 39 最も 무엇보다도, 가장

- この公園は、いろいろな花が咲きはじめるこの時期が最も美しいと聞いた。
  이 공원은 여러 꽃이 피기 시작하는 이 시기가 가장 아름답다고 들었다. 2013-2회

- わたしがもっとも行ってみたい寺のひとつに京都の高山寺がある。 2012-1회

  내가 가장 가보고 싶은 절 중 하나로 교토의 고잔사가 있다.

## や

### 40 ようやく 겨우, 간신히

- 三日間降り続けた雨がようやくやんで、今日は青空が見えた。 2017-1회

  3일간 계속 내린 비가 겨우 그치고, 오늘은 파란 하늘이 보였다.

- あきらめないで毎年チャレンジしていたらようやく今年になっておいしいのができた。 2013-2회

  포기하지 않고 매년 도전했더니, 올해가 되어 겨우 맛있는 것이 열렸다.

問題1 次の文の（　）に入れるのに最もよいものを、1・2・3・4から一つ選びなさい。

① 私は、昨年なくなった、大好きな祖父のことを思い出しながら見ていた。（　　　）、本当に祖父にそっくりな観音様がいて、思わず「あっ。」と声を上げそうになった。

1　すると　　　　2　そのうえ　　　　3　また　　　　4　だから

② 1960年代以降、都市の道路渋滞が問題になったけれど、それへの対応策は自動車の通行量を減らすことではなく、より多くの道路をつくることであった。（　　　）建設をすすめようとすれば、そのことによって新しい問題を発生させることがある。

1　ちなみに　　　　2　ところが　　　　3　そのうえ　　　　4　それで

③ レポートを（　　　）期限どおりに提出してください。

1　非常に　　　　2　決して　　　　3　必ず　　　　4　全く

④ わたしが首にはめているのは、まほうの首輪だ。（　　　）持っていると、どんな動物にでも変わることができるのだ。

1　そこを　　　　2　これを　　　　3　こんなに　　　　4　そのように

⑤ バスがとまりました。車内アナウンスで「新町」と言ったようでした。わたしはあわてて降りました。（　　　）、そこは知らない所でした。

1　そのうえ　　　　2　つまり　　　　3　すると　　　　4　けれども

⑥ でも、この道をもどれば、きっとうちへ帰れる、と思って歩きました。（　　　）、行っても行ってもうちの町へは出ません。

1　たとえば　　　　2　たしかに　　　　3　ところが　　　　4　なぜなら

⑦ 本を買ってきれいなまま斜め読みし、また売ってしまうというやり方は、一見効率がいいようだが、私から見ると、実に無駄の多い読書だ。（　　　）、娯楽本ならそれでいい。

1　必ずしも　　　　2　非常に　　　　3　あまりにも　　　　4　もちろん

[8] 私たちは、頭では地動説を受け入れていても、日常生活では天動説的な感覚を持って暮らしているわけです。（　　　）だけではありません。天動説から地動説へ転換する前に、人類は地球が丸いことも発見しました。

1　地球　　　　2　それ　　　　3　頭　　　　4　そのうち

[9] 地球が暖かくなれば、冬は暖房もいらず、よいことのように思えるのに、なぜ温暖化が問題なのだろう。（　　　）私は、環境省が出している「平成19年版こども環境白書」で、地球温暖化について調べてみた。

1　ところが　　2　ところで　　3　それでも　　4　そこで

[10] わたしは弟と市民祭りに行きました。広場には人がたくさんいました。身動きするのも大変なありさまでした。（　　　）、わたしは走りながらふざけている弟をしかりました。

1　ですから　　2　そのうえ　　3　それなのに　　4　一方

問題2　次の文の ＿＿★＿＿ に入る最もよいものを、1・2・3・4から一つ選びなさい。

[11] 病気のときは薬にたよらず寝ていればすぐに治るという人がいる。＿＿＿＿ ＿＿＿＿ ＿＿★＿＿ ＿＿＿＿ ときは、薬にたよらなくても治るまでに時間はかからないだろう。

1　たしかに　　2　軽い病気の　　3　などの　　4　ちょっとしたかぜ

[12] 森は自然的存在であるとともに、社会的な存在なのだと思う。なぜなら ＿＿＿＿ ＿＿＿＿ ＿＿★＿＿ ＿＿＿＿、森は変貌をとげていくからである。

1　への　　　　2　人間の森　　3　によって　　4　かかわり方

[13] 地球温暖化は、大気中の二酸化炭素の量が増え、熱が逃げにくくなることによって起きているのだそうだ。二酸化炭素は、＿＿＿＿ ＿＿★＿＿ ＿＿＿＿ ＿＿＿＿ 発生する。

1　エネルギーを使う　　　　　2　ことで
3　などの　　　　　　　　　　4　電気・ガス・ガソリン

14 線をまったく引かないで読んでしまった本は、見返してみても記憶を呼び起こすのに時間がかかる。しかし、ところどころに ＿＿＿ ＿＿＿ ＿★＿ ＿＿＿ 呼び起こしやすくなる。

1 読んだときの記憶を　　　　2 それを手がかりにして
3 しっかりと線が　　　　　　4 引いてあれば

15 何回か反復して本を把握（はあく）することによって本の内容は定着してくる。＿＿＿ ＿＿＿ ＿★＿ ＿＿＿ ものだ。

1 なかなか難しい　2 一度読んだ　3 というのは　4 だけで記憶する

16 たしかに、現代社会では ＿＿＿ ＿＿＿ ＿★＿ ＿＿＿ ようにはなった。

1 他人と一切の　2 人間関係を　3 生きていける　4 築かなくても

17 かめばかむほどいいことは、ほかにもあります。まず、食べ物をだえきといっしょに数十回もよくかむと、脳（のう）から「＿＿＿ ＿＿＿ ＿★＿ ＿＿＿ よ。」という知らせが出されます。

1 いっぱい　　2 だ　　3 が　　4 もうおなか

18 国立公園であるためには、まず第1に、日本の代表となるすぐれた景色（けしき）をそなえていることが必要である。第2に、＿＿＿ ＿＿＿ ＿★＿ ＿＿＿ 利用される場所であることが必要である。

1 その自然が　　　　　　2 国民の健康や教育に
3 役立ち多くの　　　　　4 人々に

19 最近、製品をつくる ＿＿＿ ＿＿＿ ＿★＿ ＿＿＿ ようになってきました。

1 環境（かんきょう）の　2 ことを　3 会社もしだいに　4 考える

20 社会人 ＿＿＿ ＿＿＿ ＿★＿ ＿＿＿ 始める時に、とりわけ意識されるのではないだろうか。

1 卒業して就職し　　　　2 たぶん学校を
3 自立した社会生活を　　4 という言葉は

**問題 3** 次の文章を読んで、文章全体の趣旨を踏まえて、 21 から 25 の中に入る最もよいものを、1・2・3・4から一つ選びなさい。

　　6月の長野県K村 21 移動教室は、田植えやグループごとに分かれての農業体験、伝統の和太鼓の鑑賞、地元の方による民話朗読、よもぎ団子・お焼きの調理体験などを行い、とても充実した3日間でした。

　　体験の中で特にぼくたちの心に残っているのは、高山さんという花作り農家のお手伝いをしたことです。2日目の朝から丸1日、ぼくたちのグループは、花畑でいろいろな作業をしました。スコップで畑を掘るときの力の入れ具合がよくわからず、なかなかはかどりません。 22 、高山さんのご夫婦は、そんなぼくたちを辛抱強く見守ってくれ、暖かいアドバイスとともに、励ましてくれました。このときのお二人の笑顔は、今でも強く心に焼きついています。

　　 23 、すずらんに肥料をやったり、花の周りの雑草抜きをしたりしました。肥料は回数や種類に注意が必要だということで、天候や花の生育具合を見ながら調節するのだそうです。 24 、水まきも多すぎても少なすぎてもいけないので、その植物に合った水やりをしているとのことでした。

　　昼食後、害虫を防ぐビニールシート掛けの作業をしました。シートを掛ける前に半円型に支柱を立てていくのですが、同じ大きさにするのが大変でした。 25 、畑仕事は初めてなので、作業の終わりごろには、腰や腕が痛くなってしまいました。

**21**
1 で   2 に   3 とは   4 への

**22**
1 たぶん   2 でも   3 ところで   4 そのうえ

**23**
1 それから   2 たとえば   3 つまり   4 したがって

**24**
1 しかし   2 ところが   3 なぜなら   4 また

**25**
1 ぼくたちに対して   2 ぼくたちにむいて
3 ぼくたちにとって   4 ぼくたちにくらべて

## 문제해결 키워드

**なかなか** 좀처럼
なかなかはかどりません 좀처럼 진전이 없습니다 (06行)

**でも** 하지만
でも、高山さんのご夫妻は 하지만 다카야마 씨 부부는 (07行)

**この/その** 이/그
このときのお二人の笑顔 이 때의 두 분의 웃는 얼굴 (08行)
その植物に合った 그 식물에 맞는 (12行)

**それから** 그리고
それから、すずらんに肥料をやったり 그리고 은방울꽃에 비료를 주거나 (10行)

**~ごとに** ~마다
グループごとに 그룹마다 (01行)

**~て** N1 056 ~해서 한
分かれての農業体験 나뉘서 한 농업체험 (01行)

**~による** N3 092 ~에 의한
地元の方による民話朗読 현지에 계신 분에 의한 민화 낭독 (02行)

**~てくれる** ~해 주다
辛抱強く見守ってくれ 참을성 많게 지켜봐 주어서 (07行)
励ましてくれました 격려해 주었습니다 (08行)

**~とともに** ~와 함께
温かいアドバイスとともに 따뜻한 충고와 함께 (08行)

**~ながら** N3 077 ~하면서
花の生育具合を見ながら 꽃의 생육 상태를 보면서 (11行)

**~すぎる** N3 031 너무 ~하다
多すぎても少なすぎても 너무 많아도 너무 적어도 (12行)

## 콕콕 실전문제 18

問題1 次の文の（　）に入れるのに最もよいものを、1・2・3・4から一つ選びなさい。

1　彼の無罪は確実だ。（　　）確かなアリバイがあるからだ。
　　1　また　　　　2　ちなみに　　　3　しかし　　　　4　なぜなら

2　父も、兄も、「またか、このあたりはすすが多くていかん。どうして（　　）工場が多いのだろうなあ。なんとかならないかなあ。」と、母にあいづちをうっていた。
　　1　あれは　　　2　それより　　　3　どちらも　　　4　こんなに

3　今働いている職場の男性の先輩に失礼なことをしてしまい、（　　）先輩もそのことに気づいていて怒った表情をされ、それから気まずい関係になってしまっています。
　　1　失礼した　　2　怒った　　　　3　その　　　　　4　以下の

4　生きることは決して無意味なものではない。だれでもいつかは死ぬ。（　　）、死ぬまでに精一杯生きよう。
　　1　だから　　　2　一方　　　　　3　そのうえ　　　4　それなのに

5　学校へ行くと、（　　）、何人かの人がサッカーをしていた。森川さんは、顔にいっぱいあせをかいてがんばっていた。
　　1　それとも　　2　もう　　　　　3　せっかく　　　4　少しも

6　こんどは、すまいのあとを見にいったら、そこにもやはり貝がらがありました。（　　）たくさんの貝がらをどこからとってくるのだろう。
　　1　こんなに　　2　そんなに　　　3　あんなに　　　4　どんなに

7　そのかばんは、3万円ぐらいするだろうと思っていました。（　　）、1万円で買えました。
　　1　また　　　　2　たとえば　　　3　ところが　　　4　それに

| 8 | 私は「使い捨て」商品を悪いとはいわない。(　　) ある品物については、使い捨てたほうがいい場合があろう。

　　1　すぐに　　　　2　たしかに　　　　3　少しも　　　　4　いまにも

| 9 | けれど、そのような生活は、決して「貧しい」のではなかった。その生活はまさに「生活」、(　　)、「生きる」ということを全身で感じる生活だったのである。

　　1　それから　　　2　たとえば　　　　3　つまり　　　　4　したがって

| 10 | 雨が降るかと思ってかさを持って出かけました。(　　) ぜんぜん降りませんでした。

　　1　ところが　　　2　ちなみに　　　　3　たとえば　　　　4　そのうえ

**問題2** 次の文の ___★___ に入る最もよいものを、1・2・3・4から一つ選びなさい。

| 11 | だいたいは反対意見でした。たとえば、中止すべきだとかもう一度最初から話し合うべきだとか ___ ___ ★ ___ 意見です。

　　1　まず理由を　　2　考えたいとか　　3　そういう　　　　4　聞いてから

| 12 | 全力で走った。なぜなら間に合わない ___ ___ ★ ___ 。

　　1　から　　　　　2　と　　　　　　　3　だ　　　　　　　4　思った

| 13 | 合格できますように、とお祈りしてきた。とはいえ、___ ___ ★ ___ 。だから一生けんめい勉強を続けた。

　　1　どうかは　　　2　次第だ　　　　　3　合格できるか　　4　結局自分

| 14 | すごく印象に残ったところは、丸をつけたり、行った店の名や出会った人の名を書き込む。そうやってみると、地図は「自分の地図」になる。すると、旅行が ___ ___ ★ ___ ものになる。

　　1　終わった　　　2　捨てがたい　　　3　後にも　　　　　4　その地図は

**15** 速度制御装置を取り付けようと考えたのは道徳心から来たものだが、後は _____ _____ ★ _____ ことを考える必要がない。

1　クルマの　　　　　　　　　　2　それにお任せして
3　スピードの　　　　　　　　　4　おけばもはや

**16** 点字を指先で読み取るのは、初めのうちはなかなかむずかしいことです。わたしは一編の _____ ★ _____ _____ のでした。

1　読んだ　　　2　詩を　　　3　かかってようやく　　4　何日も

**17** 東京都公害局は、24日、都内全体の植物の分布がひと目でわかる「植生図」を発表しました。_____ _____ ★ _____ なっていることがわかりました。

1　予想以上に少なく　　　　　　2　東京の緑が
3　これに　　　　　　　　　　　4　よって

**18** 先生が「くわが植えてあるから、ふんづけたりひっかいたりしないように気をつけてとれよ。」といいました。そこで、ぼくは _____ _____ ★ _____ 気をつけてとりました。

1　ない　　　　2　そんな　　　3　ことが　　　4　ように

**19** 母は、朝から１週間分ほどの山のようなせんたくものを、昼までかかっていっしょうけんめいあらった。ところが、夕方になっていざ下ろしてみるとせんたくものは _____ _____ ★ _____ なっていた。

1　みんなまっくろで　　　　　　2　せっかくの
3　すっかりむだに　　　　　　　4　母の努力も

**20** このローションは肌が _____ _____ ★ _____ です。

1　人向けに　　2　特につくられた　　3　敏感な　　4　もの

**問題3** 次の文章を読んで、文章全体の趣旨を踏まえて、 21 から 25 の中に入る最もよいものを、1・2・3・4から一つ選びなさい。

「いちご同盟」を読んで

　この本のタイトルを目にしたとき、私は、果物のいちごを連想した。 21 、なかなかいちごが出てこないので、さらに興味を引かれた。ここでは、その正体にはふれないでおく。

　主人公の良一は、中学3年生。経済的にも家庭的にも恵まれた環境にいるが、どういうわけか自殺に関心を抱いている。 22 、自殺する決心はつかない。自分が何をしたいのかわからず、目の前の人生という壁から逃げているだけだ。そして良一は、自分が手にしている幸せには気づいていない。

　そんな良一に、当たり前に生きていることが、どんなにありがたく 23 教えたのが、直美という少女だ。直美は、命にかかわる重い病気で、学校にも行けず、ずっと入院している。

　「自殺の 24 を考えるなんて、ぜいたくだわ。」

　直美は、こうも言う。

　「自殺って、元気な人がやらないと、だれも驚かないものね。」

　本当にそのとおりだと思う。自殺する人は、人生に絶望したとか、生きる意味がわからないとか、難しいことを言う。しかし、長期入院中の 25 、自殺はぜいたくな悩みに思えたことだろう。

## 21
1 また　　2 ちなみに　　3 なぜなら　　4 しかし

## 22
1 けれども　　2 すると　　3 そのうえ　　4 つまり

## 23
1 すばらしいものかどうかを　　2 すばらしいことかを
3 すばらしいはずだと　　4 すばらしいばかりなのか

## 24
1 だけ　　2 ばかり　　3 こと　　4 もの

## 25
1 直美において　　2 直美にとって　　3 直美に比べて　　4 直美に対して

## 문제해결 키워드

**しかし** 그러나
しかし、なかなかいちごが出てこないので
그러나 좀처럼 딸기가 나오지 않아서 (01行)
しかし、長期入院中の 그러나 장기입원중인 (16行)

**けれども** 하지만
けれども、自殺する決心はつかない
하지만 자살할 결심은 서지 않는다 (06行)

**こう** 이렇게
直美はこうも言う 나오미는 이렇게도 말한다 (13行)

**~ず(に)** N3 032　~하지 않고
自分が何をしたいのかわからず
자신이 무엇을 하고 싶은지 몰라 (07行)
学校にも行けず 학교에도 가지 못하고 (10行)

**~という** N3 065　~라는

目の前の人生という壁 눈앞의 인생이라는 벽 (07行)
直美という少女 나오미라는 소녀 (10行)

**~だけ** N3 037　~만, ~뿐
逃げているだけだ 도망치고 있을 뿐이다 (07行)

**どんなに~か** N3 071　얼마나 ~한지
どんなにありがたくすばらしいことかを
얼마나 고맙고 멋진 일인지를 (09行)

**~こと** N3 021　~에 관한 것
自殺のことを考えるなんて
자살(자살에 관한 것)을 생각하다니 (12行)

**~って** N3 045　~란, ~라는 것은
自殺って 자살은 (14行)

**~にとって** N3 089　~에게 있어(서)
直美にとって 나오미에게 있어 (16行)

» JLPT N3 파이널 테스트 1~4회

» JLPT N3 문법 출제표

» 콕콕실전문제 및 파이널 테스트 정답

# JLPT N3 파이널 테스트 ①

**問題 1** つぎの文の（　　）に入れるのに最もよいものを、1・2・3・4から一つえらびなさい。

1　家が無くなった人たちも、新しい家は（　　）そうもないよ。
　1　買え　　　　2　買う　　　　3　買い　　　　4　買える

2　海外に行く機会も増える（　　）と思い、英語を勉強することにした。
　1　そうだ　　　2　らしい　　　3　だろう　　　4　つもりだ

3　普通の音量(おんりょう)で聞けば隣（　　）聞こえることはないって感じなのかな。
　1　でまで　　　2　までで　　　3　にまで　　　4　までに

4　A 「ねえ、あの建物ちょっと傾(かたむ)いてない？」
　　B 「（　　）言われてみるとそんな気もするね。」
　1　こう　　　　2　そう　　　　3　こういう　　4　そういう

5　ガレージの電気が（　　）しているので、蛍光灯(けいこうとう)の交換を考えています。
　1　つけたり消して　　　　　　2　つけたり消したり
　3　ついたり消えて　　　　　　4　ついたり消えたり

6　あの子は（　　）子どもとは思えないような大人びた口をきく。
　1　とても　　　2　なんて　　　3　二度と　　　4　仮に

7　図書館の中では、ほかの利用者のめいわくに（　　）静かにしましょう。
　1　なるとはいえ　2　なったものの　3　なってはじめて　4　ならないように

8　A 「佐藤先生、来ませんね。」
　　B 「ぼくたちも遅れそうなので先に（　　　）。」
　　1　行ってしまいましょうか　　　　2　行ってしまうのでしょう
　　3　行ってしまいましたか　　　　　4　行ってしまっていました

9　落ち着いて運転できる（　　　）同乗してもらいましょう。
　　1　ことになるまで　　　　　　　　2　ようになってから
　　3　ことができるまで　　　　　　　4　ようになるまで

10　すみませんが、この手紙を内田先輩に渡して（　　　）。お願いします。
　　1　おいてあげますよ　　　　　　　2　おこうと思いませんよ
　　3　おいてもらえませんか　　　　　4　おこうと思えますか

11　あなたを愛する気持ちは（　　　）変わっていません。
　　1　せっかく　　2　少しも　　3　絶対に　　4　なかなか

12　銅が電線の材料として使われるのは、鉄よりも軽く、電気を（　　　）からです。
　　1　伝えることになる　　　　　　　2　伝えつづける
　　3　伝えようとする　　　　　　　　4　伝えやすい

13　お送りいただいたお菓子を、さっそく家族全員で（　　　）。
　　1　食べられました　　　　　　　　2　めしあがりました
　　3　いただきました　　　　　　　　4　お食べいたしました

問題2 つぎの文の ___★___ に入る最もよいものを、1・2・3・4から一つえらびなさい。

14 私は湖の場所を地図でよく調べないで出発してしまったため、_____ _____ __★__ _____ ながら不安になった。

1 かもしれない　　　　　　2 と知らない
3 道を歩き　　　　　　　　4 たどり着けない

15 ぼくは、今日こそおばさんのところへ行こうと思いました。けれども、学校の宿題がたくさん _____ _____ __★__ _____ ありませんでした。

1 あって　　2 も　　3 行けそう　　4 に

16 セールスマンの仕事は、自分が売ろうとして _____ _____ __★__ _____ ことだ。

1 強調して　　2 商品の利点を　　3 いる　　4 ほめる

17 医者は私に、1日おきに1錠から始め、徐々に _____ _____ __★__ _____ と言った。

1 1日に　　2 ように　　3 3錠まで　　4 増やす

18 A 「明日飛行機で行くのよ。心配でたまらないわ。」
　　B 「大丈夫だよ。ぼくは長年飛行機を利用してるけど、_____ _____ __★__ _____ よ。本当だよ。」

1 こと　　2 何もない　　3 なんか　　4 心配する

**問題3** つぎの文章を読んで、文章全体の内容を考えて、 19 から 23 の中に入る最もよいものを、1・2・3・4から一つえらびなさい。

わたしたちの体には、自分で自分を守るための仕組みがあるのです。

まず、体をおおっている皮ふです。きずでもないかぎり、微生物は、皮ふを通して体の中に入ることはありません。それだけでなく、皮ふが老化し、あかになって落ちるとき、微生物も落ちてしまいます。

19 、なみだも、目から入ろうとする微生物を流してしまいます。しかも、なみだは、微生物を殺す働きもします。

これらとともに大事なのは、のどのおくに生えているせん毛です。せん毛は、鼻や口から入ってきた微生物を、外へ外へとおし出す役目をしているからです。

20 、わたしたちの体には、自分を守るための、たくさんの仕組みがあります。しかし、それにもかかわらず、微生物が、体の中に入りこんでくる 21 。

入りこんだ微生物がふえて、毒を出し始めると、まず、血の中にある小さな白血球が、その付近に引き付けられていき、微生物を食べ始めます。食べつくせないときには、今度は、大きな白血球が働きだします。大きな白血球は、やわらかい角のようなものを出して、微生物をつかまえます。

22 白血球は、働きながら助けを求めるので、新しい白血球がどんどん作られます。同時に、高い熱が出ます。熱は、微生物の活動を弱めます。高い熱が出たときは、体の中の戦いが、かなりきびしいときなのです。 23 、そういうときは、体を休めたり、薬を飲んだりして、白血球をおうえんしてやりましょう。

(中村桂子　『体を守る仕組み』による)

(注1) 微生物：顕微鏡で拡大しなければよく見えないちいさな生物。
(注2) せん毛：きわめて細く短い毛。

**19**
1　それから　　　2　そのころ　　　3　ですから　　　4　それでも

**20**
1　だれからも　　　　　　　2　そのことでも
3　これによっても　　　　　4　このほかにも

**21**
1　ことができました　　　　2　ことがあったらいいです
3　ことがあります　　　　　4　ことができたらいいです

**22**
1　そういう　　　2　この　　　3　ある　　　4　どちらにも

**23**
1　一方　　　2　ですから　　　3　そのうえ　　　4　それなのに

# JLPT N3 파이널 테스트 ❷

**問題1** つぎの文の（　　）に入れるのに最もよいものを、1・2・3・4から一つえらびなさい。

**1** A 「山田さんはあしたも学校でしょうか。」
　　B 「あしたはない（　　）言ってましたよ。」
　　1　のを　　　　2　だって　　　　3　を　　　　4　って

**2** A 「よかったら今夜食事（　　）しませんか。」
　　B 「いいですね。そうしましょう。」
　　1　でも　　　　2　では　　　　3　にも　　　　4　には

**3** 何度も失敗したが、彼は（　　）実験に成功した。
　　1　すると　　　2　ついに　　　3　ところが　　4　それなら

**4** あしたの朝7時に友だちと駅で（　　）ことになっている。
　　1　会った　　　2　会おう　　　3　会う　　　　4　会っていた

**5** 写真で見てきれいなところだったので、わたしも（　　）一度行ってみたいです。
　　1　いつのまにか　2　いつでも　　3　いつか　　　4　いつ

**6** 体育館は7月10日から20日までの（　　）使用できません。
　　1　あいだに　　2　あいだ　　　3　あいだと　　4　あいだを

**7** 子どもの健康の（　　）、幼稚園のうちに早寝早起きをぜひ習慣づけたい。
　　1　ためにも　　2　ようにも　　3　ときでも　　4　おかげでも

8  パーティーの参加者は、(　　)多いほど楽しくなります。
　1 多いから　　2 多くて　　3 多くても　　4 多ければ

9  支払いの期限が来た(　　)、きみにはそれだけのお金はないだろう。
　1 としたら　　2 としても　　3 とすると　　4 とするなら

10 烏龍茶(ウーロンちゃ)がダイエットにどのような効果が(　　)今回詳しく調べてみました。
　1 あるのかについて　　　　2 あるのかによって
　3 あるのかどうかについて　4 あるのかどうかによって

11 何でも自分よりよくできる兄(　　)、憎(にく)む気持ちを持ったこともあった。
　1 にとって　　2 にしたがって　　3 に対して　　4 に比べて

12 アレルギーをお持ちの方は(　　)ください。
　1 なさって　　2 申し上げて　　3 お聞きして　　4 おっしゃって

13 多少(たしょう)料金が高くても(　　)倉庫(そうこ)の駐車場がいいですけどね。
　1 近いほうがいいかどうか　　2 近すぎないかどうか
　3 近いほうがよければ　　　　4 近すぎなければ

**問題2** つぎの文の ___★___ に入る最もよいものを、1・2・3・4から一つえらびなさい。

14  6年間の小学校生活をふり返って、何が _____ _____ ___★___ _____ おいても「サッカー」と答えたい。

　　1　一番印象に　　2　残ったかと　　3　ぼくは何を　　4　たずねられたら

15  専攻を英語 _____ _____ ___★___ _____ しばらく考えたこともあったが、結局、地質学のままで行くことにした。

　　1　変えようか　　2　と　　3　か　　4　数学に

16  その日は恐ろしく寒かった。作業員たちは冷えた体を _____ _____ ___★___ _____ 屋内に入ってきた。

　　1　1時間　　2　暖めに　　3　おき　　4　ぐらいに

17  子ども向けの本を書く人は、_____ _____ ___★___ _____ やさしく書くことを学ばなくてはならない。

　　1　ように　　2　ふさわしい　　3　子どもに　　4　読者である

18  A「かばんを取ってきてくださってありがとう。」
　　B「気にしないで。どっちみちもう一度 _____ _____ ___★___ _____ んですもの。」

　　1　ところ　　2　行く　　3　教室に　　4　だった

**問題3** つぎの文章を読んで、文章全体の内容を考えて、 19 から 23 の中に入る最もよいものを、1・2・3・4から一つえらびなさい。

　　小学校を終えてから、清作は、渡辺という医者の家で書生をしたり、歯科医院の小使いになったりして勉強を続けた。小使いをしていた時は、勉強にむちゅうになっていて、終わりの時間のかねを鳴らすのをわすれて、しかられたこともあった。 19 、ジャーマン・コースという本が入り用になった時、夜中なのに、遠くの町の友達の家にかりに行ったことがあった。 20 時は、夜、3時間しかねむらないで勉強したことさえあった。

　　わたしは、ここを読んでつくづく清作が勉強に熱心なのに感心した。わたしは、とてもあきっぽい。少し勉強するとすぐいやになってくる。清作はなんという熱心な人だったのだろう。

　　 21 いっしょうけんめいに勉強したかいがあって、清作はでんせん病研究所に入り、りっぱな科学者になった。そして、おしまいにアフリカの黄熱病の研究に出かけ、 22 病気がうつって死んでしまった。

　　なんというえらい人 23 。わたしなら、病気のうつるようなところまで行って研究しないだろう。神さまみたいな人だ。

(注1) 入り用になった：必要になった。
(注2) でんせん病：ある個体から他の個体へと次々に広がっていく病気。

**19**
  1 たとえば　　2 つまり　　3 したがって　　4 また

**20**
  1 ある　　2 この　　3 そういう　　4 どちら

**21**
  1 あれは　　2 どちらも　　3 こんなに　　4 それより

**22**
  1 ところが　　2 ところで　　3 そこで　　4 それでも

**23**
  1 らしい　　2 だろう　　3 そうだ　　4 ようだ

정답과 해석 QR코드로 바로 확인!

# JLPT N3 파이널 테스트 ③

**問題1** つぎの文の（　　）に入れるのに最もよいものを、1・2・3・4から一つえらびなさい。

1　今日の会議は環境問題を中心（　　）行われました。
　1　に　　　　　2　で　　　　　3　は　　　　　4　か

2　会う（　　）彼女は美しくなっていきます。
　1　なかに　　　2　うちに　　　3　はじめに　　4　たびに

3　A「山田さんはもっと積極的になるべきだと思うよ。」
　B「（　　）。」
　1　たしかに　　2　今にも　　　3　すぐに　　　4　少しも

4　人々は、なぜ彼はそんなことを言われても腹を立てないのだろうと（　　）。
　1　不思議がってみる　　　　　　2　不思議がった
　3　不思議たがっている　　　　　4　不思議たがってやる

5　コーチにそのポーズだけは（　　）ように言われているが、絶対にやめない。
　1　やめない　　2　やめなかった　3　やめた　　　4　やめる

6　外側がりっぱな（　　）中に入っているのは安いものばかりです。
　1　だけが　　　2　だけで　　　3　ほどが　　　4　ほどで

7　客　　「すみません。ゆうびんきょくは何階ですか。」
　案内の人「はい、7階に（　　）。」
　1　おります　　2　いたします　3　ございます　4　いらっしゃいます

**8** あのテーブルが（　　　）みたいだよ。

1　空いておく　　　　　　　　2　空いてるんじゃない
3　空いている　　　　　　　　4　空いておいてくれない

**9** 教師をしていると、つい生徒に対して「こないだ教えた（　　　）何でできないの？」と思ってしまうことがある。

1　ばかりなのに　　2　ばかりだから　　3　あとなのに　　4　あとだから

**10** 内田さんは病気だから、会議に（　　　）だよ。

1　出してこないつもり　　　　2　出てこないつもり
3　出してこないはず　　　　　4　出てこないはず

**11** ひさしぶりにスープを作ったんですが、調味料の量を間違えて味が（　　　）しまいました。

1　濃くなりやすくなって　　　2　濃くしやすくなって
3　濃くなりすぎて　　　　　　4　濃くしすぎて

**12** それだけの経験をしてきているし、能力という意味では（　　　）です。

1　勝ったらいい　　　　　　　2　勝っても不思議ではない
3　勝つはずだ　　　　　　　　4　勝つのではないだろうか

**13** 友人に「夜、一人暮らしの暗い部屋に（　　　）、寂しいでしょ。」と言われた。

1　帰ることにするまで　　　　2　帰るまで
3　帰ることができるのは　　　4　帰るのは

問題2 つぎの文の ___★___ に入る最もよいものを、1・2・3・4から一つえらびなさい。

14 スポーツにはすべてルールがある。単に_____ _____ __★__ _____、やはりルールがある。

1 つく以上　　2 ものであっても　　3 楽しむための　　4 スポーツと名の

15 山田(やまだ)さんはひどく緊張していたので、_____ _____ __★__ _____ 末に、やっと口に出せた。

1 彼女への　　2 口ごもった　　3 言葉を何度も　　4 プロポーズの

16 本物(ほんもの)のように見えるが、_____ _____ __★__ _____ さらに検査(けんさ)をしなくては確実なことは言えない。

1 かどうか　　2 本物　　3 である　　4 については

17 毎朝、私はその日にしなくてはならない _____ _____ __★__ _____ している。

1 書き出す　　2 リストにして　　3 ことを　　4 ことに

18 A 「花子(はなこ)はどうかしたの。」
　　B 「いつものことだよ。花子、時間どおり_____ _____ __★__ _____。」

1 もの　　2 ない　　3 先例(せんれい)が　　4 だった

**問題3** つぎの文章を読んで、文章全体の内容を考えて、 19 から 23 の中に入る最もよいものを、1・2・3・4から一つえらびなさい。

わたしは、原発事故が起きる前から、自然エネルギーに関心を持っていました。 19 、3月11日を経験した今、あれはポーズだったのではないか、と反省しています。わたしは、いま、自然エネルギーの可能性をきちんと学びたいと願うようになりました。

わたしたちは、暮らし方を見直さなければならないのでしょう。 20 事故が収束し復興が行われるとき、事故の前と同じような価値観や暮らしを取り戻すのではなく、新しい価値観へ、人間の、多くの生き物の命が大切にされる暮らしへ、方向転換しなければ 21 。

わたしたちは、自然に負担をかけ、激しい痛みを加えて、自然破壊を進めてきました。バランスを保っていた自然は、今や病んでいます。

自己規制する能力を、わたしたちは育てることができるのでしょうか。わたしたちの欲望を、コントロールできるのでしょうか。

 22 、わたしたちが、地球とともに生きながら得ることを望むなら、自然がもつ自然の治癒力が働くところで、人間の発揮する力を抑制しなければならないでしょう。 23 難問です。

(今関信子『永遠に捨てない服が着たい』による)

(注) 収束：混乱していたものが、まとまって収まりがつくこと。

**19**
1 たとえば 2 それとも 3 なぜなら 4 でも

**20**
1 ある 2 ふつうの 3 この 4 ひとつの

**21**
1 ならないはずです 2 ならなかったのでしょう
3 ならなかったです 4 ならなくなりました

**22**
1 でも 2 さて 3 ただ 4 もし

**23**
1 それを 2 それが 3 ところで 4 ところが

# JLPT N3 파이널 테스트 ❹

問題1 つぎの文の（　　）に入れるのに最もよいものを、1・2・3・4から一つえらびなさい。

1　楽しいイベントがあるのでたくさんの人（　　）来てほしい。
　　1　に　　　　　2　を　　　　　3　と　　　　　4　へ

2　この旅行は、わたしに（　　）貴重な体験でした。
　　1　おいて　　　2　とって　　　3　比べて　　　4　対して

3　1人でテレビを見ていると、（　　）寝てしまいました。
　　1　ようやく　　2　いつのまにか　3　だんだん　　4　そろそろ

4　自分も将来の（　　）悩んでいたとき、先輩に相談に乗ってもらった。
　　1　ほうに　　　2　場合に　　　3　ことで　　　4　ほかで

5　おなかがすいたらすぐ食べられる（　　）、レトルト食品を買っておいた。
　　1　ことに　　　2　みたいに　　3　ために　　　4　ように

6　高齢になって体が（　　）老人ホームに入居することを考えるとよいです。
　　1　動かなくなるまえに　　　　2　動かさないうちに
　　3　動かなくなるころに　　　　4　動かさないあいだに

7　あの人にどこかで（　　）が、だれだか思い出せません。
　　1　会うことができます　　　　2　会うことがあります
　　3　会うことができました　　　4　会ったことがあります

**8** 朝はコーヒー（　　　）する人も多くなっています。
1　だけ　　　2　だけで　　　3　だけに　　　4　だけを

**9** ふわふわしていて案外（あんがい）くせがなくお魚が苦手な人でも（　　　）。
1　食べられるかもしれない　　　2　食べるかもしれない
3　食べられるようになった　　　4　食べるようになった

**10** やっと電話ができるようになったので、電話を（　　　）が、つながらなかった。
1　かけたところだ　　　2　かけたばかりだ
3　かけ出す　　　4　かけ直した

**11** 皆さまからのご支援品（しえんひん）はすべて、保護（ほご）活動に（　　　）。
1　使っていらっしゃいます　　　2　使われてくれます
3　使わせていただきます　　　4　使ってくださいます

**12** そんなとき、マッサージにでも（　　　）、忙しくて行けない。
1　行ければいいようだが　　　2　行けばいいんだろうが
3　行かなくてもいいようだが　　　4　行かなくてもいいんだろうが

**13** ご都合のよい日に、私の父に（　　　）くださいませんか。
1　会って　　　2　お会いして
3　お目にかかって　　　4　お会いに申し上げて

問題2 つぎの文の ___★___ に入る最もよいものを、1・2・3・4から一つえらびなさい。

14 その店はパリらしい雰囲気があり、席も ___ ___ ___★___ ___ 。

1　10人そこそこ　　2　しかない　　3　であった　　4　家族的な料理店

15 花子さんは友達だった女性が ___ ___ ___★___ ___ 、恨みの感情が湧き起こってくるのを感じた。

1　自分の前の　　2　のを見る　　3　彼氏といる　　4　たびに

16 コンピューターが普及する以前は、事務員は ___ ___ ___★___ ___ 骨折って調べることがよくあった。

1　山のような書類を　　　　　　2　のに
3　1つの資料を　　　　　　　　4　捜し出す

17 大きい子どもたちがたくさん入ってきて、小さい子どもたちを ___ ___ ___★___ ___ よくある。

1　しまう　　2　遊び場から　　3　閉め出して　　4　ことが

18　A 「金曜日はいかがですか。」
　　B 「申し訳ないけれど、無理です。今は1週間ずっと ___ ___ ___★___ ___ できません。」

1　働いていて　　2　変更は　　3　予定の　　4　スーパーで

**問題3** つぎの文章を読んで、文章全体の内容を考えて、 19 から 23 の中に入る最もよいものを、1・2・3・4から一つえらびなさい。

　私は本を読むようになってから割合(注1)すぐに、読むだけでなく書きたい気持ちを 19 。『ぐりとぐら』(注2)を読めば、彼らが住むからまつ林の家の間取りを絵に描き、ふさわしい家具を配置し、食卓には森で焼いた黄色いカステラをはじめ、さまざまなご馳走を並べる。そんな想像をしているうちに、次第にそこへ自分の作ったキャラクターを登場させてみたくなる。 20 、猫がやって来て、野ねずみのぐりとぐらを食べようとするのだが、それは気の弱い猫で、二人の親切を無下にできず(注3)、勧められるままカステラを食べて満腹になってしまい、当初の目的をすっかり忘れて仲良しになる。お返しに今度は猫がおやつを持ってくる約束をするが、猫のおやつはねずみの耳のシロップ漬けや尻尾のかりんとうなので、果たしてぐりとぐらに 21 心配でならない……。

　と、こういう調子でどこまでもお話は続いてゆく。

　 22 私にとっては、読むことと書くことの境があいまいなのだった。面白い本に出会うと、ああ、自分もこういうのが書きたいと思い、お話を書く真似事をしているうちに、また新しい本を開きたくなる。本に描かれた世界を思い浮かべ、そこを探検するのと、新たな世界をでっち上げる(注4)のは、想像の旅に出かける点において、全く等しい喜びを 23 。

（小川洋子　『妄想気分』による）

(注1) 割合：比較的。
(注2) 『ぐりとぐら』：子供向けの絵本シリーズ、双子の野ねずみ「ぐり」と「ぐら」を主人公とする物語である。
(注3) 無下にできず：むだにできず。
(注4) でっち上げる：うその情報を本当らしく作る。

**19**
1 持たないことになった　　2 持たないことにした
3 持つようになった　　　　4 持つようにした

**20**
1 ところが　　2 また　　3 それに　　4 たとえば

**21**
1 喜んでもらえるかどうか　　2 喜ばれてあるかどうか
3 喜んでもらうかについて　　4 喜ばれてあるかについて

**22**
1 それから　　2 たとえば　　3 ところで　　4 つまり

**23**
1 与えていく　　　　　　　　2 与えてくれた
3 与えすぎるのもよくない　　4 与えないでおくのがいい

# JLPT N3 문법 출제표

| | 기능어 | 의 미 | 용 례 | 페이지 |
|---|---|---|---|---|
| 001 | ~あいだ(に) | ~동안(에), ~사이(에) | 山田先生の講演のあいだ<br>야마다 선생님의 강연 동안 | p.78 |
| 002 | いくら~ても・<br>どんなに~ても | 아무리 ~해도 | いくら食べても太らない<br>아무리 먹어도 살이 찌지 않는다<br><br>どんなに早くても 아무리 빨라도 | p.156 |
| 003 | ~以上(は) | ~한 이상(에는) | 一人でやると言った以上<br>혼자서 하겠다고 말한 이상 | p.157 |
| 004 | ~一方(で) | ~하는 한편(으로) | 仕事をする一方で遊ぶことも忘れない<br>일을 하는 한편으로, 노는 것도 잊지 않는다 | p.158 |
| 005 | ~うえ(で) | ~한 후에 | 家族と相談したうえで、ご返事します<br>가족과 의논한 후에 대답하겠습니다 | p.159 |
| 006 | ~うちに | ~하는 동안에 | 妹がいるうちにぜひ一度遊びに行きます<br>동생이 있는 동안에 꼭 한 번 놀러 가겠습니다 | p.14 |
| | ~ないうちに | ~하기 전에 | 暗くならないうちに帰ろうよ<br>어두워지기 전에 돌아가자 | |
| 007 | ~(よ)うではないか | (함께) ~하자, ~하자꾸나 | みんなで行ってみようじゃないか<br>함께 가 보자꾸나 | p.160 |
| 008 | ~(よ)うと思う | ~하려고 (생각)하다 | 家族に見せようと思っています<br>가족에게 보여주려고 생각하고 있습니다 | p.15 |
| | ~(だろう)と思う | ~(할 것이)라고 생각하다 | かさがなくても大丈夫だろうと思って<br>우산이 없어도 괜찮을 거라고 생각해서 | |
| 009 | ~(よ)うとする | ~하려고 하다 | 天ぷらを作ろうとしたが<br>튀김을 만들려고 했는데 | p.16 |
| 010 | ~おかげで | ~덕분에 | きみが頑張ってくれたおかげで<br>자네가 분발해 준 덕분에 | p.79 |
| | ~おかげだ | ~덕분이다 | 毎朝しているジョギングのおかげだ<br>매일 아침 하고 있는 조깅 덕분이다 | |

| | | | | |
|---|---|---|---|---|
| 011 | ～がする | ～(소리, 냄새, 맛 등)이 나다, ～(느낌, 기분 등)이 들다 | いつもみそ汁のにおいがしてくる<br>항상 된장국 냄새가 난다<br>少し身近になったような気がします<br>조금 가까워진 듯한 느낌이 듭니다 | p.80 |
| 012 | ～がたい | ～하기 어렵다, ～하기 힘들다 | なかなか一つには決めがたい<br>좀처럼 하나로는 고르기 어렵다 | p.161 |
| 013 | ～かというと・<br>～かといえば | ～하는가 하면, ～하냐 하면 | 部屋の下の方に行くのはどうしてかというと<br>방 아래쪽으로 가는 것은 왜인가 하면<br>困ったかといえばそれほどでもなかった<br>곤란했냐 하면 그 정도는 아니었다 | p.81 |
| 014 | ～かどうか | ～는지 어떤지 | もう日本をたったかどうか<br>이미 일본을 떠났는지 어떤지 | p.162 |
| 015 | ～かねる | ～하기 어렵다, ～할 수 없다 | 私はどうも納得しかねる<br>나는 도저히 납득할 수 없다 | p.163 |
| | ～かねない | ～할지도 모른다 | 人類は滅びかねない 인류는 멸망할지도 모른다 | |
| 016 | ～かもしれない | ～할지도 모른다 | 私にも食べられるかもしれない<br>나도 먹을 수 있을지도 모른다 | p.17 |
| 017 | ～がる | ～워하다 | 何でも口に入れたがるので<br>뭐든지 입에 넣고 싶어 하기 때문에 | p.82 |
| | ～がっている | ～워하고 있다 | 水泳教室に行きたくないと嫌がっていた<br>수영교실에 가고 싶지 않다고 싫어하고 있었다 | |
| 018 | ～きれない | 다 ～할 수 없다 | こんなに長い小説は、1日では読みきれない<br>이렇게 긴 소설은 하루에는 다 읽을 수 없다 | p.164 |
| | ～きれる | (끝까지) ～할 수 있다 | この海峡を泳ぎきれる人はいないだろう<br>이 해협을 끝까지 헤엄칠 수 있는 사람은 없을 것이다 | |
| 019 | ～くて | ～하고, ～해서 | どうしてもタイトルが思い出せなくて<br>아무리 해도 제목이 생각 안 나서 | p.83 |
| 020 | ～くらい(ぐらい) | ～정도, ～가량 | 財布に500円ぐらいしか残っていない<br>지갑에 500엔 정도밖에 남아 있지 않다 | p.84 |
| 021 | ～こと | ① ～일, ～것 | 何か大切なことを教わったような気がする<br>뭔가 중요한 것을 배운 듯한 기분이 든다 | p.18 |
| | | ② ～(에 관한) 일 | 会議の資料のことをすっかり忘れていた<br>회의 자료에 관한 것을 완전히 잊고 있었다 | |

| | | | | |
|---|---|---|---|---|
| | ～ということ | ～라는 것 | 今日がレポートのしめ切り日だったということを<br>오늘이 리포트 마감일이었다는 것을 | |
| 022 | ～ことがある | ～할 때가 있다 | 2か月以上も雨が降らないことがある<br>두 달 이상이나 비가 내리지 않을 때가 있다 | p.165 |
| | ～こともある | ～할 때도 있다 | うるさいと思うこともあった<br>시끄럽다고 생각할 때도 있었다 | |
| 023 | ～(た)ことがある | ～한 적이 있다 | お名前は聞いたことがありますが<br>이름은 들은 적이 있습니다만 | p.85 |
| | ～(た)ことがない | ～한 적이 없다 | こんなにきれいな夕日は見たことがありません<br>이렇게 예쁜 석양은 본 적이 없습니다 | |
| 024 | ～ことができる | ～할 수가 있다 | 前よりも親しくなることができた<br>전보다도 친해질 수 있었다 | p.19 |
| 025 | ～ことから | ～로 인해, ～때문에 | 人の耳のような形に見えることから<br>사람의 귀와 같은 모양으로 보이기 때문에 | p.170 |
| 026 | ～ことだ | ～하는 것이 상책이다,<br>～해야 한다 | 短い時間でもいいから練習を続けることだ<br>짧은 시간이라도 좋으니 연습을 계속하는 것이 상책이다 | p.171 |
| | ～ことはない | ～할 필요는 없다 | 会員名簿を作り直すことはない<br>회원명부를 다시 만들 필요는 없다 | |
| 027 | ～ことで | ～해서, ～로 인해,<br>～한 일로 | 桜がきれいなことで有名ですが<br>벚꽃이 예쁜 것으로 유명하지만 | p.20 |
| 028 | ～ことになる | ～하게 되다 | 田中くんは転校することになりました<br>다나카 군은 전학가게 되었습니다 | p.21 |
| | ～ことになっている | ～하기로 되어 있다 | お弁当を持っていくことになっている<br>도시락을 갖고 가기로 되어 있다 | |
| 029 | ～し | ～하고, 하고 하니까 | あしたは朝から忙しくなりそうですし<br>내일은 아침부터 바빠질 것 같고 하니까 | p.86 |
| 030 | ～しか～ない | ～밖에 ～않다 | まだ一人しか返事が来ていない<br>아직 한 명밖에 답장이 오지 않았다 | p.22 |
| | ～しかない | ～밖에 없다 | ケーキは三つしかない 케이크는 3개밖에 없다 | |
| 031 | ～すぎる | 너무 ～하다,<br>지나치게 ～하다 | 味が濃くなりすぎてしまいました<br>맛이 너무 진해져 버렸습니다 | p.23 |
| 032 | ～ずに | ～하지 않고 | どこにも出かけずに家で過ごす<br>아무 데도 나가지 않고 집에서 지낸다 | p.87 |

| 번호 | 문법 | 의미 | 예문 | 페이지 |
|---|---|---|---|---|
| 033 | ～せいか | ～탓인지 | 原料が安いせいか、この製品は値段が安い<br>원료가 싼 탓인지, 이 제품은 가격이 싸다 | p.93 |
|  | ～せいで | ～탓에 | 目覚まし時計が鳴らなかったせいで<br>자명종 시계가 울리지 않았던 탓에 |  |
| 034 | ～(さ)せてください | ～하게 해 주세요 | 今日の予約をキャンセルさせてください<br>오늘 예약을 취소시켜 주세요 | p.94 |
| 035 | ～そうだ | ① ～라고 한다 〈전문〉 | 専門家でもなかなか見る機会がないそうだ<br>전문가라도 좀처럼 볼 기회가 없다고 한다 | p.29 |
|  | ～そうだ | ② ～할 것 같다 〈양태〉 | そろそろ食べてもよさそうだ<br>슬슬 먹어도 좋을 것 같다 |  |
| 036 | ～そうに(も)ない・<br>～そうもない | ～할 것 같지 않다,<br>～못할 것 같다 | 約束の時間に間に合いそうになくて<br>약속시간에 맞출 수 없을 것 같아서 | p.31 |
| 037 | ～だけ | ～만, ～뿐 | 体に気をつけてとだけ伝えておいてよ<br>몸조심하라고만 전해줘 | p.32 |
|  | ～だけで | ～만(뿐)으로 | 午前中だけでよければ大丈夫だよ<br>오전중만으로 좋다면 괜찮아 |  |
|  | ～だけだ | ～할 뿐이다 | 材料をまぜて焼くだけだから<br>재료를 섞어서 굽기만 하면 되니까 |  |
| 038 | ～だけでなく・<br>～ばかりでなく | ～뿐만 아니라 | 桜だけでなく秋の景色もすばらしいです<br>벚꽃뿐만 아니라 가을 경치도 멋집니다<br><br>楽しいことばかりでなく大変なことも多かった<br>즐거운 일뿐만 아니라 힘든 일도 많았다 | p.95 |
| 039 | ～だって | ① ～라 해도, ～일지라도 | いくらだって応援します<br>얼마든지 응원하겠습니다 | p.96 |
|  |  | ② ～(이)래, ～라며?,<br>～라고? | 天気が悪いから中止なんだって<br>날씨가 안 좋아서 취소래 |  |
| 040 | ～たびに | ～할 때마다 | 山田さんに会うたびに<br>야마다 씨를 만날 때마다 | p.97 |
| 041 | ～ため(に) | ① ～하기 위해서 | 基礎的な使い方に慣れるためのコース<br>기초적인 사용법에 익숙해지기 위한 코스 | p.33 |
|  |  | ② ～때문에 | けいたい電話を忘れたために<br>휴대전화를 두고 왔기 때문에 |  |
| 042 | ～だらけ | ～투성이 | サッカー選手の顔はみんな泥だらけだ<br>축구 선수의 얼굴은 전부 흙투성이다 | p.172 |

| 043 | ～たり～たり(する) | ～하기도 하고 ～하기도 (하다) | 居間の電気がついたり消えたりしているから<br>거실 불이 켜졌다 꺼졌다 하고 있으니까 | p.34 |
|---|---|---|---|---|
| | ～たり～たり(で) | ～하기도 하고 ～하기도 (하며, 해서) | アルバイトをしたり勉強をしたりで<br>아르바이트를 하거나 공부를 하거나 해서 | |
| 044 | ～だろう | ① ～일 것이다 | すぐに歯医者に行けばいいのだろうが<br>바로 치과에 가면 좋겠지만 | p.173 |
| | | ② ～일까? | こんなところに箱があるけど、何だろう<br>이런 곳에 상자가 있는데, 뭐지? | |
| 045 | ～って | ① ～라고, ～냐고 | しばらくここで待ってって言われたから<br>잠시 여기서 기다리라고 들었으니까 | p.35 |
| | | ② ～라는 것은, ～란 | 人と人との繋がりって<br>사람과 사람의 관계란 | |
| | | ③ ～라는, ～라고 하는 | 『キムラ・ブック』って本屋、知ってる?<br>「기무라북」이라는 서점 알아? | |
| 046 | ～つもりだ | ～할 생각(작정)이다 | 妻と話し合ってみるつもりです<br>아내와 의논해볼 생각입니다 | p.37 |
| | ～つもりはない | ～할 생각은 없다 | もう二度と山田さんに会うつもりはありません<br>이제 두 번 다시 야마다 씨를 만날 생각은 없습니다 | |
| 047 | ～である | ～이다 | つねに正直であることが<br>항상 정직하다는 것이 | p.98 |
| | ～で(は)ない | ～이 아니다 | 駅の近くでなくてもよければ<br>역 근처가 아니어도 된다면 | |
| 048 | ～でいい・～でよい | ～(정도)로 좋다, ～라도 괜찮다 | 午前中だけでよければ大丈夫だよ<br>오전중만으로 좋다면 괜찮아 | p.99 |
| 049 | ～ていく | ～해 나가다, ～해 가다 | 彼は難問もすらすらと解いていきました<br>그는 어려운 문제도 척척 풀어 나갔습니다 | p.174 |
| 050 | ～ている | ① ～하고 있다〈진행〉 | 「おつかれさまでした。」と言っているのを見た<br>'수고하셨습니다' 라고 말하는 것을 보았다 | p.38 |
| | | ② ～되어 있다〈상태〉 | まだ開いていないと思いますよ<br>아직 열지 않았다고 생각해요 | |
| | | ③ ～했다〈완료〉 | すっかり変わっているのを見て驚いた<br>완전히 바뀐 것을 보고 놀랐다 | |
| 051 | ～ておく | ～해 놓다, ～해 두다 | 予定を空けておいてくれない?<br>스케줄을 비워 놔 줄래? | p.39 |

| No. | 문형 | 의미 | 예문 | 페이지 |
|---|---|---|---|---|
| 052 | ～てから | ～하고 나서, ～한 뒤, ～한지 | 朝のジョギングをしなくなってから、1年がたつ<br>아침 조깅을 안 하게 된지 1년이 지난다 | p.100 |
| 053 | ～てからでないと・～てからでなければ | ～한 후가 아니면, ～하지 않고서는 | 今日の宿題が終わってからでないと、遊びに行けない<br>오늘 숙제가 끝난 후가 아니면 놀러 갈 수 없다 | p.175 |
| | | | 残高をすべて返済してからでなければ<br>잔고를 모두 변제하지 않고서는 | |
| 054 | ～てくる | ① ～하고 오다 | 会議で使う資料を取ってきてくれ<br>회의에서 쓸 자료를 가져다 줘 | p.101 |
| | | ② ～해 오다 | その理由がわかってきました<br>그 이유를 알았습니다 | |
| | | ③ ～해지다, ～하기 시작하다 | だいぶ合理的になってきた<br>꽤 합리적으로 되기 시작했다 | |
| 055 | ～てしかたがない・～てしょうがない | ～해서 어쩔 수가 없다, 너무 ～하다 | 彼のことがうらやましくてしかたがない<br>그 사람이 부러워서 어쩔 수가 없다 | p.176 |
| | | | ゆうべ徹夜したので、眠くてしょうがない<br>어젯밤 철야했기 때문에 너무 졸립다 | |
| 056 | ～てしまう | ～해 버리다, ～하고 말다 | 先に行ってしまいましょうか<br>먼저 가 버릴까요? | p.40 |
| 057 | ～では(じゃ)ないか | ～하지 않은가〈놀람〉 | もう仲直りしてもいいころじゃないか<br>이제 화해해도 좋을 때이지 않은가 | p.177 |
| | ～のでは(じゃ)ないか | ～이 아닌가〈확인・추측〉 | そろそろ買い替えてもいいんじゃない？<br>슬슬 새로 사도 되지 않아? | |
| 058 | ～てほしい | ～했으면 한다, ～하길 바란다 | たくさんの人に見にきてほしい<br>많은 사람들이 보러 오길 바란다 | p.46 |
| 059 | ～てみる | (시험삼아) ～해 보다 | 妻と話し合ってみるつもりです<br>아내와 상의해 볼 생각입니다 | p.47 |
| 060 | ～ても・～でも | ～해도, ～하더라도 | いつ壊れてもおかしくない古いもので<br>언제 무너져도 이상하지 않은 오래된 것으로 | p.48 |
| | | | 雨でも予定どおり遠足に行きます<br>비가 오더라도 예정대로 소풍을 갑니다 | |
| 061 | ～てもいい | ～해도 좋다(된다) | そろそろ食べてもよさそうだ<br>슬슬 먹어도 좋을 것 같다 | p.49 |
| 062 | ～てもかまわない | ～해도 상관없다(괜찮다) | いすに座ったままてもかまいません<br>의자에 앉은 채로 해도 상관없습니다 | p.102 |

| | | | | |
|---|---|---|---|---|
| 063 | 〜てもしかたがない | 〜해도 어쩔 수(가) 없다, 〜해도 의미가 없다 | いつまでもこんな議論をしていてもしかたがない<br>언제까지고 이런 의논을 하고 있어도 의미가 없다 | p.178 |
| 064 | 〜でも〜でも | 〜이든 〜이든 | 授業のことでも何でも相談してください<br>수업에 관한 것이든 무엇이든 상담해 주세요 | p.108 |
| 065 | 〜という | 〜라고 (하는), 〜라는 | どこにも出かけずに家で過ごすというのが<br>아무데도 나가지 않고 집에서 보낸다는 것이 | p.50 |
| | 〜というような | 〜라는 | 『わかる』というような意味だった<br>'이해하다'라는 의미였다 | |
| 066 | 〜とおり(に)・〜どおり(に) | 〜대로 | 私が言うとおりにパソコンを操作してください<br>내가 말하는 대로 컴퓨터를 조작해 주세요 | p.179 |
| | | | 説明書どおりに組み立ててみたのですが<br>설명서대로 조립해 봤습니다만 | |
| 067 | 〜ところだ | (지금부터)〜하려던 참이다 | これから開会式が行われるところです<br>앞으로 개회식이 거행될 참입니다 | p.109 |
| | 〜ているところだ | (현재)〜하고 있는 중이다 | 今仕事を探しているところです<br>지금 일을 찾고 있는 중입니다 | |
| 068 | 〜(た)ところだ | 막 〜한 참이다 | ついさっき、持って行ったところです<br>조금 전에 막 가지고 간 참입니다 | p.110 |
| 069 | 〜としたら・〜とすれば・〜とすると | 〜라고 (가정)하면 | もし自分を色で表すとしたら<br>만약 자신을 색으로 나타낸다고 하면 | p.111 |
| | | | バスに乗らずに歩いて行くとすれば<br>버스를 타지 않고 걸어서 간다고 하면 | |
| 070 | 〜として(も) | 〜로서(도) | 彼は小説家として有名になったが<br>그는 소설가로서 유명해졌지만 | p.51 |
| | 〜としても | 〜라고 해도 | もし雨が降ったとしても<br>만약 비가 내렸다고 해도 | |
| 071 | どんなに〜か・どれだけ〜か・どれほど〜か | 얼마나 〜인가(인지) | 野菜を育てることがどんなに大変なことか<br>채소를 기르는 일이 얼마나 힘든 일인지 | p.112 |
| | | | お金を稼ぐのがどれだけ大変か<br>돈을 버는 것이 얼마나 힘든지 | |
| | | | 彼女がどれほどきみを愛しているか<br>그녀가 얼마나 너를 사랑하고 있는지 | |
| 072 | 〜な | 〜하지 마라 | これから練習は遅刻するな<br>앞으로 연습은 지각하지 마라 | p.113 |

| 073 | ～ないで | ①～하지 말고, ～하지 않고 | あきらめないで毎年チャレンジしていたら<br>포기하지 말고 매년 도전하면 | p.52 |
|---|---|---|---|---|
| | | | 傘を持たないで出かけたが<br>우산을 들지 않고 외출했는데 | |
| | | ②～하지마 〈문말〉 | 人の日記を勝手に見ないで。<br>다른 사람의 일기를 마음대로 보지 마 | |
| 074 | ～ないでください | ～하지 마세요 | びっくりさせないでくださいよ<br>놀래키지 마세요 | p.114 |
| 075 | ～ないといけない・<br>～なくてはいけない・<br>～なければならない | ～하지 않으면 안 된다,<br>～해야 한다 | 今日中に出さないといけないレポート<br>오늘 중으로 제출해야 하는 리포트 | p.53 |
| | | | 今日中に作らなくてはいけない<br>오늘 중으로 만들어야 한다 | |
| | | | 日本語をマスターしなければならない<br>일본어를 마스터해야 한다 | |
| 076 | ～直す | 고쳐 ～하다, 다시 ～하다 | 彼に電話をかけ直した<br>그에게 전화를 다시 걸었다 | p.115 |
| 077 | ～ながら | ～하면서 | 贈る相手のことを考えながら<br>선물하는 상대를 생각하면서 | p.116 |
| 078 | ～など・～なんか | ～따위, ～같은 것 | インターネットなど何を使ってもいいですから<br>인터넷 등 무엇을 쓰든 좋으니까 | p.54 |
| | | | だったら、これなんかどう？<br>그럼 이런 건 어때? | |
| 079 | ～に関して(は) | ～에 관해서(는) | この国の経済に関しては<br>이 나라의 경제에 관해서는 | p.185 |
| | ～に関する | ～에 관한 | 自動車に関する知識 자동차에 관한 지식 | |
| 080 | ～に決まっている | 분명(반드시) ～이다,<br>～할 게 뻔하다 | あの若い候補が勝つに決まっている<br>저 젊은 후보가 이길 게 뻔하다 | p.186 |
| 081 | ～にくい | ～하기 어렵다 | 新聞の小さい字が見えにくくて<br>신문의 작은 글씨가 보기 어려워서 | p.117 |
| 082 | ～に比べ(て) | ～에 비해(서) | ラーメンやスパゲティにくらべて<br>라면이나 스파게티에 비해서 | p.55 |
| | ～と比べ(て) | ～와 비교해(서) | 隣の町と比べて、私の住んでいる町は<br>옆 동네와 비교해서 내가 살고 있는 동네는 | |

| | | | | | |
|---|---|---|---|---|---|
| 083 | 〜にしたがって・〜にしたがい | 〜함에 따라, 〜에 따라 | 仕事に慣れるにしたがって<br>일에 익숙해짐에 따라 | | p.187 |
| | | | 会議での決定にしたがい<br>회의에서의 결정에 따라 | | |
| 084 | 〜にすぎない | 〜에 불과하다, 〜에 지나지 않다 | 多くの不正の一つにすぎない<br>많은 부정 중 하나에 불과하다 | | p.188 |
| 085 | 〜にする | ① 〜로 정하다 | おなかすいてないから、コーヒーだけにする<br>배가 고프지 않으니까, 커피만으로 할게 | | p.123 |
| | | ② 〜하게 하다, 〜로 만들다 | まわりの人を幸せにしてくれる<br>주위 사람을 행복하게 해 준다 | | |
| 086 | 〜に対し(て) | ① 〜에 대해(서) | 戦争に対して、批判の声が次第に高まっている<br>전쟁에 대해서 비판의 목소리가 점차 고조되고 있다 | | p.124 |
| | | ② 〜에게 | 大人に対して使っていい言葉ではない<br>어른에게 사용해서 좋은 말이 아니다 | | |
| | | ③ 〜에 비해서 | 地方では人口が減っているのに対して、都市では<br>지방에서는 인구가 줄고 있는 것에 비해서, 도시에서는 | | |
| | 〜に対する | 〜에 대한 | 公害を出す企業に対する批判<br>공해를 배출하는 기업에 대한 비판 | | |
| 087 | 〜に違いない | 〜임에 틀림없다 | 計算を間違えたにちがいない<br>계산을 틀리게 했음에 틀림없다 | | p.189 |
| 088 | 〜について | 〜에 관해서 | この映画ほど人生について考えさせられる映画はない<br>이 영화만큼 인생에 관해서 생각하는 영화는 없다 | | p.126 |
| | 〜につき | ① 〜이라서 | 昼休みにつき、事務所は1時まで休みです<br>점심 시간이라서 사무실은 1시까지 쉽니다. | | |
| | | ② 〜당 | アルバイト料は昼は一時間につき800円ですが<br>아르바이트비는 낮에는 1시간당 800엔입니다만 | | |
| 089 | 〜にとって(は) | 〜에게(는), 〜에게 있어서(는) | 毎日車を運転する私にとって<br>매일 차를 운전하는 나에게 | | p.127 |
| 090 | 〜に〜に | 〜에 〜에 | おすしにカレーにラーメン<br>초밥에 카레에 라면 | | p.128 |
| 091 | 〜には | ① 〜하려면 | 国際交流を進めるには<br>국제교류를 진행시키려면 | | p.129 |
| | | ② 〜하기에는 | 今から作り直すには時間が足りない<br>지금부터 다시 만들기에는 시간이 부족하다 | | |

| | | | | |
|---|---|---|---|---|
| 092 | 〜によって・〜により | 〜에 의해, 〜에 따라 | 天気や場所によってレンズを替える<br>날씨나 장소에 따라 렌즈를 바꾼다 | p.61 |
| | | | 台風の影響により中止します<br>태풍의 영향에 의해 취소합니다 | |
| 093 | 〜のだ | 〜인 것이다 | ごみを分けずに出してしまったのです<br>쓰레기를 분리하지 않고 내놓아버린 것입니다 | p.190 |
| 094 | 〜のに | ① 〜인데도 | もう半年になるのにまだ住所を覚えていない<br>벌써 반년이 되는데도 아직 주소를 외우지 못한다 | p.62 |
| | | ② 〜하는 데 | この辞書を作るのに10年ぐらいかかりました<br>이 사전을 만드는 데 10년 정도 걸렸습니다 | |
| 095 | 〜ばいい | ① 〜하면 좋겠다〈바람〉 | すぐに歯医者に行けばいいのだろうが<br>바로 치과에 가면 좋겠지만 | p.130 |
| | | ② 〜하면 좋다〈추천〉 | どっちに受診すればいいか<br>어느 쪽 진료를 받으면 좋을지 | |
| 096 | 〜(た)ばかり | 〜한지 얼마 안 됨, 막 〜함 | 新しいギターを買ったばかりなのに<br>새 기타를 산지 얼마 안 됐는데 | p.63 |
| 097 | 〜はじめる | 〜하기 시작하다 | 昨日からピアノを習いはじめたが<br>어제부터 피아노를 배우시 시작했는데 | p.131 |
| 098 | 〜はずがない | 〜할 리가 없다 | 彼女が昨夜そこにいたはずがない<br>그녀가 어젯밤 거기에 있었을 리가 없다 | p.132 |
| 099 | 〜はずだ | 〜일 터이다, 〜일 것이다 | 会社にしてこないはずだよ<br>회사에 하고 오지 않을 거야 | p.133 |
| 100 | 〜ば〜ほど | 〜하면 〜할수록 | 歴史を勉強すればするほど<br>역사를 공부하면 할수록 | p.64 |
| 101 | 〜ほうがいい | 〜하는 것이 좋다 | チャレンジして失敗するほうがいい<br>도전해서 실패하는 편이 낫다 | p.65 |
| | 〜ないほうがいい | 〜하지 않는 것이 좋다 | 今は話しかけないほうがよさそうだな<br>지금은 말을 걸지 않는 편이 좋겠군 | |
| 102 | 〜ほか(に) | 〜외에 | 本のほかに、雑誌やCDなども置いてある<br>책 외에 잡지나 CD 등도 놓여져 있다 | p.140 |
| | 〜ほかは | 〜외에는 | 雨が少し降ったほかは<br>비가 조금 내린 외에는 | |
| 103 | 〜ほど〜ない | 〜만큼 〜하지 않다 | それほど得意ではない<br>그 정도로 잘하지 못한다 | p.66 |
| | 〜ほど〜はない | 〜만큼 〜(것)은 없다,<br>〜은 가장 〜하다 | これほどおもしろい仕事はない<br>이만큼 재미있는 일은 없다 | |

| | | | | |
|---|---|---|---|---|
| 104 | ～前に | ～하기 전에 | 体が動かなくなるまえに<br>몸이 움직이지 않게 되기 전에 | p.141 |
| 105 | ～までに | ～까지, ~안으로 | 会議は11時半までには終わる<br>회의는 11시반 안으로는 끝난다 | p.142 |
| 106 | ～(た)まま | ～한 채로 | 書いたまま出すのを忘れていた<br>쓴 채로 부치는 것을 잊고 있었다 | p.143 |
| 107 | ～みたいに | (마치) ~처럼, ~같이 | 体操の選手みたいに体がやわらかい<br>체조 선수처럼 몸이 유연하다 | p.144 |
| | ～みたいだ | (마치) ~같다 | 風邪をひいたみたい(だ)<br>감기에 걸린 것 같아 | |
| 108 | ～やすい | ～하기 쉽다 | この教科書の説明はとても<br>わかりやすい<br>이 교과서의 설명은 아주 이해하기 쉽다 | p.145 |
| 109 | ～ようがない | ～할 수가 없다 | 部品がなくては修理しようがない<br>부품이 없으면 수리할 수가 없다 | p.191 |
| 110 | ～ようだ | ～인 것 같다, ~인 듯하다 | 利用できない人が多いようだ<br>이용할 수 없는 사람이 많은 것 같다 | p.67 |
| | ～ような | ～인 듯한 | 少し身近になったような気がします<br>조금 가까워진 듯한 느낌이 듭니다 | |
| | ～ように | ～처럼, ~대로 | あなたがやりたいようにやりなさい<br>네가 하고 싶은 대로 하렴 | |
| 111 | ～ようなら | ～할 것 같으면,<br>～할 경우에는 | 9時過ぎるようなら、迎えに行くから<br>9시가 지날 것 같으면 데리러 갈테니까 | p.146 |
| 112 | ～ように | ～하도록 | 今度の試合に勝てるように<br>이번 시합에 이길 수 있도록 | p.68 |
| | ～ないように | ～하지 않도록 | 間違って飲んでしまわないように<br>잘못 알고 마셔버리지 않도록 | |
| 113 | ～ようにいう | ～하도록 말하다 | かならず電話するように言って<br>ください<br>반드시 전화하도록 말해 주세요 | p.147 |
| | ～ようにいわれる | ～하라는 말을 듣다 | 医者からたばこをやめるように<br>言われている<br>의사에게서 담배를 끊으라는 말을 듣고 있다 | |
| 114 | ～ようにする | ～하도록 하다 | メモを見ないで話せるようにする<br>메모를 보지 않고 말할 수 있게 한다 | p.69 |
| | ～ようにしている | ～하도록 (노력)하고 있다 | きちんとごみを分けるようにして<br>います<br>정확히 쓰레기를 분리하도록 노력하고 있습니다 | |

| | | | | |
|---|---|---|---|---|
| 115 | ～ようになる | ～하게(끔) 되다 | もっと学びたいと思うようになって<br>좀더 공부하고 싶다고 생각하게 되어 | p.70 |
| | ～ようになっている | ～하게 되어 있다 | セキュリティ機能が適用されるようになっています<br>보안 기능이 적용되도록 되어 있습니다 | |
| 116 | ～より～ほうが | ～보다 ～(쪽)이 | 何もしないでいるよりチャレンジして失敗するほうがいい<br>아무것도 하지 않고 있기보다 도전해서 실패하는 쪽이 낫다 | p.148 |
| 117 | ～らしい | ①～인 것 같다 | どこかで時計を落としたらしい<br>어딘가에서 시계를 떨어뜨린 것 같다 | p.149 |
| | | ②～답다 | 動物が好きな田村さんらしい部屋だ<br>동물을 좋아하는 다무라 씨다운 방이다 | |
| 118 | ～わけがない | ～일 리가 없다 | これだけで足りるわけがない<br>이것만으로 충분할 리가 없다 | p.192 |
| 119 | ～をきっかけに(して) | ～을 계기로 (해서) | 胃を手術したのをきっかけに<br>위를 수술한 것을 계기로 | p.193 |
| 120 | ～を中心に(して) | ～을 중심으로 (해서) | 若い女性を中心に読まれている<br>젊은 여성을 중심으로 읽혀지고 있다 | p.194 |

# 콕콕실전문제 및 파이널 테스트 정답

## Part 1 　합격으로 가는 N3 문법

### ■ 출제 1순위 N3 문법 40 콕콕실전문제

#### 01 ▶ p.24-28

1. ②　　2. ③　　3. ①　　4. ④　　5. ②　　6. ①　　7. ④
8. ③　　9. ①　　10. ①　　11. ①(4132)　　12. ④(2143)　　13. ②(1324)　　14. ④(2413)
15. ①(2143)　　16. ③(2431)　　17. ④(1243)　　18. ④(3241)　　19. ②(4213)　　20. ④(3142)
21. ④　　22. ③　　23. ②　　24. ①　　25. ④

#### 02 ▶ p.41-45

1. ④　　2. ③　　3. ①　　4. ③　　5. ④　　6. ④　　7. ①
8. ②　　9. ④　　10. ②　　11. ③(4321)　　12. ①(2143)　　13. ②(1324)　　14. ④(3421)
15. ③(2341)　　16. ①(4213)　　17. ③(2134)　　18. ④(1243)　　19. ②(3124)　　20. ①(4312)
21. ④　　22. ①　　23. ③　　24. ④　　25. ②

#### 03 ▶ p.56-60

1. ①　　2. ②　　3. ②　　4. ④　　5. ④　　6. ④　　7. ③
8. ②　　9. ①　　10. ①　　11. ①(4312)　　12. ③(2431)　　13. ②(1324)　　14. ④(3142)
15. ②(3124)　　16. ①(2413)　　17. ③(1234)　　18. ④(3142)　　19. ③(4132)　　20. ④(3241)
21. ③　　22. ④　　23. ①　　24. ④　　25. ②

#### 04 ▶ p.71-76

1. ②　　2. ①　　3. ②　　4. ④　　5. ③　　6. ③　　7. ②
8. ③　　9. ④　　10. ③　　11. ④　　12. ②　　13. ②　　14. ①
15. ②　　16. ③　　17. ③　　18. ④　　19. ④　　20. ①　　21. ④(1243)
22. ②(4123)　　23. ①(3142)　　24. ④(2413)　　25. ④(1243)　　26. ③(2431)　　27. ①(3214)　　28. ②(1324)
29. ④(2341)　　30. ③(4132)
31. ②　　32. ①　　33. ②　　34. ③　　35. ④

## 2 출제 2순위 N3 문법 50개 콕콕실전문제

### 05 ▶p.88-92

1. ②　　2. ②　　3. ④　　4. ③　　5. ③　　6. ③　　7. ④
8. ②　　9. ②　　10. ④　　11. ②(3421)　　12. ①(4312)　　13. ④(2143)　　14. ②(1243)
15. ③(2431)　　16. ④(3142)　　17. ①(4123)　　18. ③(1432)　　19. ③(1342)　　20. ①(4312)
21. ②　　22. ③　　23. ③　　24. ①　　25. ④

### 06 ▶p.103-107

1. ②　　2. ③　　3. ④　　4. ③　　5. ④　　6. ④　　7. ②
8. ①　　9. ③　　10. ①　　11. ④(2143)　　12. ③(1234)　　13. ①(3142)　　14. ②(4231)
15. ④(2413)　　16. ①(3412)　　17. ②(4213)　　18. ③(1432)　　19. ②(4231)　　20. ②(4123)
21. ③　　22. ②　　23. ②　　24. ①　　25. ④

### 07 ▶p.118-122

1. ③　　2. ①　　3. ④　　4. ①　　5. ①　　6. ②　　7. ①
8. ③　　9. ②　　10. ②　　11. ②(4123)　　12. ③(2134)　　13. ①(2143)　　14. ④(1243)
15. ③(4321)　　16. ②(3124)　　17. ①(2413)　　18. ③(4132)　　19. ④(1342)　　20. ②(3421)
21. ②　　22. ①　　23. ④　　24. ②　　25. ③

### 08 ▶p.134-139

1. ②　　2. ④　　3. ①　　4. ②　　5. ③　　6. ④　　7. ③
8. ③　　9. ③　　10. ①　　11. ③　　12. ④　　13. ④　　14. ④
15. ②　　16. ①　　17. ②　　18. ④　　19. ③　　20. ④　　21. ④(3412)
22. ④(1243)　　23. ①(3412)　　24. ③(2134)　　25. ②(4321)　　26. ④(1243)　　27. ①(3142)　　28. ④(1243)
29. ②(4123)　　30. ③(2431)
31. ②　　32. ④　　33. ③　　34. ②　　35. ①

### 09 ▶p.150-154

1. ③　　2. ④　　3. ②　　4. ④　　5. ②　　6. ①　　7. ①
8. ③　　9. ①　　10. ③　　11. ②　　12. ①　　13. ③　　14. ④
15. ①　　16. ②(1324)　　17. ④(2431)　　18. ①(4213)　　19. ②(3124)　　20. ③(1432)　　21. ①(3412)
22. ③(1234)　　23. ②(4123)　　24. ④(2341)　　25. ①(3412)
26. ④　　27. ④　　28. ③　　29. ①　　30. ②

## 3 출제 3순위 N3 문법 30 콕콕실전문제

### 10  ▶p.166-169

1. ①   2. ①   3. ②   4. ③   5. ③   6. ③   7. ②
8. ①   9. ②   10. ④   11. ①(2134)   12. ①(3412)   13. ③(2431)   14. ④(1432)
15. ①(2413)   16. ④(3142)   17. ④(4132)   18. ②(3124)   19. ④(1342)   20. ②(4123)
21. ②   22. ④   23. ①   24. ③   25. ①

### 11  ▶p.180-184

1. ②   2. ④   3. ④   4. ①   5. ②   6. ④   7. ①
8. ③   9. ④   10. ②   11. ③   12. ①   13. ①   14. ④
15. ③   16. ③(4231)   17. ②(1243)   18. ②(3214)   19. ③(1432)   20. ④(3241)   21. ③(2431)
22. ④(1243)   23. ①(2413)   24. ②(4321)   25. ②(1423)   26. ②   27. ④   28. ①
29. ③   30. ①

### 12  ▶p.195-199

1. ①   2. ④   3. ②   4. ③   5. ③   6. ④   7. ②
8. ③   9. ①   10. ④   11. ①   12. ④   13. ②   14. ③
15. ①   16. ④(2431)   17. ②(1324)   18. ③(2134)   19. ④(2143)   20. ①(4132)   21. ①(3214)
22. ②(4123)   23. ③(1432)   24. ③(2314)   25. ④(3142)   26. ②   27. ③   28. ③
29. ①   30. ④

## Part 2 점수를 UP시키는 N3 문법

### 1 N3 문법 경어 콕콕실전문제

### 13  ▶p.215-220

1. ④   2. ③   3. ④   4. ①   5. ③   6. ②   7. ③
8. ①   9. ①   10. ②   11. ③   12. ①   13. ②   14. ④
15. ④   16. ②(4321)   17. ②(1423)   18. ④(1243)   19. ①(3214)   20. ④(2413)   21. ②(4321)
22. ①(3412)   23. ④(1432)   24. ③(4132)   25. ③(2134)   26. ①(4132)   27. ④(1243)   28. ③(2431)
29. ④(2143)   30. ②(4321)   31. ①   32. ③   33. ④   34. ②   35. ④

### 2 N3 문법 사역·수동·가능·사역수동 표현 콕콕실전문제

### 14  ▶p.226-230

1. ④   2. ③   3. ③   4. ④   5. ①   6. ③   7. ②
8. ③   9. ④   10. ①   11. ④(1342)   12. ①(4213)   13. ②(3124)   14. ③(2314)
15. ④(2413)   16. ①(3214)   17. ①(4123)   18. ③(2341)   19. ④(3142)   20. ②(1324)
21. ①   22. ②   23. ④   24. ①   25. ③

## 3 N3 문법 수수표현·조건표현 콕콕실전문제

### 15　　　　　　　　　　　　　　　　　　　　　　　　　　▶p.236-242

| | | | | | | |
|---|---|---|---|---|---|---|
| 1. ④ | 2. ③ | 3. ② | 4. ③ | 5. ① | 6. ① | 7. ③ |
| 8. ④ | 9. ① | 10. ② | 11. ③ | 12. ① | 13. ④ | 14. ④ |
| 15. ③ | 16. ④ | 17. ③ | 18. ② | 19. ① | 20. ① | 21. ①(4312) |
| 22. ③(1234) | 23. ②(3421) | 24. ④(2143) | 25. ③(2314) | 26. ③(1432) | 27. ①(4213) | 28. ②(3421) |
| 29. ②(3421) | 30. ③(1234) | 31. ①(4312) | 32. ④(2143) | 33. ③(1324) | 34. ④(2143) | 35. ①(4312) |
| 36. ③ | 37. ① | 38. ② | 39. ③ | 40. ④ | | |

## 4 N3 문법 조사 콕콕실전문제

### 16　　　　　　　　　　　　　　　　　　　　　　　　　　▶p.252-256

| | | | | | | |
|---|---|---|---|---|---|---|
| 1. ① | 2. ③ | 3. ② | 4. ① | 5. ② | 6. ③ | 7. ④ |
| 8. ① | 9. ③ | 10. ① | 11. ②(1423) | 12. ①(2314) | 13. ③(2314) | 14. ①(4132) |
| 15. ②(3241) | 16. ③(1324) | 17. ①(4213) | 18. ③(3412) | 19. ③(4321) | 20. ④(1423) | |
| 21. ③ | 22. ① | 23. ④ | 24. ① | 25. ② | | |

## 5 N3 문법 접속사·부사·기타 콕콕실전문제

### 17　　　　　　　　　　　　　　　　　　　　　　　　　　▶p.270-274

| | | | | | | |
|---|---|---|---|---|---|---|
| 1. ① | 2. ② | 3. ③ | 4. ② | 5. ④ | 6. ③ | 7. ④ |
| 8. ② | 9. ④ | 10. ① | 11. ③(1432) | 12. ④(2143) | 13. ③(4312) | 14. ②(3421) |
| 15. ③(2431) | 16. ④(1243) | 17. ①(4312) | 18. ③(1234) | 19. ②(3124) | 20. ①(4213) | |
| 21. ④ | 22. ② | 23. ① | 24. ④ | 25. ③ | | |

### 18　　　　　　　　　　　　　　　　　　　　　　　　　　▶p.275-279

| | | | | | | |
|---|---|---|---|---|---|---|
| 1. ④ | 2. ④ | 3. ③ | 4. ① | 5. ② | 6. ① | 7. ③ |
| 8. ② | 9. ③ | 10. ① | 11. ②(1423) | 12. ①(2413) | 13. ④(3142) | 14. ④(1342) |
| 15. ①(2413) | 16. ④(2431) | 17. ②(3421) | 18. ①(2314) | 19. ④(1243) | 20. ②(3124) | |
| 21. ④ | 22. ① | 23. ② | 24. ③ | 25. ② | | |

| 부록 | JLPT N3 파이널 테스트 |

## 1회 ▶p.282-286

| 問題1 | 1. ① | 2. ③ | 3. ③ | 4. ② | 5. ④ | 6. ① | 7. ④ | 8. ① | 9. ④ | 10. ③ |
|---|---|---|---|---|---|---|---|---|---|---|
| | 11. ② | 12. ④ | 13. ③ | | | | | | | |
| 問題2 | 14. ②(4123) | | 15. ④(1342) | | 16. ①(3214) | | 17. ④(1342) | | 18. ③(4132) | |
| 問題3 | 19. ① | | 20. ④ | | 21. ③ | | 22. ② | | 23. ② | |

## 2회 ▶p.287-291

| 問題1 | 1. ④ | 2. ① | 3. ② | 4. ③ | 5. ③ | 6. ② | 7. ① | 8. ④ | 9. ② | 10. ① |
|---|---|---|---|---|---|---|---|---|---|---|
| | 11. ③ | 12. ④ | 13. ③ | | | | | | | |
| 問題2 | 14. ④(1243) | | 15. ①(3412) | | 16. ③(2134) | | 17. ②(4321) | | 18. ①(3214) | |
| 問題3 | 19. ④ | | 20. ① | | 21. ③ | | 22. ③ | | 23. ② | |

## 3회 ▶p.292-296

| 問題1 | 1. ① | 2. ④ | 3. ① | 4. ② | 5. ④ | 6. ② | 7. ③ | 8. ③ | 9. ① | 10. ④ |
|---|---|---|---|---|---|---|---|---|---|---|
| | 11. ③ | 12. ② | 13. ④ | | | | | | | |
| 問題2 | 14. ④(3241) | | 15. ③(1432) | | 16. ①(2314) | | 17. ①(3214) | | 18. ②(4321) | |
| 問題3 | 19. ④ | | 20. ③ | | 21. ① | | 22. ④ | | 23. ② | |

## 4회 ▶p.297-301

| 問題1 | 1. ① | 2. ② | 3. ② | 4. ③ | 5. ④ | 6. ① | 7. ④ | 8. ③ | 9. ① | 10. ④ |
|---|---|---|---|---|---|---|---|---|---|---|
| | 11. ③ | 12. ② | 13. ① | | | | | | | |
| 問題2 | 14. ④(1243) | | 15. ②(1324) | | 16. ②(3421) | | 17. ①(2314) | | 18. ③(4132) | |
| 問題3 | 19. ③ | | 20. ④ | | 21. ① | | 22. ④ | | 23. ② | |

# N3 文法 ファイナルテスト 解答用紙

**저자 약력**

이치우(lcw66631@gmail.com)

인하대학교 문과대학 일어일문학과 졸업
일본 橫浜国立大学 教育学部 硏究生 수료
駐日 한국대사관 한국문화원 근무
(전)일본 와세다대학 객원 연구원
(전)한국디지털대학교 외래교수
(현)일본어 교재 저술가

**저서**

「최신 개정판 JLPT 일본어능력시험 한권으로 끝내기 N1/N2/N3/N4/N5」(다락원, 공저)
「新일본어능력시험 한권으로 끝내기 N1/N2/N3/N4」(다락원, 공저)
「4th EDITION JLPT 일본어 능력시험 [문자·어휘 / 한자 / 문법] 콕콕 찍어주마 N1/N2/N3/N4·5」(다락원)
「新일본어 능력시험 [문자·어휘 / 한자 / 문법] 콕콕 찍어주마 N1/N2/N3/N4·5 대비」(다락원)

# JLPT 콕콕 찍어주마 N3 문법 `4th EDITION`

**지은이** 이치우
**펴낸이** 정규도
**펴낸곳** (주)다락원

**초판 1쇄 발행** 2003년 9월 5일
**개정2판 1쇄 발행** 2010년 7월 26일
**개정3판 1쇄 발행** 2017년 12월 11일
**개정3판 6쇄 발행** 2024년 7월 11일

**책임편집** 김은경, 송화록
**디자인** 하태호, 최영란

**다락원** 경기도 파주시 문발로 211
내용문의: (02)736-2031 내선 460~465
구입문의: (02)736-2031 내선 250~252
Fax: (02)732-2037
출판등록 1977년 9월 16일 제406-2008-000007호

Copyright ⓒ 2017, 이치우

저자 및 출판사의 허락 없이 이 책의 일부 또는 전부를 무단 복제·전재·발췌할 수 없습니다. 구입 후 철회는 회사 내규에 부합하는 경우에 가능하므로 구입문의처에 문의하시기 바랍니다. 분실·파손 등에 따른 소비자 피해에 대해서는 공정거래위원회에서 고시한 소비자 분쟁 해결 기준에 따라 보상 가능합니다. 잘못된 책은 바꿔 드립니다.

ISBN 978-89-277-1181-0 18730
      978-89-277-1168-1 (set)

http://www.darakwon.co.kr

- 다락원 홈페이지를 방문하시면 상세한 출판정보와 함께 동영상강좌, MP3자료 등 다양한 어학 정보를 얻으실 수 있습니다.
- 콕콕 실전문제 및 파이널 테스트 문제의 해석은 다락원 홈페이지 학습자료실에서 다운로드 받으시거나 교재 안의 QR코드를 통해 바로 확인하실수 있습니다.
- 파이널 테스트 추가 4회분 문제와 해석을 다락원 홈페이지 학습자료실에서 다운로드 받으실 수 있습니다.